배제, 무시, 물화

배제, 무시, 물화

1판 1쇄 발행 2015년 8월 10일

지은이 김원식
펴낸이 안희곤
펴낸곳 사월의책

편집 박동수
디자인 김현진

등록번호 2009년 8월 20일 제396-2009-126호
주소 경기도 고양시 일산동구 무궁화로 7-45 451호
전화 031)912-9491 | 팩스 031)913-9491
이메일 aprilbooks@aprilbooks.net
홈페이지 www.aprilbooks.net
블로그 blog.naver.com/aprilbooks

ISBN 978-89-97186-41-9 93100

이 책은 한국출판문화산업진흥원의 2015년 〈우수 출판콘텐츠 제작 지원〉 사업 선정작입니다.

배제, 무시, 물화

한국사회를 바라보는 세 가지 시선

김원식 지음

사월의책

차례

일러두기

* 이 책의 중심 내용은 그간 발표된 저자의 다음 논문들에 기초하고 있음을 밝혀 둔다.

「근대성의 역설과 프랑크푸르트학파 비판이론의 전개」, 『사회와 철학』 제14집, 2007.

「인정(Recognition)과 재분배(Redistribution)」, 『사회와 철학』 제17집, 2009.

「생활세계 식민화론의 재구성: 배제, 물화, 무시」, 『사회와 철학』 제18집, 2009.

「한국사회 갈등구조와 민주적 연대」, 『사회와 철학』 제19집, 2010.

「사회비판의 두 유형과 공조 방안」, 『사회와 철학』 제21집, 2011.

「물화(物化) 비판과 한국사회」, 『사회와 철학』 제23집, 2012.

「한국사회 양극화와 다차원적 정의」, 『사회와 철학』 제26집, 2013.

「배제, 물화 그리고 무시: 한국사회 갈등구조에 대한 비판이론적 분석」, 『철학탐구』 제33집, 2013.

「근대적 자유 개념의 재구성: 다차원적 사회비판의 이념 모색을 위하여」, 『사회와 철학』 제27집, 2014.

서문

사회철학의 과제는 해당 사회의 주된 부정의 혹은 병리현상을 비판적으로 진단하고 이에 대한 실천적 대안을 제시하는 데 있다. 따라서 한국의 사회철학은 응당 한국사회의 주된 부정의와 병리현상에 대한 비판적 진단과 이를 극복하기 위한 대안을 제시해야 한다는 과제에 직면할 수밖에 없다. 이 책은 이러한 과제를 해결하기 위한 저자 나름의 고민과 모색의 산물이다.

이 책은 비판이론의 틀 속에서 오늘날 한국사회의 문제에 접근하고 있다. 일반적으로 사회비판이론이 성립하기 위해서는 먼저 비판의 준거와 방법론적 토대가 확보되어야 하고, 해당 사회의 부정의와 병리현상에 대한 사회이론 차원의 진단과 해명이 필요하며, 마지막으로 이에 기초한 실천적 대안이 제시되어야 한다. 이 책의 전반적인 구성과 내용 역시 사회비판이론의 이러한 핵심적 요건들을 염두에 두면서 구상되고 정리되었다.

먼저 1장과 2장은 오늘날 요구되는 사회비판이론의 이념과 전략을 서술하고 있으며, 3장과 4장은 프랑크푸르트학파를 중심으로 비판이론의 기존 논의들을 재구성하는 방식으로 현대사회 부정의와 병리현상에 대한 사회이론 차원의 진단과 해명을 시도하고 있다. 5, 6, 7장은 이러한 논의들을 토대로 한국사회의 부정의와 병리현상에 대한 구체적인 접근과 분석을 제시한다. 마지막으로 8장은 앞의 논의들에 기초하여 오늘날 요구되는 대안적 실천의 방향과 과제들을 모색하고 있다.

여기서는 먼저 이러한 시도에 대해 제기될 수 있는 일반적인 질문에 답하는 방식으로 이 책의 의도와 목표를 간략히 해명해 보고자 한다. 그 질문이란 바로 "한국사회의 부정의와 병리현상에 대한 고찰을 위해 왜 하필 비판이론의 틀이 필요하다는 것인가? 서구 사회이론의 틀을 한국사회에 적용해 보겠다는 것인가?" 하는 것이다. 이와 관련하여 먼저 우리는 사회비판이론의 틀이라는 것 자체는 그 어떤 특정한 입장이라기보다는 보편적인 과제 설정의 방식이라는 사실에 주목할 필요가 있다. 해당 사회의 갈등과 문제점들을 극복하기 위해서는 비판의 준거 설정, 부정의와 병리현상의 원인에 대한 사회이론적 진단 그리고 그에 대한 대안 모색이 어느 경우든 불가피하기 때문이다.

다음으로 우리는 오늘날 한국사회는 한국사회의 특수성과 더불어 현대사회의 보편성을 내장하고 있다는 사실도 직시해야 한다. 따라서 현대사회 부정의와 병리현상에 대한 서구의 논의들은 오늘날 한국사회에서도 일정 부분 적실성을 갖는다고 할 수 있다. 물론 이와 더불어 우리는 이러한 일반적인 사회이론 틀로 환원되거나 해명될 수 없는 우리 사회의 특수한 맥락이 존재한다는 사실 역시 간과해서는 안 된다. 결국 이러한 상황에서 우리에게 필요한 것은 보편과 특수의 긴장

감을 유지하면서 오늘날 우리에게 주어진 과제들을 해결하기 위해 노력하는 일이다. 따라서 이 책의 시도가 과연 유의미한 것인지 여부도 결국에는 오늘 우리가 봉착한 실천적 과제들을 진단하고 해결하는 데 그것이 기여할 수 있는가 여부에 달려 있다고 할 수 있을 것이다.

그간 필자는 한편으로 비판이론의 논의들을 통해 한국사회를 조명해 보고, 다른 한편으로 한국사회 현실에 대한 성찰들을 매개로 하여 기존의 비판이론 논의들을 새롭게 종합하고 재구성하는 작업을 진행해 왔다. 이러한 연구 성과들을 토대로 이 책에서는 사회비판이론의 틀에 입각해 한국사회 비판을 위한 이념과 전략을 제시하면서 우리 사회 부정의와 병리현상에 대한 진단을 시도해 보았다. 한편으로는 한국사회에 대한 성찰에 바탕을 두고 기존의 사회철학 논의들을 비판적으로 종합하고 재구성하고자 하였으며, 다시 이렇게 재구성된 틀을 통해 우리 사회의 구조적 부정의와 병리현상을 거시적 관점에서 진단해 보고자 했다.

모쪼록 이러한 시도가 우리 사회의 미래를 진지하게 고민하는 이들에게 유익한 성찰의 기회를 제공할 수 있기를 기대하며, 미진한 부분들에 대해서는 향후 지속적인 연구의 과제로 남겨 두고자 한다. 마지막으로 오랜 시간 어려운 여건 속에서 공동연구를 지속해 온 '연구모임 사회비판과 대안'의 성원들 그리고 이 책의 출판을 위해 애써 준 '사월의책'의 박동수 팀장과 안희곤 대표께 감사의 마음을 전한다.

도곡동 연구실에서
김원식

1장

현대사회 비판의 이념

/

동등한 자유

사회 비판 나아가 비판 일반은 언제나 주어진 현실을 넘어서고자 하며 그로 인해 그러한 비판의 기준 혹은 이념은 무엇이며 그것은 과연 정당한 것인가 하는 물음에 봉착할 수밖에 없다. 불의한 현실, 병든 사회를 비판하고자 하는 시도는 언제나 '정의란 무엇인가? 건강한 삶이나 사회란 무엇인가?' 하는 물음에 봉착하게 되기 때문이다. 그런데 이러한 사회비판의 정당성 문제와 관련하여 오늘날 사회비판이론은 과거와는 달리 매우 어려운 상황에 봉착하고 있는 것으로 보인다.

먼저 오늘날은 한때 마르크스주의자들이 가정했던 역사적 해방의 주체로서의 노동 계급과 같은 특정한 주도 계급을 상정하기가 어려운 상황이다. 실천적 저항과 해방을 주도할 계급이 명확하다면, 비판의 규범 역시 그들의 이익과 요구에 대한 충실성 혹은 당파성을 기준으로 판정될 수 있을 것이다. 그러나 오늘날은 현재 우리가 목도하는 바와 같이 사회적 부정의와 병리현상의 내용들이 매우 다양해지고 있으며, 이에 따라서 사회적 저항과 갈등 역시 다양한 형태로 분산되고 있다. 예를 들어 한편에는 전통적인 분배 정의 이념에 호소하는 계급적 요구가 분출되고 있고, 이와 더불어 정체성과 차이에 대한 다양한 인정 요구들 역시 부상하고 있으며, 다른 한편에는 성장 중심의 삶의 방식에 저항하는 다양한 신(新)사회운동의 흐름들 역시 강화되고 있다. 뿐만 아니라 이러한 현실의 변화를 배경으로 하여 '사회비판을 위한 규범이 과연 정당화될 수 있는 것인가? 그런 정당화 작업은 과연 필요한 것인가?' 하는 급진적인 이론적 반성들까지 등장하고 있다.

이제 오늘날 사회비판이 처해 있는 이러한 상황들을 염두에 두면서 먼저 현대사회 비판을 위한 규범적 정당성의 근거를 어떻게 설정할 것인가 하는 문제부터 검토해 보도록 하자.

1. 현대사회 비판의 규범적 근거

오늘날 사회비판의 근거 문제에 대해 성찰하기 위해서는 먼저 현대사회의 종교적, 세계관적 다원주의의 상황에 대한 수용이 필요하며, 이는 전통적인 사회비판의 규범적 정당화 작업들, 예를 들어 역사철학적 정당화나 인간학적 정당화 방식이 오늘날 더 이상 보편적으로 통용되기 어렵다는 사실을 함축한다. 아래에서는 이러한 사정을 감안하여 기존의 규범적 정당화 방식들이 가지는 한계를 검토하면서 사회비판의 근거 설정 문제에 대한 대안적 접근 방식을 제시해 보고자 한다.

먼저 역사철학적인 방식의 비판 규범에 대한 정당화는 헤겔이나 마르크스의 경우에서 대표적으로 발견될 수 있다. 헤겔은 역사의 최종목적을 절대정신의 자기실현으로 보면서 이를 근거로 하여 각각의 시대가 가지는 근본적 한계를 검토하였다. 마르크스 역시 역사유물론에 입각한 역사 발전 단계들을 설정하고 이를 기초로 하여 자본주의 사회가 가지는 근본 모순에 대해서 집중적인 비판을 제기하였다. 역사철학적인 방식으로 제시되는 비판 규범에 대한 이러한 정당화는 미래에 도래할 최종적인 역사적 상태, 즉 역사의 목적을 선취하여 그를 기초로 삼아 현실에 대한 비판을 제기하는 방식을 취하고 있다. 여기서 사회비판의 최종적인 정당성 근거는 자유나 해방과 같이 역사 발전에 내재하는 궁극 목적, 이념을 통해서 확보된다.

그러나 이러한 방식의 사회비판은 그것이 제시한 형이상학적인 역사철학이 첫째, 과학적으로 검증될 수 없고, 둘째, 오늘날의 다원주의적 상황을 고려할 때 그에 대한 보편적 합의도 기대하기 어렵다는 점에서 근본적 한계를 갖는다. 인간의 역사에 내재하는 목적이나 이념은 경험적으로 관찰될 수도 없으며, 지나간 역사에 대한 일반화를 통해 도출될 수도 없다. 또한 세계관, 윤리관, 종교의 다원성과 공존이라는 오늘날의 현실을 감안할 때, 이러한 이념에 대한 보편적 합의나 이를 통한 정당화 역시 기대하기 어려운 상황이다.

다음으로 인간 본성에 대한 특정한 규정을 바탕으로 삼아 해당 사회를 비판할 수도 있을 것이다. 예를 들면 인간학적 마르크스주의자들은 인간을 노동을 통해 자유를 실현하는 존재로 규정하면서 이를 왜곡하는 자본주의 사회의 계급 질서를 비판하였으며, 북한의 주체사상에서는 인간을 자주적 존재로 규정하면서 이에 기초하여 예속과 지배의 역사 및 현실에 대한 비판을 시도하였다. 또한 한나 아렌트(Hannah Arendt)는 노동(labour), 제작(work), 행위(action)라는 인간학적 범주를 전제로 하여 현대 산업사회 전반에 대한 비판을 시도하기도 하였다.[1]

인간학적 범주들에 입각한 이러한 비판들은 모종의 본질적이고 바람직한 인간 본성을 전제한 후 이를 기초로 삼아 현실사회에 대한 비판을 제기하는 방식을 취하고 있다. 그러나 이러한 방식의 비판 규범에 대한 정당화 방식 역시 첫째, 인간 본성에 대한 특정한 방식의 본질 규정이 오늘날 문화와 세계관의 다원성 그리고 역사적 가변성과 공존하기 어렵다는 점에서, 둘째, 인간의 존재 방식 자체에서 규범을 도출하고자 하는 것은 일종의 '자연주의적 오류'를 범하게 된다는 점에서 그 한계를 갖는다.

이와 같이 사회비판의 규범적 정당화를 위한 기존의 시도들이 좌초하고 있는 상황 속에서 한편에서는 상호주관성에 기초한 새로운 방식의 규범 정당화 시도들이 등장하고 있으며, 다른 한편에서는 규범 정당화 작업 자체가 가지는 한계를 지적하는 새로운 사회비판 양식들이 등장하고 있다.[2] 먼저 한편에서 아펠(Karl-Otto Apel)과 하버마스(Jürgen Habermas)는 상호주관적 논증 절차에 기초하여 사회비판을 위한 규범 정당화 작업을 시도한다. 반면에 다른 한편에서 포스트주의는 논증 절차에 호소하는 규범 정당화 작업이 인간의 언어와 담론에 대한 오해에 기초하고 있으며, 여전히 차이에 대한 억압을 함축하고 있다고 주장하면서 새로운 사회비판 기획들을 제시하고 있다.

아펠과 하버마스는 역사철학적이고 인간학적인 비판 규범의 정당화 작업이 오늘날 불가능하게 되었다는 사실을 인정한다. 더 이상 특정한 역사관이나 실체적 내용을 가지는 가치에 입각하여 사회비판의 규범적 근거를 보편적으로 정당화할 수는 없다는 것이다. 그럼에도 불구하고 이들은 인간이 합리적 논증 상황 자체를 벗어날 수는 없다는 사실에 기초하여 새로운 방식으로 비판 규범을 정초하고 있다. 이들은 불가피한 합리적 논증 상황으로부터 진실성, 일관성, 보편적 합의 요구 등을 도출하고, 이에 기초한 보편주의적 윤리 기획을 제시한다.[3]

물론 이러한 기획을 통해서 정당화될 수 있는 규범들은 매우 형식적이고 절차주의적인 것이다. 예를 들어 하버마스는 이러한 기획을 통해서 담론 원칙을 제시하게 되는데, 이는 관련된 모든 당사자들이 자유로운 담론을 통해 동의한 규범만이 정당성을 획득할 수 있다는 것이다. 이러한 원칙은 특정한 내용을 갖는 가치를 전혀 함축하고 있지 않으며, 단지 보편주의적인 정의 원칙 정도를 함의할 뿐이다. 그러나 이러한 원칙은 그럼에도 불구하고 모든 규범을 실존적 결단이나 문화적 차이로 환원하려는 시도들이 가지는 한계를 지적하고, 예를 들어 보편주의적 인권 개념을 정당화하는 적극적 기능을 발휘할 수는 있을 것이다. 또한 이러한 접근은 구체적인 규범들의 정당화 작업을 논의 당사자들의 권한으로 넘겨준다는 점에서 민주주의적 시대정신에도 부합한다는 장점을 갖는다.

그러나 포스트주의 진영에서는 이러한 시도들에 맞서서 보편적인 규범적 기준의 정초 자체를 거부한다. 그 이유는 그러한 정당화 자체가 불가능한 동시에 불필요하기 때문이며, 나아가 그러한 정당화 작업 자체가 부정적 효과를 수반한다고 보기 때문이다. 그렇기 때문에 이들은 보편적인 규범적 기준을 설정하지 않은 상태에서 현존하는 부정의나 병리현상에 대한 새로운 방식의 비판 양식을 제시하는 데 주력하게 된다. 이들의 입장에서 보면 맥락을 초월하여 보편화할 수 있는 규범을 설정하는 것은 불가능하며, 그러한 초월적 기준의 설정은 불필요한 철학적 논란의 소지만을 야기할 뿐이다. 뿐만 아니라 그러한 보편적 기준은 그 자체로 개별자나 특수자의 차이에 대한 억압을 산출하게 된다는 점에서 실천적인 측면에서 볼 때도 바람직하지 않다.

이제 대립하는 이러한 입장들에 대한 평가를 기초로 새로운 비판 규범의 확보를 위한 대안적 접근을 모색해 보도록 하자. 먼저 상호주관적 논증 절차에 호소하는 규범 정당화 작업들은 다음과 같은 한계를 갖는 것으로 보인다. 첫째, 정당화 절차가 성립하기 위해서는 최소한의 인간학적 전제들이 반드시 필요하며, 둘째, 절차주의가 제시하는 비판의 규범은 단지 정의의 문제, 즉 옳음의 문제에 대한 판단 기준만을 제시한다는 점에서 그 한계를 갖는다.

첫째, 우리는 합리적 논증 절차라는 것이 성립하기 위해서는 먼저 상호이해와 합의를 추구하는 자유로운 주체 그리고 그러한 주체들 사이의 상호인정이 전제될 수밖에 없다는 사실에 주목할 필요가 있다. 다음으로 우리는 논증 절차에 호소하여 확보될 수 있는 규범이란 동등한 상호인정에 대한 요구로서의 정의일 뿐이며, 이러한 규범은 비록 그것이 행복한 삶을 위한 필수 조건이라고 하더라도, 그것만으로는 행복한 삶 혹은 건강한 삶의 규범을 제시할 수 없다는 사실에 주의할 필요가 있다. 자유로운 주체로서의 인간은 정의로운 삶과 더불어 행복하고 건강한 삶을 영위하고자 하지만, 행복하고 건강한 삶의 내용 혹은 이념은 결코 추상적 동등성과 보편적 원칙만으로는 규정될 수 없다는 것이다. 이는 결국 절차주의를 통해 확보될 수 있는 정의 규범이 사회비판을 위한 중요한 요소 혹은 가장 우선적인 요소라고 할 수 있기는 하지만 그것이 사회비판 전체를 감당할 수 있는 충분한 기준이 될 수는 없다는 것을 의미한다고 하겠다.

한편 규범 정당화를 거부하는 포스트주의의 입장은 그것이 새로운 사회비판의 여지를 제공한다고 하더라도 그러한 비판의 정당성 자체를 입증할 수 없다는 원리적인 한계를 갖는다.[4] 이미 아펠이나 하버마스가 지적하고 있는 바와 같이 이성의 타자를 지향하는 포스트주의의 비판은 이성의 대지와 결별함으로써 결국 비판 자체를 불가능하게 만드는 '수행적 모순'에 봉착할 수밖에 없다는 것이다. 그들은 한편으로 현존하는 사회적 부정의나 병리현상을 비판하고자 하지만, 이미 그들이 이성 전체를 거부하고 있기 때문에 비판의 정당성을 확보하는 것 자체가 불가능해질 수밖에 없다.

이러한 상황을 고려할 때 오늘날 사회비판을 위한 규범적 기준을 정당화하기 위해서는 먼저 절차주의적인 정당화 방식을 수용하고 이와 더불어 '약한' 인간학적 정당화 방식을 혼용하는 것이 필요한 것으로 판단된다.

여기서 절차주의적인 정당화 방식을 수용한다는 것은 첫째, 형이상학적이고 역사철학적인 규범 정당화 방식을 포기한다는 것을 의미하며, 둘째, 그럼에도 불구하고 주체들 사이의 합리적 논증의 회피 불가능성은 수용한다는 것을 의미한다. 먼저 문화와 세계관의 다양성을 고려할 때, 지구화 시대에 진입하고 있는 오늘날에는 사회비판을 위한 규범의 정당화가 특정한 세계관이나 형이상학에 의존할 수 없다. 이는 오늘날 모든 규범의 정당성 여부는 반드시 민주적 의사소통 절차와 이를 기초로 한 합의를 통해서만 판결될 수 있다는 것을 의미한다. 오늘날 모든 정치적 요구는 절차적 정의라는 그물망을 반드시 통과해야만 비로소 그 설득력과 정당성을 확보할 수 있다. 그리고 그런 한에서 합리적 논증 절차는 규범 정당화를 위한 회피 불가능한 조건이라고 할 수 있다. 또한 합리적 논증 절차는 그 자체로 참여자들 사이의 동등성을 함축한다는 점에서 동등성 혹은 공정성으로서의 정의 원칙을 내장하고 있다.

그렇지만 앞서 지적한 바와 같이 이러한 절차주의적인 규범 설정 방식은 한계를 가지고 있으며, 따라서 우리는 약한 인간학적 전제를 추가로 도입해야 한다. 예를 들어 의사소통을 통한 합의를 강조하는 하버마스의 절차주의는 자율적으로 의사소통에 참여하는 합리적인 주체들과 그러한 주체들 사이의 상호인정을 그 전제로 요구하고 있다. 합리적인 의사소통이 진행되기 위해서는 의사소통 참여자들이 동등한 자격을 갖는 자유로운 주체들이며 그들이 서로를 동등한 주체로 인정한다는 사실이 그에 앞서 전제되어야 한다. 그렇지만 이러한 인간학적 전제들은 그것이 특정한 문화나 세계관에 기초할 필요가 없을 정도로 매우 형식적이고 추상적이라는 의미에서 우리는 그것을 '약한' 인간학적 기초라고 명명해 볼 수 있을 것이다. 이러한 인간학적 전제는 모든 주체들의 자유와 상호인정이라는 매우 추상적이고 형식적인 인간학적 기초만을 요구할 뿐이다.

이와 같이 약한 인간학적 전제를 도입하는 것은 일차적으로는 규범 정당화 문제와 관련하여 절차주의가 가지는 한계를 보완하기 위한 것이라고 할 수 있다. 그러나 이와 동시에 이러한 인간학적 전제는 사회정의를 넘어서는 좋은 삶, 바람직한 삶에 대한 요구들을 제기하고 정당화하기 위한 기준으로도 기능할 수 있다. 예를 들어 자유로운 주체라는 인간학적 개념은 사회적 상호작용에 참여하는 주체들 사이의 정의 문제를 넘어서 그들의 자유를 훼손하는 사회질서나 구조, 삶의 방식에 대한 더 폭넓은 비판을 가능하게 해줄 수 있을 것이다. 동등한 자유가 실현되기 위해서는 무엇보다 먼저 동등한 자유의 권리를 억압하는 다양한 사회적 불의가 극복되어야 하지만, 이와 동시에 각각의 개인들의 자유로운 삶의 지향을 억압하는 다양한 요인들 역시 해소되어야 할 것이기 때문이다.

이는 결국 이러한 규범 정당화 방식이 포스트주의에서 제기되는 새로운 사회비판의 계기들 역시 수용할 수 있음을 보여준다. 왜냐하면 포스트주의적 사회비판의 핵심 역시 정의 규범을 넘어서 사회적 삶의 병리현상을 드러내고 비판하는 데 있으며, 이를 통해 진정한 자유의 실현을 목표로 한다고 볼 수 있기 때문이다. 이에 대해서는 사회비판의 전략을 다루는 다음 장에서 좀 더 상세히 살펴보도록 하자.

여기서 제시하고 있는 규범 정당화 방식은 합리적 논증의 회피 불가능성을 수용하고 민주적 합의를 통한 규범 정당화를 요구한다는 점에서 아펠과 하버마스가 제시하는 기존의 규범 정당화 방식을 수용하고 있다고 할 수 있다. 사회적이고 언어적인 존재로서 우리는 자신의 주장을 합리적 논증을 통해 정당화하라는 요구 자체를 회피할 수 없으며, 그런 한에서 모든 규범의 정당성은 결국 민주적 합의를 통해 절차적으로 정당화될 수밖에 없다는 것이다.

그러나 이와 동시에 약한 인간학적 전제를 도입할 것을 요구하는 것은 이러한 논증 절차가 결코 자기완결적인 것이 될 수 없다는 사실을 함축한다. 아펠이 주장하는 바와는 달리 규범의 최종적 정당화가 단지 논증의 선험적 조건에 대한 반성을 통해 제시될 수는 없다. 합리적 논증 절차의 작동은 이미 동등한 권리를 갖는 자유로운 주체들을 전제 혹은 요구하고 있으며, 이러한 주체들이 합리적 논증을 요구하는 삶의 방식을 유지하는 한에서만 그러한 논증은 비로소 성립할 수 있기 때문이다. 한편으로 차이 나는 존재들이 적대적 상호파괴를 넘어서 공존을 모색하는 한에서 그리고 그것이 모든 사회의 유지와 재생산을 위한 필수적 조건인 한에서, 논증을 통한 규범 정당화 작업은 회피 불가능하다. 그러나 다른 한편으로 그러한 논증은 이미 서로 구별되는 주체들의 존재와 그러한 존재들의 고유성 및 동등성에 대한 요구, 즉 자유에 대한 요구를 전제로 하고 있다.

이러한 규범 정당화 전략은 한편으로 합리적 논증의 회피 불가능성 주장을 통해서 포스트주의적인 반(反)규범주의에 반대하지만, 다른 한편으로 자유로운 주체라는 인간학적 가정을 도입함으로써 포스트주의 사회비판 전략들을 수용할 수 있는 경로를 확보하고 있다. 왜냐하면 이러한 정당화 전략은 자유에 대한 인간학적 요구를 통해 추상적 정의 개념을 넘어서는 좋은 삶에 대한 지향을 이미 그 자체 내부에 내포하고 있기 때문이다. 그러면 이제 이러한 규범 정당화 전략이 제시하는 비판의 이념은 무엇인지에 대해서 살펴보도록 하자.

2. 현대사회 비판의 이념: 동등한 자유

앞서 제시된 대안적 규범 정당화 방식에 함축되어 있는 사회비판의 이념은 결국 '동등한 자유'의 실현으로 압축될 수 있다. 자유로운 존재로서 인간은 스스로가 옳다고 생각하는 바에 따라 행위하며 스스로가 진정으로 원하는 방식에 따라 살아가야 한다. 그리고 그러한 주체들이 사회적 존재인 한에서 그들의 권리는 언제나 동등한 것이어야 한다. 이러한 이념은 앞서 언급한 약한 인간학적 전제에 입각한 절차주의라는 규범 정당화 방식 자체에 이미 함축되어 있다고 할 수 있다. 왜냐하면 합리적 논증은 '자유'로운 주체들의 '동등한' 권리를 전제로 해서만 비로소 작동할 수 있으며, 모든 규범은 이러한 상태에서의 상호이해 혹은 동의를 통해서만 비로소 그 규범적 정당성을 확보할 수 있기 때문이다.

사실 '동등한 자유'의 이념은 이러한 직접적인 개념적 함축을 넘어서 기존의 다층적인 근대적 자유 개념에 대한 일정한 재구성을 내포하고 있다. 아래에서는 근대적 자유 개념을 종합적으로 재구성하는 방식으로 여기서 제시되는 동등한 자유의 이념이 함축하는 바를 좀 더 자세히 살펴보도록 하자.

1) 근대적 자유 개념의 재구성

서구의 근대는 봉건적 지배와 억압에 대한 저항으로부터 시작되었으며, 그런 한에서 자유야말로 근대성(modernity)의 근본이념이라고 할 수 있을 것이다. 데카르트는 모든 전통에 대한 급진적 회의를 통해서 무엇에도 얽매이지 않는 자유로운 근대적 개인의 탄생을 선언하였다. 그 이후 자유의 이념은 우리가 시민권 발전의 역사를 통해서 확인할 수 있는 바와 같이 그 외연과 내포를 지속적으로 확대시켜 왔다. 물론 우리가 익히 알고 있는 바와 같이 근대적 자유 이념이 실현되어 온 역사적 과정은 결코 직선적이거나 순탄한 과정만은 아니었던 것 역시 부정할 수 없는 사실이다.

선거권의 확대 과정에서 이미 확인할 수 있는 바와 같이 근대적 시민권은 노동자, 여성을 포괄하여 보통선거, 평등선거를 실현하는 방향으로 그 외연을 지속적으로 확장시켜 왔다.[5] 또한 마셜(T. H. Marshall)이 지적한 바와 같이 근대적 시민권 개념은 시민적 권리(civil rights)에서 시작하여 정치적 권리(political rights)와 사회적 권리(social rights)로 그 내포 역시 지속적으로 확대해 왔다. 달리 말하자면 근대적 자유는 외적인 억압으로부터의 해방이라는 '소극적 자유'의 이념에서 출발하여 실질적인 자유의 실현을 지향하는 방향으로 그 내용과 범위를 지속적으로 확대해 왔고, 이를 위한 다양한 법적 제도화 과정을 거쳐 왔다고 말할 수 있을 것이다.

그러나 주지하는 바와 같이 현실 역사 속에서 서구적 자유의 확대는 먼저 제국주의의 등장과 식민 지배로 귀결되었다. 또한 전 세계적 차원에서 자본주의 체제와 공산주의 체제가 대립했던 냉전 상황 속에서는 자유와 해방이라는 명분하에서 오히려 전체주의적 지배와 억압의 체제가 더욱 강화되기도 하였다. 뿐만 아니라 오늘날에도 역시 심

화되는 경제적 불평등, 예측 불가능한 새로운 위험 요인들의 등장, 성
장과 효율성 논리에 의한 미시적 삶의 통제 확대, 정보사회의 등장에
수반되는 일상적 감시의 위협 등 개인의 자유를 위협하는 사회직 요
인들은 더욱 다층화되고 일상화되고 있다. 그리고 이러한 상황들에
대한 반성을 배경으로 하여 오늘날에는 '포스트주의'의 기치 아래 '주
체의 죽음'과 '탈(脫)이성'이 선언되면서 근대적 자유에 대한 급진적
회의와 의심 역시 널리 확산되고 있다.[6]

　　그러나 사회적 지배와 억압으로 인한 사회적 부정의와 부자유가
여전히 지속되고 있는 한에서 자유는 오늘날에도 여전히 유효한 사회
비판의 이념이 될 수밖에 없을 것이다. 여전히 우리가 외적인 지배와
억압에 반대하고 자기 자신의 삶의 주인이 되고자 하는 근원적인 삶
의 열망을 가지고 있는 한에서 자유 혹은 '자유의 권리'는 현실을 비
판하는 유효한 이념일 수밖에 없다. 또한 타인의 자유를 침해하지 않
는 한에서 보장되는 개인의 자유를 억압하는 제도나 행위를 정당한
것으로 수용할 수 없고, 시민들의 공론과 참여가 배제된 상태에서 일
방적으로 입법된 법률이나 정부의 정책이 정당화될 수 없다는 사실에
대해 오늘날 적어도 민주국가의 시민들 사이에서는 암묵적 합의가 형
성되어 있는 것으로 보인다. 뿐만 아니라 민주적 법치국가에서 개인
의 자유는 헌법과 법률 나아가 다양한 제도들을 통해 이미 상세히 제
도화되고 규범화되어 있기도 하다. 물론 모든 규범 일반이 그러하듯
이 현실적으로 자유의 가치와 권리가 다양한 방식으로 침해되고 있는
것 역시 분명한 사실이지만 그럼에도 불구하고 자유의 권리가 오늘날
인간의 현실적 행위와 제도를 구속하는 강력한 사실적 힘을 발휘하고

있는 것 역시 부정할 수 없을 것이다.

이런 점들을 고려할 때 오늘 우리에게 필요한 것은 다양한 근대성의 역설, 근대적 자유의 역설을 극복하는 방향에서 자유의 이념을 새롭게 재구성하는 것이 될 수밖에 없을 것이다. 아래에서는 이와 같은 재구성을 기초로 동등한 자유의 이념을 통해 오늘날 요구되는 다차원적 사회비판의 이념을 제시해 보고자 한다. 이를 위해 여기서는 먼저 소극적 자유와 적극적 자유 나아가 자율성(autonomy)과 진정성(authenticity) 개념을 모두 포괄하는 방식으로 자유 이념을 새롭게 재구성할 것이다.

가. 근대적 자유의 내용

서구 역사에서 근대적 자유의 이념이 봉건적 지배와 억압에 대한 저항으로부터 출발하였다는 점에서 자유 이념의 초기적 형태는 벌린(Isaiah Berlin)이 말한 '소극적(negative) 자유'의 개념에서 찾아야 할 것으로 보인다.[7] 봉건적 지배와 억압'으로부터의' 해방이 핵심적인 과제가 되는 한에서 자유의 이념은 외적인 억압, 특히 봉건군주 및 국가의 억압'으로부터' 개인을 해방시키는 것으로 이해되어 왔다.

그리고 잘 알려진 바와 같이 자유에 대한 이러한 이해는 서구적 자유주의의 근간을 형성해 왔다. 이미 홉스는 자유를 외적 방해가 없는 상태로 규정한 바 있다. 그에 따르면 자유로운 사람이란 자신의 의지로 행위하는 것에 대해 아무런 외적인 방해도 받지 않는 사람을 의미한다. 이후 로크와 밀, 콩스탕과 토크빌 등 고전적 자유주의자들은 모두가 어떤 이유로도 침해되어서는 안 되는 개인적 자유의 최소한의 영역이 존재한다는 사실을 반복해서 강조해 왔고, 이러한 영역이 반드시 보호되어야 한다고 주장해 왔다.[8] 또한 자유에 대한 이러한 이해 방식은 오늘날에도 역시 사르트르(Jean-Paul Sartre)의 자유 개념이나 노직(Robert Nozick)의 자유지상주의에서 발견될 수 있다.[9] 자유주의자들이 다수의 지배로서의 민주주의를 견제하면서 지속적으로 불가침의 인권을 강조해 온 근본적 이유 역시 외적인 간섭과 지배로부터 개인의 자유를 보호하는 데 있었다고 말할 수 있을 것이다.

이와 같이 소극적 자유의 이념이 근대적 자유의 출발점을 형성하고 있었다고 할 수 있지만, 이후 자유의 개념은 앞서 지적한 바와 같이 실질적인 자유를 실현하는 방향으로 그 내용과 범위를 지속적으로 확대해 왔다.[10] 이는 근대적 자유의 이념 자체가 소극적 자유의 이념과 더불어 적극적(positive) 자유의 이념을 내장하고 있다는 사실과 깊이 관련되어 있다. 외적인 억압과 지배의 제거는 단지 자유를 위한 필수적인 전제 조건일 뿐이며 그 자체로 적극적인 자유의 내용을 규정하지는 못한다. 따라서 온전한 자유의 실현을 위해서는 소극적 자유의 보장과 동시에 적극적 자유의 실현이 반드시 요구될 수밖에 없다.

적극적 자유의 위험성을 주로 강조했던 벌린 역시 지적하고 있는 바와 같이 적극적 자유는 자기 자신의 주인이 되고자 하는 인간의 깊은 열망에 뿌리를 내리고 있는 것으로 보인다.[11] 우리는 누구나 외부의 힘에 의존하지 않고 나의 인생과 운명을 스스로 결정하고자 하는 깊은 열망을 가지고 있다. 물론 이러한 자유에 대한 열망은 초역사적인 현상이라기보다는 테일러(Charles Taylor)가 지적하고 있는 바와 같이 현대 문화에서 진행되는 거대한 주체 중심적 전환의 일부로 이해되어야 할 것이다.[12] 근대적 자유는 전통적 세계상이나 초월적 질서에서 해방되어 내면의 목소리에 귀 기울이고자 하는 근대적 개인의 탄생을 역사적 배경으로 할 수밖에 없을 것이기 때문이다.

그런데 우리가 근대적 자유의 이념에 내장되어 있는 적극적 자유의 계기를 수용한다고 할 때, 이제 문제는 자기 자신의 주인이 된다는 것이 의미하는 바는 과연 무엇인가 하는 것이다. 일반적으로 자기 자신의 주인이 된다는 것은 크게 보아 다음과 같은 두 가지 의미를 동시에 내포할 수밖에 없을 것이다. 먼저 개인이 자기 자신의 주인이 되기 위해서는 외적인 명령이나 강요가 아니라 스스로 옳다고 생각한 바에 따라 행위할 수 있어야 하며, 다음으로 그는 외적으로 강요된 행동이 아니라 진정으로 자신이 원하는 바를 행해야 할 것이다. 모든 인간이 이성적인 존재인 동시에 감성적인 존재이고, 보편적인 존재인 동시에 개별적인 존재인 한에서 자유 역시 이 두 측면에서의 자유를 모두 포괄할 수밖에 없다. 자유로운 인간은 스스로의 이성적 판단에 의거해서만 나 자신의 삶을 영위하기를 소망하는 동시에 나 자신이 진정으로 열망하는 고유한 삶을 실현하고자 한다는 것이다.

적극적 자유의 개념이 내포하는 이러한 두 측면은 서구의 근대 사상사에서 자기결정(Selbstbestimmung)을 강조하는 '자율성'의 개념과 자기실현(Selbstverwirklichung)을 강조하는 '진정성'의 개념을 통해 각각 논의되어 왔다.[13] 먼저 루소의 경우 자유에 대한 그의 이해는 이성적 자기결정과 진정한 자기실현이라는 이상을 동시에 포함하고 있다. 그는 일반의지 개념에서 볼 수 있는 바와 같이 스스로가 설정한 법에 대한 복종, 즉 자율성으로서의 자유를 강조하면서 동시에 고유한 내면의 목소리에 귀 기울이는 진정성의 이상에도 역시 주목하고 있었기 때문이다.[14] 루소는 타율적인 명령이나 자연적인 충동을 벗어나 고유한 자신의 의지에 따를 것을 강조한다. 그런데 이 고유한 자신의 의지는 자연적 충동과 구별되는 이성의 명령인 동시에 자기 자신만의 내면의 목소리라는 이중성을 가지고 있으며, 이로 인해 이후 자유 개념에 대한 서로 다른 두 가지 해석의 계열이 등장하게 된다.

　루소에서 발원하는 이성적 자기결정의 이상은 이후 칸트의 자율 개념을 통해 집중적으로 조명되었다.[15] 칸트는 인과법칙이 지배하는 자연 세계로부터 선험적 자유의 영역, 즉 예지계를 구별해 내고 나서, 예지계의 인간을 도덕법칙의 입법 주체로 설정함으로써 인간의 자유를 확보하고 해명하고자 하였다.[16] 여기서 자유는 이성적 존재인 인간이 스스로 입법한 법칙을 따르고 실현하는 적극적인 자유, 즉 자율로 규정된다. 반면에 헤르더 이후 독일 낭만주의 전통에서는 보편적 이성과는 구별되는 진정한 혹은 고유한 자아의 실현을 자유로 규정하면서 이를 핵심적인 윤리적 과제로 설정하였다. 이에 따르면 우리들 각자는, 개인뿐 아니라 민족들 역시, 각각의 고유한 자기 자신만의 척도를 가지고 있으며, 이러한 고유한 자기 자신을 실현하는 것이야말로 윤리적 선이고 자유라고 할 수 있다.[17]

나. 근대적 자유 이념의 내적 갈등

우리의 목표는 앞서 밝힌 바와 같이 소극적 자유와 적극적 자유, 자율성과 진정성 개념을 모두 포괄하는 방식으로 자유 개념을 새롭게 재구성하는 것이지만, 이에 앞서 자유에 대한 상이한 이해 방식들 사이의 갈등 관계에 대해서 먼저 검토해 볼 필요가 있을 것으로 보인다. 왜냐하면 이러한 고찰이 이후 우리가 포괄적 방식으로 자유 개념을 새롭게 재구성하는 데 일정한 지침이나 도움을 제공할 수 있을 것으로 보이기 때문이다.

그러면 먼저 소극적 자유와 적극적 자유 이념 사이의 갈등 관계에 대해서 살펴보도록 하자. 이미 벌린이 지적한 바와 같이 양자는 현실 속에서 일정한 갈등 양상을 보여 왔다고 할 수 있다. 그에 따르면 소극적 자유의 문제가 각각의 개인들이 얼마나 자유로운가의 문제라면, 적극적 자유의 문제는 누가 지배하는가의 문제와 관련된다고 할 수 있다. 때문에 소극적 자유와 적극적 자유의 대립은 자유주의와 공화주의 사이의 근본적 대립의 기초로 지적되곤 한다. 잘 알려진 바와 같이 자유주의자들은 개인에 대한 정부의 억압과 간섭에 반대하면서 다수의 지배로서의 민주주의를 견제하고자 했으며, 반면에 공화주의자들은 소수의 특권에 반대하면서 민주적 자기지배를 확대할 것을 주장해 왔다. 벌린은 냉전 상황 속에서 이러한 대립을 자유민주주의와 공산주의 사이의 대립의 근원으로 이해하기도 하였다. 자유 진영이 소극적 자유를 방어하는 데 주력해 온 반면에 적극적 자유를 지향했던 공산주의 진영에서는 소극적 자유를 부정하였고 결국에는 민주주의의 명분하에 전체주의적 지배가 횡행하게 되었다는 것이다.[18]

이러한 벌린의 평가는 자기결정을 지향하는 적극적 자유의 이념이 개인의 자유를 무시하는 전체주의로 귀결될 수 있다는 위험성을 지적하고 있다는 점에서 분명 오늘날 우리에게도 귀 기울일 필요가 있는 것으로 보인다. 이성적 자기지배라는 이념이 유기체적 전체주의 논리로, 수령과 당에 의한 인민의 지배를 정당화하는 논리로 귀결되는 경우 개인의 자유는 심각하게 위협받을 수밖에 없기 때문이다.[19] 이러한 점을 고려하면서 벌린은 결정의 주체와 대상, 즉 지배하는 자와 지배받는 자를 차별화하는 자기결정의 개념, 적극적 자유의 개념 자체 속에 이러한 위험이 내장되어 있다고 주장하였다.[20]

그렇지만 게스(Raymond Guess)도 지적하고 있는 바와 같이 적극적 자유의 이념이 반드시 이러한 전체주의를 함축한다고 볼 필요는 없다.[21] 만일 우리가 자율성을 일차적으로 개인의 자율성으로 이해하고 국가나 집단을 독자적인 혹은 우월한 주체로 설정하지 않는다면, 자기결정의 이념은 결코 전체주의적 지배로 귀결되지는 않을 것이기 때문이다. 단지 자율성 혹은 자기결정에 대한 모종의 독백론적 이해, 즉 국가를 독자적인 하나의 거대 주체로 상정하는 이해 방식을 통해 왜곡된 적극적 자유의 이념만이 전체주의적 함축을 지닐 뿐이다. 이렇게 보면 결국 벌린의 비판과 우려는 개인과 국가의 관계에 대한 잘못된 구도 속에서, 즉 국가를 개인의 상위에 두거나 후견인으로 간주하는 구도 속에서 왜곡된 적극적 자유 이념에 대한 비판으로 평가될 수 있을 것이다.

뿐만 아니라 우리는 적극적 자유의 이념이 없이는 소극적 자유의 내용은 물론 그에 대한 정당화 근거도 제시될 수 없으며, 자유주의 사회에 내장된 부정의들을 비판할 가능성 역시 사라진다는 점에도 주목할 필요가 있다. 먼저 예를 들어 헌법에 규정된 기본권의 근거는 어디에 존재하며, 그 내용은 어떤 절차를 통해서 규정될 수 있을 것인가? 실제로 그것은 결국 헌법의 이념과 체계에 대한 한 사회 내부의 민주적 합의를 통해서만 비로소 확보되고 규정될 수 있을 뿐이다. 또한 소극적 자유의 이념만을 고수하는 경우 우리는 그로부터 예를 들어 사회권에 속하는 권리들을 도출할 여지가 거의 없으며, 이는 결국 실질적 자유의 권리의 축소로 이어질 수밖에 없을 것이다.[22] 특히 경제적 영역에서의 자유에 대한 일방적인 강조로 인해 사회적 공공성이 침식되고 불평등이 강화되고 있는 오늘날의 현실을 고려할 때, 이러한 지적은 반드시 강조될 필요가 있다.

이런 점에서 결국 우리에게 요구되는 것은 소극적 자유의 개념과 적극적 자유의 개념 사이의 대립을 넘어 양자를 포괄하는 자유 개념을 재구성하는 것이라 할 수 있을 것이다. 현재 상황에서 볼 때, 우리는 소극적 자유가 자유의 기본 조건에 해당한다는 사실을 부정하기는 어려울 것으로 보인다. 집단과 다수의 이름으로 개인과 소수자의 권리, 인권이 침해되는 것을 용인할 수는 없기 때문이다. 그러나 이와 동시에 자유가 단지 소극적 자유로만 국한될 수 없는 것도 분명해 보인다. 오늘날 실질적 자유의 실현은 소극적 자유를 넘어 다양한 차원에서 자유의 권리를 확대해 나갈 것을 요구하고 있기 때문이다. 결국 그간 자유주의와 민주주의 사이의 역사적 결합이 지향해 온 바를 제대로 포착하기 위해서는 소극적 자유의 보호와 동시에 민주적 자기결정의 이념을 적극적으로 실현하려는 노력이 필요하다고 하겠다. 이에 대해서는 다음 절에서 더 상세히 논의하고자 한다.

다음으로 자율성과 진정성 개념의 관계 역시 그 발전의 역사가 보여주고 있는 바와 같이 일정한 갈등 관계를 보여주고 있다. 앞서 지적한 바와 같이 자율성과 진정성 개념 모두는 해방된 근대적 개인의 등장을 그 배경으로 하지만, 자율성 개념은 이성적 인간의 자기결정을 지향하는 반면에 진정성 개념은 감정적 인간의 자기실현을 목표로 한다는 점에서 근본적인 방향성에서의 차이를 노정해 왔다.[23]

자율성 개념과 진정성 개념 사이의 이러한 차이는 칸트와 헤르더, 즉 독일 관념론과 독일 낭만주의 사이의 대립을 통해서 상징적으로 나타나고 있다. 주지하는 바와 같이 칸트의 자유는 보편적 이성의 준칙에 입각한 자기결정을 지향한다. 여기서 관건이 되는 것은 타율적 명령이 아니라 스스로 설정한 이성의 법칙에 따라 행위하는 것이다. 여기서 자유로운 인간은 보편적 이성을 지닌 존재로 간주되며, 이성적 인간은 자연적 본능이나 충동을 극복하고 보편적 이성 법칙에 따라야 하는 것으로 규정된다.

반면에 헤르더의 경우 인간은 각자가 고유한 영혼을 가진 개인으로 정의되고 있으며, 이러한 개인에게 관건이 되는 것은 획일화된 삶을 벗어나 자기만의 진정한 욕망에 따라서 스스로의 고유한 삶을 실현해 나가는 것이다. 따라서 여기서 중요한 삶의 목표와 덕목은 개인의 고유성과 그에 따른 자기창조 작업이다.[24] 물론 이 경우 진정성의 이념은 단지 개인적 차원을 넘어서 민족과 같은 집단의 경우에도 적용될 수 있으며, 이 경우 진정성은 집단의 고유한 전통과 정체성을 각별히 강조하게 된다.

적극적 자유의 개념 속에 내포된 자유의 이러한 두 의미는 이후에도 지속적인 갈등 관계를 유지해 왔다.[25] 한편에서는 아펠이나 하버마스의 경우에서 볼 수 있는 바와 같이 자율성 개념이 근대적 의식철학의 패러다임을 넘어 상호주관성의 지평 속에서 새롭게 재구성되었고, 다른 한편에서는 니체와 하이데거를 통해 진정성의 이상이 미학적 자기창조의 이념으로 재해석되면서 계승되어 왔기 때문이다.[26]

칸트와 헤르더의 경우에서 볼 수 있는 바와 같이 자율성 개념과 진정성 개념은 인간에 대한 이해에서의 근본적 차이, 계몽주의와 낭만주의의 대립 등과 같은 근본적인 철학적 입장의 차이를 보여주고 있다. 또한 이러한 대립은 정치철학적 영역으로 이어지기도 한다. 자율성으로서의 자유는 보편적 정의와 인간에 대한 보편적 존중의 이념으로 귀결되는 반면에 진정성의 이념은 주로 특정한 개인 혹은 공동체의 '좋은' 삶의 방식을 문제 삼기 때문이다.[27]

진정성 개념이 집단적 정체성 혹은 전통을 지시하는 경우 역사적으로 볼 때 이는 민족주의나 파시즘과 결부되기도 하였으며, 오늘날에는 진정성 이념이 공동체주의의 근본 가치로 제시되기도 한다. 이미 헤르더의 입장은 독일 민족주의 등장과 밀접하게 결부되어 있었으며, 진정성 이념을 계승하고 있는 니체나 하이데거의 경우 그들의 철학이 나치즘과 가지는 연관성이 지속적으로 제기되어 왔다.[28] 또한 최근에는 테일러의 경우에서 분명하게 볼 수 있는 바와 같이 진정성 이념은 공동체주의적 입론의 근본적 가치로 등장하기도 한다.[29] 반면에 정치철학적 논의 영역에서 칸트적 자율성의 이상은 주로 개인의 자유를 강조하는 자유주의 전통과 밀접하게 결부되어 왔다고 할 수 있다.[30]

그렇지만 이러한 대립 역시 불가피한 대립이라고 할 수는 없을 것이다. 온전한 자유의 실현은 원칙적으로 자율성과 진정성 모두를 요구할 수밖에 없기 때문이다. 또한 진정성이 주관주의적 폭력으로 귀결되지 않기 위해서는 자율적 이성의 판단에 의존할 수밖에 없으며, 동시에 이성의 자율성이 내용 없는 공허함이나 폭력적 동일화로 귀결되지 않기 위해서는 진정성의 차원에 의존할 수밖에 없을 것이다. 집단적 진정성의 이상은 그것이 보편적 정의의 원칙에 의해 인도되지 않을 때, 파시즘과 같은 왜곡된 민족주의나 전체주의 이념으로 오도될 수 있다. 또한 이성적 보편주의와 정의의 이념 역시 그것이 폭력적 동일화의 이념에 그치지 않기 위해서는 진정성의 이념에 기초한 다원성과 새로움의 출현을 적극적으로 인정하고 수용할 수밖에 없을 것이다. 자율성과 진정성 사이의 이러한 상보적 관계에 대해서는 아래에서 좀 더 상세히 논의하고자 한다.

다. 근대적 자유 이념의 재구성

이제 소극적 자유와 적극적 자유, 자율성과 진정성을 동시에 아우르는 방식으로 자유의 포괄적 이념을 새롭게 재구성해 보도록 하자. 이를 위해서는 먼저 자유 이념이 상호주관성(Intersubjectivity)의 지평과 가지는 관계에 대해서 먼저 살펴볼 필요가 있다. 왜냐하면 근대적 자유의 지평이 고립된 주체 혹은 개인의 원리에 제약되어 있는 데서 앞서 언급한 근대적 자유의 다양한 역설들이 발생하고 있다고 판단되기 때문이다. 따라서 근대적 자유의 역설을 극복하기 위해서는 무엇보다 먼저 상호주관성 개념의 도입이 반드시 필요하다고 할 수 있다.

근대적 자유의 이념은 앞서 지적한 바와 같이 해방된 근대적 개인의 탄생과 그 궤를 같이하고 있다. 그리고 이미 많은 논자들이 지적한 바와 같이 근대적 주체의 형상은 주체-객체 구도를 전제하는 의식철학의 패러다임 속에서 주로 이해되어 왔다. 데카르트에서 유래하여 후설에까지 이어지는 의식철학의 패러다임 속에서 인간과 세계의 관계는 주로 주체와 객체의 구도로 설정되었다. 여기서 주체는 언제나 세계를 의식하고 대상화하는 능동적 주체로 이해된다.

그러나 의식철학의 패러다임은 호르크하이머(Max Horkheimer)와 아도르노(Theodor W. Adorno)의 『계몽의 변증법』이 잘 보여준 바와 같이 결국에는 세계에 대한 대상화와 지배, 타인에 대한 대상화와 지배, 그리고 자아에 대한 대상화와 지배로 귀결될 뿐이다.[31] 세계와 타자로부터 절연되고 고립된 주체의 원리 속에서 포착될 수 있는 타자란 결국 낯선 사물, 대상화와 지배의 수단일 수밖에 없으며, 이러한 타자에 대한 효율적 지배는 역설적으로 이미 주체 자신에 대한 억압을 전제하고 있다는 것이다.

근대적 주체에 대한 이러한 비판은 근대적 자유의 이념이 가지는 제한성 혹은 근대적 자유의 역설의 경우에도 마찬가지로 적용할 수 있다. 첫째, 고립된 개인의 원리에 기초한 자유는 결국 소극적 자유의 이념으로 제한될 수밖에 없다. 고립된 개인들의 자유란 결국 개인의 자기이익에 대한 보장과 외적 구속으로부터의 해방만을 의미할 것이기 때문이다. 이런 점에서 소극적 자유의 이념이 가지는 한계는 결국 고립된 주체의 모델에 기초하고 있다고 할 수 있다. 둘째, 적극적 자유의 이념이 결국 전체주의로 귀결되는 역설 역시 국가나 공동체가 유기체적인 거대 주체의 모델로 파악되는 데서 발생한다고 볼 수 있다. 고립된 주체의 자기관계 모델 속에서 이해된 선험적 자아와 경험적 자아 사이의 억압 관계가 거대 주체의 차원에서는 국가와 개인의 관계로 설정되는 데서 벌린이 지적하는 적극적 자유의 역설이 등장하게 된다는 것이다. 마지막으로 진정성의 두 가지 역설적 효과 역시 고립된 주체의 모델에 기초하고 있다고 할 수 있다. 진정성 이념의 사사화 및 상대화의 문제는 결국 고립된 개인의 모델에 기초할 수밖에 없다.[32] 사회로부터 절연되고 고립된 개인들의 진정성이란 결국 사적인 차원에 머무는 주관적인 자기실현이나 자기창조에 불과할 수밖에 없는 것이다. 뿐만 아니라 진정성 이념이 배타적 민족주의나 공동체주의로 귀결되는 것 역시 민족이나 공동체를 고립된 개인의 모델에 따른 거대 주체로 상정하는 데서 기인한다고 할 수 있다. 사적인 차원의 진정성 모델이 거대 주체 차원에서 또다시 반복되고 있는 것이다.

상호주관성의 차원에서 자유 이념을 새롭게 설정하는 시도는 이러한 근대적 자유의 역설을 해소하기 위한 전략이라고 할 수 있다. 주체-주체 관계에 주목하는 상호주관성 혹은 의사소통 패러다임에서 주체는 더 이상 세계 구성의 근본적 출발점이 아니다. 주체는 언제나 너와의 사회적 관계 지평 속에 놓여 있을 뿐이다. 여기서 너는 더 이상 나의 객체가 아니라 나와 동등하지만 동시에 낯선 타자로 존재한다. 물론 그렇다고 해서 내가 너로 혹은 사회적 관계로 해소되는 것은 아니며, 나는 어디까지나 너와 동등한 주체로 존재한다.[33] 상호인정과 의사소통의 이념은 바로 이러한 상호주관성의 차원에 놓여 있다.

근대적 자유의 이념이 이와 같이 상호주관성의 차원에서 설정될 때, 앞서 언급한 근대적 자유의 역설들은 자연스럽게 해소될 수밖에 없다. 첫째, 나와 너의 사회적 연대성이 부각되면서 고립된 개인에 제약된 소극적 자유의 이념은 확장될 수밖에 없게 된다. 이제 문제 상황은 고립된 개인의 자유를 보존하는 것을 넘어 공동체의 삶의 질서와 이상을 수립하는 것이 될 수밖에 없기 때문이다. 둘째, 자기지배를 지향하는 적극적 자유는 이제 거대 주체화된 국가의 일방적 지배나 지도가 아니라 동등한 존재인 나와 너, 즉 우리의 공동의 의지를 민주적으로 형성하는 과정으로 이해될 수밖에 없다. 이를 통해 초월적 주체와 경험적 주체, 국가와 개인 사이의 분리와 지배관계가 해소된다. 셋째, 상호주관성의 차원이 부각되면서 진정성의 이념은 더 이상 사적인 차원에만 제약될 수 없으며, 공동체의 집단적 진정성 역시 결코 폐쇄적인 것이 될 수 없게 된다.[34]

그러면 이제 이러한 상호주관성의 지평을 전제로 소극적 자유의 이념과 적극적 자유의 이념을 통합하는 과제에 대해서 좀 더 구체적으로 생각해 보자. 이와 관련해서는 인권과 주권의 상호보완성에 대한 하버마스의 논의가 우리에게 도움을 줄 수 있을 것이다.[35] 벌린이 말한 소극적 자유란 결국 최소한의 개인적 자유, 즉 사적 자율성을 의미하며 이는 자유주의 전통 속에서 인권 개념을 통해 표명되어 왔다. 반면에 적극적 자유의 이념은 무엇보다 자기결정, 자기지배의 권리를 의미하며, 이는 주로 공화주의적 민주주의 전통 속에서 국민주권의 개념을 통해 포착되어 왔다. 하버마스는 이러한 두 전통 사이의 대립을 염두에 두면서 의사소통 패러다임에 기초하여 인권과 국민주권, 사적 자율성과 공적 자율성 사이의 상호보완성을 주장하고 있다.

의사소통 패러다임에 입각한 하버마스의 법철학적 구상에 따르면, 인권과 국민주권의 원리는 동근원적이며 상호공속의 관계를 갖는다. 국민주권의 원리는 인권을 전제로 해서만 비로소 성립할 수 있으며,

인권의 내용과 정당성 근거는 국민주권의 원리, 다시 말해 민주주의 원리를 통해서만 확보될 수 있기 때문이다. 하버마스에 따르면 자유권 즉 소극적 자유는 근대법이라는 매체 자체가 가지는 고유한 성격에서 유래하며, 이는 국민주권의 원리 즉 참정권이 성립하기 위한 필수적인 조건이라고 할 수 있다. 동등한 자유를 가진 법적 주체로서의 인정과 그에 대한 법적 보호는 참정권을 통해 국민주권의 원리가 실현되기 위한 필수적인 전제 조건이다. 그러나 이러한 자유권의 정당성 근거나 구체적 내용은 언제나 민주적 합의를 통해서만 확보될 수 있을 뿐이다. 인권의 정당화 근거나 그 내용의 구체적 규정은 시민들의 민주적 합의를 통해서만 확보되고 규정될 수 있기 때문이다.[36]

이러한 구도 속에서 보자면, 소극적 자유와 적극적 자유의 대립은 더 이상 불가피한 것이 아니며, 양자는 서로를 보완하는 동시에 필연적으로 요구하는 관계에 놓여 있다고 할 수 있을 것이다. 온전한 자유의 실현은 소극적 자유를 필수적 전제 조건으로 요구하지만, 이와 동시에 소극적 자유 역시 그것이 실질적으로 구현되고 정당화되기 위해서는 적극적 자유를 요구할 수밖에 없는 것이다. 결국 상호주관성 차원에서 새롭게 구성된 자유의 이념은 기존의 자유의 역설을 극복하는 동시에 소극적 자유와 적극적 자유의 상호보완성에 기초하여 양자를 종합할 것을 요구하고 있다. 하버마스의 토의민주주의론은 이러한 구상에 기초하여 인권과 주권, 자유주의와 공화주의의 대립을 넘어 양자를 종합하고자 하는 하나의 시도라고 말할 수 있을 것이다.

다음으로 자율성 이념과 진정성 이념의 상호관계에 대해서 검토해보도록 하자. 여기서 일차적으로 중요한 것은 자율성 이념과 진정성 이념의 독자성을 확인하는 일이며, 이는 자율성에서 진정성을 직접적으로 도출하거나 진정성에서 자율성을 직접적으로 도출할 수 없다는 것을 의미한다. 앞서 살펴본 바와 같이 적극적 자유의 이념은 자신만의 고유한 의지에 따른 행동과 삶을 지향하지만, 이 고유한 의지는 한편으로는 이성적 자기결정으로 다른 한편으로는 고유한 소망과 정체성의 실현으로 이해되어 왔다. 이러한 대립 상황과 관련하여 자율성 이념을 통해 진정성 이념을 포섭하거나 진정성 이념을 통해 자율성 이념을 포섭하려는 입장이 성립할 수 있을 것이다.

그러나 먼저 진정성 개념은 자율성 개념을 넘어서는 내용을 담지하고 있기 때문에 자율성 개념에서 진정성 개념을 직접적으로 도출할 수는 없다. 페라라(Alessandro Ferrara)도 지적하고 있는 바와 같이 모든 자율적 행동이 곧바로 진정성을 함축하지는 않는다. 진정한 행동은 나 자신의 독특한 정체성에 귀 기울일 것을 요구하지만 모든 자율적 행동이 반드시 이를 함축하는 것은 아니기 때문이다.[37] 또한 자율적 주체는 스스로 옳다고 판단한 준칙에 따라서 행동하지만, 이성과 욕망의 충돌에서 흔히 볼 수 있는 바와 같이 이러한 행동이 주체 자신의 내적 열망과 반드시 부합하는 것도 아니다.

이와 마찬가지로 진정성 개념에서 자율성 개념을 직접적으로 도출할 수도 없다. 물론 페라라의 경우 진정성 개념이 자율성 개념을 전제하고 함축한다고 주장하기도 한다. 타율적인 행동이 진정성 있는 행동이 될 수는 없다고 보기 때문이다. 그는 칸트의 반성적 판단력 개념에 착안하여 진정성 이념을 새롭게 재구성하고자 하며, 이에 따르면 진정성의 이념은 그 자체 내부에 이성적 판단의 자율성을 전제 혹은 내포하고 있는 것으로 제시된다.[38] 그러나 모든 진정성 있는 행동이 곧바로 자율적 행동이라고 말할 수는 없다. 왜냐하면 내적 열망에서 비롯된 진정성 있는 행동들은 경우에 따라서 자율적 이성의 준칙과 상충하거나 그로부터 일탈할 수도 있기 때문이다. 만일 우리가 이러한 상충 가능성을 고려하지 않는다면, 자율성과 진정성의 대립은 사실상 근거가 없다고 주장하는 셈이 될 것이다. 결국 진정성은 개인적 차원에서든 집단적 차원에서든 고유한 정체성과 내적인 열망의 실현을 중심에 두고 있다는 점에서 언제나 이성적 자율성의 이념과 대립할 수 있는 가능성이 존재한다고 보아야 할 것이다.

이와 같이 자율성 이념과 진정성 이념은 근본적으로 서로 다른 지향성을 가지고 있으며, 이는 도덕적 담론과 윤리적 담론의 구별 및 대립을 통해서도 확인될 수 있다. 칸트 이래로 도덕 담론은 언제나 보편화 가능한 도덕적 준칙의 문제, 즉 정의의 문제에 관심을 집중해 온 반면에 윤리 담론은 특정한 개인이나 공동체의 좋은 삶의 문제를 다루는 데 집중해 왔다. 이러한 대립 역시 자율성과 진정성이 하나로 환원되거나 양자를 동일시하기 어렵다는 사실을 보여주고 있다. 추상적 정의의 이념에서 곧바로 좋은 삶의 정향이 도출될 수 없는 것과 마찬가지로 특정한 좋은 삶의 정향에서 보편적 정의의 원칙이 도출될 수도 없을 것이다. 더욱이 니체나 하이데거를 거치면서 진정성의 이념이 미학적 자기창조의 이념과 더욱 밀접하게 결부되어 왔다는 사실을 생각한다면, 자율성 개념과 진정성 개념 사이의 거리와 대립을 무시하기는 더욱 어려울 것이다.

이와 같이 자율성과 진정성이 각각 독자성을 가진다고 할 수 있지만 동시에 우리는 양자 사이의 밀접한 상호관계에도 주목할 필요가 있다.[39] 이와 같이 양자 사이의 대립을 넘어 밀접한 상호의존관계에 주목함으로써 우리는 자율성과 진정성을 적극적 자유 개념을 구성하는 불가피한 두 계기로 설정하고자 한다. 먼저 진정성이 한낱 주관주의로 추락하지 않기 위해서는 반드시 자율적인 이성적 판단에 의존할 수밖에 없다. 많은 논자들이 지적해 온 바와 같이 보편적 이성의 자율성을 매개로 하지 않는 진정성의 이념은 사적인 차원에서의 자기중심적 폐쇄성으로 혹은 일종의 나르시시즘으로 귀결될 수 있다.[40] 또한 이미 벌린이 지적한 바와 같이 보편적 이성의 준칙과 유리된 집단적 차원의 진정성 이념은 폐쇄적 민족주의나 전체주의와 결부될 수 있다. 이는 진정성 이념이 보편적 이성의 준칙에 반드시 의존할 수밖에 없다는 사실을 보여주고 있다. 진정성의 이념이 사적인 자기 확신으로 주관화되거나 특정 공동체의 윤리적 이상에 대한 맹목적 충실성으로 귀착되지 않기 위해서는 자율적이고 비판적인 판단의 논리에 의존하지 않을 수 없을 것이다.[41]

마찬가지로 자율성의 이념 역시 내용 없는 동어반복이나 동일화의 폭력으로 귀결되지 않기 위해서는 진정성 개념에 의존할 수밖에 없다. 추상적인 도덕적 준칙은 그 자체만으로는 개인적이거나 집단적인 차원의 자기실현의 이상에 대해서 아무것도 말해 주지 못한다. 도덕적 준칙은 단지 개인적이거나 집단적인 차원에서 다양한 삶의 이상들이 상충하고 대립할 때 그러한 갈등을 공정하게 조정하고 각각의 한계를 설정해 주는 역할을 할 수 있을 뿐이다. 현실의 맥락에 적용되지 않는 정의의 원칙은 공허한 동어반복에 지나지 않으며, 그러한 원칙이 맥락의 특수성을 무시한 채 직접적으로 현실에 적용될 때는 근본주의에서 볼 수 있는 정의의 폭력이 발생하기 마련이다. 따라서 자율성의 이념은 그 내용적 측면에서의 구체화를 위해 언제나 진정성의 이념에 의존할 수밖에 없을 것이다.

요약하자면 여기서 제시되는 동등한 자유라는 포괄적 자유의 이념은 인권과 국민주권의 상호의존관계에서 볼 수 있는 바와 같이 소극적 자유와 적극적 자유의 계기를 동시에 내포하며, 나아가 자율성과 진정성이라는 구별되는 두 계기 역시 내포하고 있다. 그리고 이는 결국 오늘날 온전한 자유의 실현은 이와 같이 다양한 차원에서 자유의 권리들이 동시에 확대될 것을 요구하고 있다는 사실을 말해 주고 있다.

2) 동등한 자유 이념의 의미와 위상

앞서 밝힌 바와 같이 동등한 자유의 이념은 약한 인간학적 전제에 기초하여 민주적 논의를 통해 규범의 정당성을 확보하고자 하는 규범 정당화 전략 자체에 내재되어 있는 사회비판의 이념이라고 할 수 있다. 그리고 이러한 동등한 자유의 이념은 소극적 자유와 적극적 자유의 통일, 적극적 자유 개념 내부에 존재하는 자율성 요구와 진정성 요구의 통일을 지향하고 있다. 이러한 동등한 자유의 이념은 이 책에서 제시하게 될 현대사회 나아가 한국사회에 대한 비판적 진단과 대안 모색을 위한 모든 작업의 기초로 기능하게 될 것이다. 여기서는 향후 진행될 서술과 관련하여 이러한 이념이 가지는 의미와 위상에 대해서 먼저 간단히 언급해 두고자 한다.

첫째, 동등한 자유의 이념은 현대사회의 모든 불의와 병리현상을 규정하는 기초로 기능한다. 모든 사회적 불의와 병리현상은 동등한 자유의 권리를 침해하는 현상으로 규정될 수 있기 때문이다. 먼저 자유의 동등성을 부정하고 훼손하는 제도나 사회질서, 사회구조는 모두 불의로 규정될 수 있다. 동등한 자유의 이념은 관련된 모든 당사자들이 동등한 권리를 가지고 모든 사회생활에 참여할 것을 요구하며, 따라서 특정한 개인이나 집단으로 하여금 동등한 권리를 가지고 사회생활에 참여할 수 없게 만드는 것은 그 자체 사회적 부정의로 규정될 수 있다. 물론 이러한 원칙과 관련하여 구체적으로 관련된 당사자가 누구인지, 어디까지 어떤 동등성이 보장되어야 하는지 하는 문제는 사안에 따라 달라질 수 있으며, 그에 대한 최종적인 결정 역시 당사자들의 민주적 논의를 통해서만 결정될 수 있다.

4장에서 상세히 살펴보게 되겠지만, 오늘날 자유의 동등한 실현을 억압하는 주된 요인은 경제적 부정의, 문화적 부정의 그리고 이러한 부정의를 시정할 수 있는 공간인 정치 영역에서 발생하는 부정의로 크게 구별될 수 있다. 그리고 동등한 자유의 이념은 이러한 현대사회의 다차원적 부정의를 진단하고 비판하기 위한 이념으로 기능할 수 있다. 경제적 영역에서의 불평등과 배제, 문화적 영역에서의 무시 그리고 이러한 부정의들을 시정할 수 있는 공간인 정치 영역에서 발생하는 부정의는 모두 특정한 개인이나 집단으로 하여금 사회생활에 동등하게 참여할 권리를 침해한다는 점에서 사회적 부정의로 규정될 수 있기 때문이다.

또한 우리는 동등한 권리의 문제와는 별도로 자유 자체를 훼손하는 경우 이를 병리현상으로 규정할 것이다. 일반적으로 병리현상이란 건강에 이상이 발생한 상황을 의미하지만, 여기서는 자유의 실현을 억압하고 침해하는 사회적 상황을 가리킨다. 예를 들어 획일화된 사회질서, 한 가지 가치만이 지배하는 사회를 떠올려 보자. 이러한 사회에서는 구성원들 사이의 동등성이 어느 정도 보장된다고 하더라도 구성원들 각자가 자신이 진정으로 원하는 삶을 살고자 하는 자유는 억압되고 침해될 수밖에 없을 것이다. 우리는 이러한 상황을 사회적 부정의와는 구별되는 병리현상으로 규정하고 이에 대한 비판적 진단을 시도해 볼 것이다.[42] 이 역시 4장에서 자세히 살펴보게 되겠지만, 오늘날 자유의 훼손을 야기하는 병리현상은 바로 삶의 물화(物化)로 규정될 수 있다. 경쟁과 효율성 논리가 지배하는 현대사회에서 획일화된 가치의 전면적 지배는 각자가 진정으로 원하는 방식으로 스스로의 삶을 실현하는 것을 억압하고 있다는 것이다.

둘째, 동등한 자유의 이념은 그것이 내포하는 자유 이념의 포괄성과 복합성으로 인해 다양한 사회비판 전략을 동시에 요구하며 나아가 이들 사이의 적극적인 공조를 요구하고 있다. 자유의 동등한 실현을 억압하는 사회적 불의를 비판하기 위해서는 정의 규범에 기초한 규범적 사회비판 모델이 요구되며, 이와 동시에 삶의 물화로 인한 병리현상들에 대한 비판을 위해서는 규범적 사회비판 모델과는 구별되는 대안적 사회비판 모델, 즉 현시적 사회비판 모델의 도입이 요구되기 때문이다. 물론 이러한 두 모델은 각각의 사안에 분리 적용될 수 없으며, 구체적 현실 비판을 위해서는 양자 사이의 밀접한 공조가 요구된다. 이제 다음 장을 통해서 이에 대해 살펴보도록 하자.

2장

현대사회 비판의 전략

/

정의의 문제인가,
건강한 삶의 문제인가?

앞 장에서는 근대적 자유 개념에 대한 재구성을 통해서 '동등한 자유'를 이 책에서 제시하고자 하는 현대사회의 불의와 병리현상에 대한 종합적 비판을 위한 이념으로 제시해 보았다. 이 장에서는 현대사회의 불의와 병리현상에 대한 진단과 관련되어 있는 방법론적 문제들을 검토해 보고자 한다. 오늘날 현대사회에 대한 비판과 관련하여 크게 보아 두 가지 사회비판의 전략 혹은 모델이 대립하고 있는 것으로 보인다. 규범적 사회비판 전략과 현시적 사회비판 전략이 바로 그것이다.

여기서 규범적 사회비판이란 정당화 가능한 보편적인 규범적 원칙에 입각하여 현존하는 사회적 불의를 비판하고자 하는 사회비판 양식을 의미하며, 이와 달리 현시적 사회비판은 현존하는 사회의 병리현상들을 폭로하고 이를 통해 대안적 삶의 가치를 제시하고자 하는 사회비판 양식을 의미한다. 이들은 규범의 정당화나 그것이 요구하는 자유의 내용과 관련하여 근본적으로 상이한 입장에 기초하고 있다. 그리고 이러한 대립은 오늘날 현대성(modernity) 논쟁과 이성 비판이라는 주제를 둘러싸고 더욱 첨예화되고 있다.

그러나 오늘날 현대사회의 불의와 병리현상에 대한 종합적 비판을 위해서는 이러한 두 가지 사회비판 전략들 사이의 공조가 반드시 필요하다. 아래에서는 먼저 상호대립하고 있는 규범적 사회비판과 현시적 사회비판 각각에 대해서 살펴본 후 양자가 협력할 수 있는 방안을 모색해 보고자 한다. 이를 위해 먼저 규범적 사회비판과 현시적 사회비판 양식을 구별하고 양자의 핵심적 차이에 대해 살펴볼 것이다. 다음으로 이들이 각각 전제하고 있는 언어관이 무엇인지를 밝힘으로써 두 가지 사회비판 유형들 사이의 근본적 차이를 해명하고 나아가 양자의 원칙적 공조 가능성을 확인해 볼 것이다. 마지막으로는 이러한 구상에 기초하여 오늘날의 현실 속에서 두 유형의 사회비판들에 각각 주어진 과제들을 검토하고 나아가 이러한 두 유형의 사회비판들이 실천적으로 공조할 수 있는 방안도 검토할 것이다.

1. 현대사회 비판의 두 유형

사회비판이론의 과제는 해당 사회에 내재하는 사회적 부정의들을 분석, 진단하고 이를 극복할 수 있는 실천적 대안을 제시하는 데 있다. 이를 위해서는 먼저 정의로운 사회질서 여부를 판단할 수 있는 기준이 무엇인지가 규명되어야 하며, 이를 기준으로 하여 그러한 정의로운 사회질서가 실현되지 못하게 만드는 구조적이고 제도적인 원인들이 무엇인지를 밝혀내야 한다. 나아가 이에 기초하여 부정의를 야기하는 원인들을 제거할 수 있는 대안은 무엇인지를 제시해야 한다.

이러한 이해에 따라서 규범적 사회비판이론은 사회정의의 보편적 기준을 제시하고 그것을 정당화하는 것을 자신의 핵심 과제 중 하나로 설정하게 된다. 왜냐하면 먼저 이러한 보편적인 규범적 기준이 설정되어야만 그것을 기준으로 삼아 정의롭지 못한 기존 사회질서를 비판하고, 나아가 이를 극복할 수 있는 대안적 사회질서 역시 제시할 수 있기 때문이다. 정당화 가능한 규범적 기준이 없이는 기존의 현실을 비판할 수도 없으며, 바람직한 대안을 제시할 수도 없을 것이다.

이러한 입장에 기초하여 보편적으로 정당화 가능한 규범적 기준을 정초하고자 하는 현대의 대표적인 시도로는 롤즈(John Rawls)의 정의론, 하버마스의 담론윤리, 프레이저(Nancy Fraser)의 동등한 참여의 원칙 등을 떠올려 볼 수 있을 것이다. 이들이 각각 제시하는 규범적 기준의 세부적 내용들이나 그에 대한 정당화 방식들이 서로 상이하기는 하지만 이들 모두는 보편화 가능한 규범적 정의관을 먼저 제시하고,

이를 기초로 해서 해당 사회의 정의롭지 못한 사회구조나 질서를 비판하는 방식을 취하고 있다. 롤즈의 정의의 두 원칙, 하버마스의 담론 원칙, 프레이저의 동등한 참여의 원칙 등은 각기 상이한 정당화 방식을 통해서 보편적으로 정당화 가능한 정의 원칙을 설정하고자 시도해 왔다.[1] 규범적 사회비판이론에서는 정의의 규범을 정초하는 것 자체가 모든 논의의 출발점이자 바탕이 되기 때문에 이들은 각자가 제시하는 규범적 기준을 정당화하는 데 큰 관심을 가지게 된다.

그리고 이들이 제시하는 정의 규범들은 주로 자율성으로서의 자유 이념을 지향하고 있다고 할 수 있다. 동등한 분배나 동등한 참여로서의 정의는 결국 자유의 동등한 실현을 목표로 하며, 이는 이성적 주체로서 당사자들이 자율적으로 합의할 수 있는 보편적 규범을 통해서만 비로소 가능하다. 이미 칸트는 보편적 이성의 준칙에 따른 자기입법의 이념을 통해 자율성으로서의 자유를 주장하였으며, 하버마스 역시 상호주관성 개념에 기초하여 민주적인 자기입법의 이념을 새롭게 제시한 바 있다. 정의 규범은 각자가 지향하는 삶의 목표나 좋음이 무엇인지와는 무관하게 모든 사람들이 사적인 삶과 공적인 삶의 영역 모두에서 자신의 삶을 자율적으로 결정할 수 있는 동등한 권리를 보장하는 것을 그 주된 목표로 한다. 따라서 특정한 개인이나 집단이 사적이고 공적인 영역에서 스스로의 삶을 자율적으로 결정할 수 있는 권리를 박탈하는 것은 바로 사회적 불의를 의미하게 된다.

이와 달리 현시적 사회비판은 규범적 사회비판이론이 목표로 하는 보편적인 규범적 기준의 정초 자체를 거부한다.[2] 그 이유는 그러한 정당화 자체가 불가능한 동시에 불필요하기 때문이며, 나아가 그러한 정당화 작업 자체가 부정적 효과를 수반한다고 보기 때문이다. 그렇기 때문에 현시적 사회비판은 보편적인 규범적 기준을 설정하지 않은 상태에서 현존하는 부정의를 현시하고 이를 통해 간접적인 방식으로 새로운 대안의 가능성을 제시하는 데 주력하게 된다. 먼저 이들의 입장에서 보면, 인간의 모든 인식이 역사적 맥락에 제한되어 있다는 점에서 맥락을 초월하여 보편화할 수 있는 정의의 기준을 설정하는 것은 불가능하다. 때문에 그러한 초월적 기준의 설정은 불필요한 철학적 논란의 소지만을 야기할 뿐이다. 뿐만 아니라 이러한 보편적 기준 자체는 개별자나 특수자의 차이에 대한 억압을 산출하게 된다는 점에서 실천적인 측면에서 볼 때도 바람직하지 않다.

현시적 사회비판의 전략들은 호르크하이머와 아도르노의 계몽의 변증법, 푸코(Michel Foucault)의 고고학적-계보학적 비판, 데리다(Jacques Derrida)의 해체 전략 등에서 다양한 형태로 발견될 수 있다.[3] 이러한 비판들은 기존의 지배적 규범이나 제도들이 유래하게 된 원천과 배경들을 현시함으로써 그것들이 가지는 보편적 정당성을 무화시키거나 그러한 규범들의 확정 불가능성을 보여줌으로써 그것들을 해체해 나가고자 한다. 이와 같이 현시적 사회비판들은 부조리한 현실을 폭로하거나 기존의 지배적인 규범들을 해체하는 데 일차적인 관심을 가지고 있기는 하지만, 이를 통해 주어진 현실을 새로운 각도에서 바라볼 수 있게 해준다는 점에서 새로운 대안을 제시하는 기능 역시 수행하고 있다.

현시적 사회비판 모델이 규범적 정당화 작업에 대해서 비판적인 태도를 취하고 있기는 하지만, 그것이 사회비판을 목적으로 하는 한 이러한 비판 역시 그것이 추구하는 특정한 가치를 전제할 수밖에 없다. 그리고 이 가치는 근대적 자유의 이념의 한 축을 구성하고 있는 진정성으로서의 자유로 규정될 수 있다. 각자가 자기 자신이 신정으로 원하는 바에 따라서 스스로를 실현하고자 하는 진정성의 이념이 현시적 사회비판 모델에 함축되어 있는 것으로 볼 수 있다는 것이다.

예를 들어 권력 비판을 통해 기존의 지배 질서를 비판하고자 했던 푸코의 경우 한편으로는 지식권력 복합체에 근거한 정상과 비정상의 구별을 계보학적 성찰을 통해 해체하면서도 다른 한편으로는 특히 그의 후기 작업에서 진리와 거짓, 정상과 비정상이라는 구별을 극복할 수 있는 새로운 주체화 양식을 모색한 바 있다. 그리고 새로운 주체화 양식을 모색하는 존재의 미학이라는 그의 윤리적 연구 기획에서 중요한 것은 기존의 정형화된 도덕 질서에 복종하는 것을 넘어서 주체 스스로가 자유롭게 자기 자신을 형성해 나가는 과정이었다. 종교나 과학에 기초한 보편적 가치나 규범에 단순히 복종하는 것을 넘어서는 새로운 도덕의 가능성을 확보할 필요가 있다는 것이다.

이러한 그의 윤리적 기획에서 이제 주체는 정상과 비정상이라는 기존의 질서를 넘어 고유한 방식으로 스스로를 실현하는 자유로운 존재로 상정되고 있다. 여기서 주체는 종교, 법, 과학에 기초한 정형화된 행위 코드들로부터 벗어나 미적 기준에 입각하여 스스로를 배려하며 자유롭게 자기 자신을 실현한다. 푸코는 서양의 고대 윤리에 대한 고찰을 통해 이러한 자유로운 자기관계의 모형을 모색하기도 한다. 중세가 종교에 의해 그리고 근대가 인간과학에 의해 참된 인간의 본성과 보편적 의무를 일방적으로 규정하였던 반면에 고대의 윤리에서는 개인의 주권적 자기형성의 여지가 존재하고 있었다는 것이다. 이런 점에서 푸코가 윤리학적으로 기여한 바는 자기와의 충실한 관계 속에서 스스로 획득하는 새로운 자유의 가능성을 제시했다는 데 있다고 할 수 있다.[4]

그런데 존재의 미학을 통해 제시되는 이러한 삶의 방식은 일종의 미학적 자기창조의 이념을 내포하고 있으며, 이러한 자기창조가 지향하는 이념은 앞서 우리가 살펴본 진정성으로서의 자유 이념이 지시하고 있는 바와 일치한다. 각각의 개인들은 보편화된 도덕 코드를 넘어 자신만의 척도에 따라 스스로의 고유한 삶을 창조적으로 실현해야 한다는 것이다. 이런 점에서 보면, 푸코의 현시적 사회비판 모델은 그 내부에 진정성으로서의 자유 이념을 전제하고 있는 것으로 보인다.[5]

또한 우리는『존재와 시간』에서 제시되고 있는 현존재의 비본래적인 삶에 대한 비판을 통해서 하이데거 역시 진정성으로서의 자유 이념을 전제하고 있음을 볼 수 있다. 그에 따르면 일상적인 현존재, 즉 인간은 자신의 삶을 세상사람들에게 떠맡기는 존재, 세계 속에 퇴락해 있는 존재다. 반면에 이에 대립하는 실존적 삶의 방식, 즉 스스로 결단하는 삶의 방식은 본래적인 삶의 방식으로 규정되고 있는바, 여기서 본래성(Eigentlichkeit)이란 곧 진정성(authenticity)을 의미하기 때문이다. 미래의 무화 가능성을 직시하면서 스스로 실존적 결단을 내리는 존재는 세속의 구속과 기준을 벗어나 스스로를 자유롭게 창조하는 주체에 다름 아닐 것이다.

잘 알려져 있는 바와 같이 사회비판 전략에서 나타나는 이러한 차이는 이성과 합리성, 나아가 철학 자체에 대해서 양측이 가지고 있는 입장들 사이의 근본적인 대립에서 기인하는 것이다.[6] 포스트모더니즘의 부상과 관련된 그간의 논쟁들이 보여준 바와 같이 규범적 사회비판은, 비록 근대적 의식철학의 한계를 극복하기 위한 새로운 패러다임을 제시하고 있기는 하지만, 보편적 이성의 가능성을 여전히 옹호하고 신뢰하는 입장에 기초하고 있다. 반면에 현시적 사회비판은 이성 일반의 폐쇄성, 지배성에 대한 급진적 비판과 이성 자체에 대한 회의에 기초하고 있다.

규범적 사회비판과 현시적 사회비판 사이의 대립이 이러한 커다란 철학적 입장의 차이에서 기인하는 한, 서로가 근본적으로 양립 불가능한 성격을 가지고 있다는 점을 부정하기는 어렵다. 그렇지만 하버마스가 『현대성의 철학적 담론』에서 잘 보여준 바와 같이 이들은 근대성의 역설이라는 동일한 문제 상황을 공유하고 있다.[7] 이들의 사회비판은 공히 자본주의적 근대화, 합리화 과정이 산출한 사회적 부정의들과 병리적 현상들에 대한 반성으로부터 출발하고 있다.

이런 점에서 우리는 이들의 사회비판 전략들을 유사한 문제의식, 유사한 상황인식으로부터 출현한 두 가지 비판적 대응의 양상이라고 볼 수 있을 것이다. 이들이 비판하고 극복하고자 하는 현실의 모순은 크게 보아서 동일하다. 그들은 기존의 근대적 지배 질서 내에 존재하는 부정의와 병리현상들을 고발하고 비판하고 있는 것이다. 데리다와 하버마스가 9.11 이후 이라크 전쟁과 관련하여 공동 대응을 모색한 것은 이러한 정황을 보여주는 상징적 사건이라고 말할 수 있을 것이다.[8]

물론 공동의 적에 대항하면서도 이들은 서로에 대한 의구심을 결코 거두지 않는다. 한편에서는 보편적 정의의 기준이 존재하지 않는다면, 현시적 사회비판 자체가 가능할 수 있는 것인지, 그것이 과연 정당한 비판일 수 있는지를 끊임없이 되묻는다. 나아가 이들은 공적으로 정당화될 수 없는 현시적 사회비판이 결국 엘리트들의 지적 유희로, 경우에 따라서는 힘의 논리와 전체주의를 정당화하는 이데올로기로 전락할 것을 우려한다. 그러나 이러한 지적에 맞서서 현시적 사회비판은 역으로 보편적 정의의 기준이 과연 정당화될 수 있는 것인지, 도대체 그런 기준이 왜 필요한지를 끊임없이 되묻는다. 보편적 규범의 설정은 원천적으로 불가능하며, 그러한 기준을 설정하려는 것은 결국 차이를 배제하고 자유를 억압하는 또 다른 동일화의 폭력에 지나지 않는다는 것이다.[9]

　　이러한 지속적인 논란에도 불구하고 현실적으로 두 유형의 사회비판은 그간 효과적인 방식으로 나름의 비판들을 제기해 왔으며, 이를 통해 구체적인 사회적 억압과 부정의들을 고발하는 데서 각기 나름의 성과를 거두어 왔다. 그러면 이런 상황을 염두에 두면서 이제 언어의 기능에 대한 반성을 매개로 하여 두 가지 사회비판 전략 사이의 근본적 차이와 공조 가능성에 대해 검토해 보도록 하자.

2. 언어의 두 기능: 문제해결과 세계현시

규범적 사회비판의 핵심은 정당화 가능한 비판의 규범적 기준을 제시하는 것이며, 이런 한에서 규범적 사회비판은 정당화 담론을 그 핵심으로 하고 있다고 할 수 있다. 반면에 현시적 사회비판은 감추어진 사회적 부정의들을 현시하고 나아가 새로운 해석의 틀을 제시하는 데 그 핵심이 있다. 이런 점에서 규범적 사회비판과 현시적 사회비판은 각각 언어의 근본적인 두 기능, 즉 문제해결 및 세계현시 기능과 밀접하게 연관되어 있다고 할 수 있다.

많은 논자들이 지적하고 있는 바와 같이 의식에서 언어로의 철학적 패러다임의 전환, 즉 "언어적 전회"(linguistic turn)는 지난 세기 철학사의 중심 사건이라고 말할 수 있을 것이다. 그러나 근대 의식철학을 대체하고자 하는 이러한 전회가 단일한 방향을 지시하고 있는 것은 아니다. 크게 보아 언어적 전회는 상호주관성을 강조하는 흐름과 존재론적 흐름이라는 두 방향에서 진행되었으며, 이러한 흐름들은 각각 언어의 근본적인 두 기능 중 하나에 주목하고 있다.[10]

먼저 상호주관성을 강조하는 입장에서 보자면, 언어란 언어적 의사소통에 다름 아니다. 인간은 언어적 의사소통을 통해서 주어진 문제들에 대한 합리적 해결을 추구한다. 언어적 의사소통은 상호이해를 기초로 사회적 협력을 추구하는 일종의 사회적 행위이다. 의사소통 과정을 통해서 화자와 청자는 합의를 모색하며, 서로의 의견이 다른 경우에는 논증적 담론을 통해서 이에 대한 해결 방안을 강구한다. 이러한 담론 속에서는 객관적 사실이 문제가 될 수도 있고, 규범의 올바름이 문제가 될 수도 있으며, 때로는 서로의 의도가 문제가 되기도 한다.[11]

이와 같이 담론의 종류가 다양함에도 불구하고 이러한 모든 형태의 담론들은 공동의 비판적 검토를 거쳐 공동의 문제해결을 모색한다는 점에서 그 기능적 공통성을 가지고 있다. 규범적 사회비판의 핵심이 되는 정의와 관련된 담론 역시 언어의 이러한 문제해결 기능에 그 뿌리를 두고 있다고 할 수 있다. 사회정의는 상충하는 규범적 요구들 사이의 갈등을 해결하는 것을 그 목적으로 하며, 정의의 기준에 대한 정당화는 당사자들 사이의 보편적 합의를 필요로 한다.

그러나 언어가 이와 같은 문제해결 기능을 수행하기 위해서는 먼저 언어의 세계현시 기능이 전제되어야만 한다. 왜냐하면 사태에 대한 특정한 방식의 의미화가 전제된 상태에서만 비로소 사람들이 언어를 통해서 공동의 문제를 규정하고 그것을 해결할 수 있기 때문이다. 언어의 존재론적 차원을 강조하는 입장에서 보자면, 이러한 언어의 세계현시 기능이야말로 언어의 본래적 기능이며 앞서 제시된 의사소통을 통한 문제해결 과정은 이러한 본래적인 언어의 기능에서 파생된 산물에 불과하다. 무엇이 진리인지, 무엇이 올바른 규범적 원칙인지를 따져보기 위해서는 먼저 담론의 대상이 되는 상황과 사안이 어떤 방식으로든지 유의미한 대상으로서 우리에게 현시되어야만 한다는 것이다.

이런 점에서 합리적 의사소통을 통한 문제해결은 이러한 근원적인 의미화 방식, 세계현시 방식에 의해 제약될 수밖에 없다. 이런 관점에서 보면, 의미 조건은 진리 조건에 선행하며, 나아가 의미 조건은 (존재의 드러남이라는 의미에서) 진리까지 확정한다고도 볼 수 있을 것이다.[12] 그리고 문제해결 과정은 합리적 담론의 영역에 속하지만 그에 선행하는 세계현시 과정은 합리성 이전의 문제 영역에 속하며, 그런 한에서 일종의 무합리성(a-rationality)을 갖는다고 할 수 있다.[13] 합리적 담론이 성립하기 위해서는 그러한 담론을 가능케 하는 일종의 전(前)합리적 의미화 과정이 선행되어야 하며, 이러한 의미화 방식이 합리적 담론을 제약하고 있다는 것이다.

이처럼 언어적 전회의 상이한 두 방향은 서로 다른 두 가지 근본적인 언어 기능에 주목하면서 서로 대립해 왔다. 상호주관성을 강조하는 쪽에서는 존재론적 언어 이해가 합리적 담론의 자립성을 훼손함으로써 결국 인간을 수동적인 존재로 만들어 버리고 세계를 신비화한다고 주장했다. 반면에 존재론적 언어 이해를 고수하는 입장에서는 상호주관성만을 강조하는 언어 이해는 편협한 것이며, 여전히 인간중심적 이성의 한계에 붙들려 있다고 비판한다.

이러한 논쟁에도 불구하고 언어의 두 차원 혹은 기능은 환원 불가능한 각각의 독자성과 더불어 밀접한 상호연관성 역시 가지고 있다. 앞서 지적한 바와 같이 언어의 문제해결 기능이 언어의 세계현시 기능을 전제하는 것은 사실이지만 문제해결 기능이 단적으로 세계현시 기능으로 환원될 수는 없다. 왜냐하면 기존의 문화적 전통을 개혁하고 혁신해 온 수많은 역사적 실례들에서 볼 수 있는 바와 같이 인간은 주어진 세계현시 방식을 그저 수동적으로 받아들이는 것이 아니라 그것들을 비판적으로, 합리적으로 검토하고 개선해 나갈 수 있는 능력을 가지고 있기 때문이다. 이런 점에서 진리 조건과 의미 조건은 서로 구별될 필요가 있다. 논증적 담론은 합리성의 영역에 속하며 우리는 이를 통해 특정한 의미화 방식을 비판적으로 검토할 수 있다. 의미화 과정은 '진리 후보자들'(truth candidates)을 산출할 뿐 그것들의 진리 여부를 결정하는 것은 결코 아니다.[14]

물론 합리적 담론이 의미의 궁극적 창출자가 아니라는 점에서 언어의 세계현시 기능이 전적으로 합리적 담론의 영역으로 환원될 수 없는 것 역시 사실이다. 앞서 지적한 바와 같이 언어의 세계현시 과정은 그것이 합리적 담론 이전에 존재한다는 점에서 일종의 무합리적 성격을 가지고 있다. 뿐만 아니라 새로운 해석의 출현 과정은 마치 우리가 '발견의 논리'를 확정할 수 없는 것과 마찬가지로 합리적으로만 설명되기 어려운 고유한 특징을 가지고 있다.

이와 같이 언어의 두 기능은 서로 환원 불가능한 독자성을 가지지만 동시에 양자가 서로에게 밀접하게 의존해 있는 것 역시 부정할 수 없는 사실이다. 합리적 담론은 그것이 성립하기 위한 해석학적 지평 (Horizont) 혹은 선행 조건으로서 특정한 세계현시 방식을 요구하며, 세계현시 방식 역시 그것이 보편적인 설득력과 실행력을 갖추기 위해서는 합리적 담론을 필요로 한다. 이미 주어진 해석이든 아니면 새로운 해석이든 그것이 사회적 구속력을 확보하기 위해서는 반드시 합리적 담론의 시험대를 통과해야만 한다. 예를 들어 새로운 삶의 지향이나 정치적 요구들 역시 정의 담론의 촘촘한 거름망을 통과할 때에만 비로소 사회적 정당성과 실행력을 확보할 수 있을 것이다.

이와 같이 언어의 근본적인 두 기능이 상호독립적이면서도 동시에 상호보완적이라는 점에서 우리는 규범적 사회비판과 현시적 사회비판의 대립을 넘어 상호공조를 모색할 수 있는 이론적 가능성을 발견하게 된다. 언어의 문제해결 기능은 타당성을 검토하는 합리적 특성을 가지고 있으며, 언어의 세계현시 기능은 무합리적 성격을 갖는다는 점에서 양자는 근본적인 차이를 가지고 있다. 그러나 언어의 문제해결 기능이 작동하기 위해서는 세계현시, 즉 일종의 의미화 과정이 전제되어야만 하고, 특정한 방식의 세계현시를 비판적으로 검토하기 위해서는 언어의 문제해결 기능이 필수적으로 요구된다는 점에서 양자는 상호보완적이라고 할 수 있다. 현시적 사회비판이 주로 주어진 문제를 다루는 암묵적 해석과 틀(frame)이 야기하는 억압과 병리적 효과들을 폭로하고 새로운 해석 틀을 도입할 것을 촉구하는 데 기여한다면, 규범적 사회비판은 새로운 해석 틀들의 정당성 여부를 검토하고 그를 기초로 당면한 사회적 부정의들을 비판하는 데 기여할 수 있을 것이다.

여기서 한 가지 덧붙여 두고자 하는 것은 합리적 담론은 물론 새로운 의미화 과정 역시 불가피한 권력투쟁의 성격을 가지고 있다는 점이다. 기존의 지배 질서와 권력은 그 속성상 자신의 지배를 거부하는 새로운 담론과 해석을 끊임없이 억압하기 마련이다. 우리에게 주어진 담론의 공간은 이런 의미에서 부르디외(Pierre Bourdieu)가 주장한 바와 같이 다양한 층위에서 지배 담론과 저항 담론이 끊임없이 갈등하는 사회적 장(field)이다.[15] 새로운 의미화를 통해 암묵적인 부정의들을 폭로하고 정의의 영역을 넓히고 구체화하고자 하는 사회비판의 요구는 언제나 이러한 권력투쟁의 장 속에 놓여 있다는 점을 우리는 기

억해 둘 필요가 있을 것이다. 새로운 욕망과 요구의 출현과 확산 그리
고 그것들의 정당성을 둘러싼 다양한 사회적 담론화 과정은 그 본성
상 '정치적인 것'(the political)일 수밖에 없다.[16]

3. 사회비판 모델의 공조 방안

지금까지 우리는 문제해결과 세계현시라는 언어의 두 기능이 서로 환원될 수 없으면서도 동시에 서로에게 밀접하게 의존하는 관계에 있다는 사실에 대해서 살펴보았다. 이러한 관계는 규범적 사회비판과 현시적 사회비판 사이의 관계에서도 동일하게 유지된다.

정의 담론을 핵심으로 하는 규범적 사회비판은 '항상 이미'(immer schon) 주어져 있는 특정한 방식의 의미해석을 전제하고 있다. 무엇이 사회정의이고 부정의인지를 합리적으로 논의하기 위해서는 먼저 특정한 방식으로 해석된 사태가 전제되어야만 하기 때문이다. 예를 들어 재화의 분배와 관련된 부정의가 논의되기 위해서는 어떤 특정한 재화가 반드시 공정하게 분배될 필요가 있는 대상인지 여부가 먼저 결정되어야 한다.[17] 또한 문화적 인정과 관련된 부정의가 논의되기 위해서는 먼저 개인이나 집단의 어떤 특성이 무시되지 않고 사회적으로 인정되어야 하는지가 먼저 결정되어야 한다.

결국 모종의 암묵적 해석이 전제된 상태에서만 정의 담론은 비로소 작동될 수 있다고 할 수 있다. 개인이나 집단의 동등한 자유를 위해 특정한 재화의 분배가 반드시 필요한 것으로 해석되고, 특정한 특성에 대한 인정이 반드시 필요한 것으로 해석되는 한에서만 우리는 비로소 분배나 인정과 관련된 부정의를 문제 삼을 수 있게 된다. 어떤 것이 몇몇 특수한 개인들에게만 필요한 재화나 특성으로 해석된다면, 이와 관련된 문제는 사회정의의 문제라기보다는 일종의 개인적 취향의 문제로 간주될 것이다. 쉽게 말해 특정한 사람들만의 고상한 취미나 그를 위해 필요한 고가의 물품들을 사회가 정의롭게 분배하려고 애쓸 필요는 전혀 없다는 것이다.

기존의 암묵적 해석이 새로운 해석에 의해서 대체되는 경우 정의 담론의 내용과 범위 역시 변경될 수밖에 없을 것이다. 예를 들어 출산과 가사노동이 사적인 영역에 속하는 것으로 암묵적으로 해석되고 있는 경우, 그에 대한 사회적 대가의 지불이라는 문제는 정의 담론 영역에서 논의될 가능성이 전혀 없게 될 것이다. 반면에 출산과 가사노동이 사회의 재생산과 유지를 위해 반드시 필요한 사회적 노동으로 해석된다면, 이에 대한 정당한 몫의 분배 문제는 정의 담론의 주제가 될 것이다.[18] 또한 동성애가 비정상성으로, 치유의 대상으로만 해석되는 경우에는 이러한 특성에 대한 정당한 인정의 요구 자체가 성립할 수 없게 될 것이다. 반면에 동성애가 존중받아야 할 하나의 특성으로 해석되는 경우, 이에 대한 인정과 무시를 둘러싼 정의 담론은 비로소 개시될 수 있게 된다. 이는 교육이나 의료 등과 관련된 많은 구체적 사안들에 대해서도 마찬가지일 것이다.

이러한 사례들에서 유추해 보면 현시적 사회비판은 규범적 사회비판들이 암묵적으로 전제하고 있는 해석의 틀들을 비판하고 새로운 해석의 틀을 도입하게 만드는 데 주로 기여한다고 볼 수 있을 것이다. 정의 담론은 언제나 특정한 방식의 세계현시, 의미화를 전제하고 있으며, 현시적 사회비판은 이러한 전제된 해석의 틀들을 비판하고 변화시키는 데 기여할 수 있다. 이를 위해 현시적 사회비판은 한편으로는 기존의 사회질서나 삶의 방식이 병리적인 것임을 폭로하면서 다른 한편으로는 새로운 가치나 대안적 삶의 방식을 제시해야 한다.

모든 정의 담론은 정의의 내용, 정의의 주체와 범위 등에 대해서 많은 암묵적 틀들을 전제하고 있다. 예를 들어 지구적 빈곤 문제가 오직 국민국가 틀에만 입각하여 해석되는 경우, 빈곤한 국가의 시민들이 제기하는 인정 요구나 분배 요구는 정의 담론의 대상으로 등장할 수조차 없게 될 것이다.[19] 왜냐하면 정의는 단지 개별 국민국가 내부의 문제일 뿐 다른 나라가 개입할 문제가 전혀 아니라고 전제하게 될 것이기 때문이다. 그러나 우리가 빈곤을 국민국가 틀을 넘어 지구적 관점에서 바라보고 해석하게 되는 경우, 논의 상황은 매우 달리 전개될 수밖에 없을 것이다. 이와 같이 현시적 사회비판은 기존의 정의 담론에서 배제된 자들과 그들의 요구, 욕망들을 다른 새로운 시각에서 보여줌으로써 정의 담론의 내용과 범위를 변화시키는 데 기여할 수 있다.

하지만 현시적 사회비판은 그 자체만으로는 자신을 정당화할 수 없고 나아가 사회적 실행력을 확보할 수 없다는 점에서 다시금 정당화 담론이라는 시험대를 요구하게 된다. 현시적 사회비판은 새로운 해석들을 통해서 정의의 내용과 주체가 될 수 있는 새로운 잠재적 후보자들을 제시할 수 있다. 하지만, 과연 새롭게 제시된 정치적 요구나 대안적 가치가 정당한 것으로 수용될 수 있는 것인지 그리고 그것들을 정당하게 다루는 방식이 무엇인지 하는 문제는 다시 정의에 관한 민주적 토론에 의해서 결정될 수밖에 없다.[20]

현시적 사회비판이 기존의 질서나 삶의 방식이 가지는 문제점들을 폭로하고 개인이나 집단이 제기하는 새로운 요구들을 드러내 보여줄 수는 있지만 우리가 그들이 제기하는 정치적 요구들이나 대안적 가치를 모두 수용할 수는 없다. 왜냐하면 그러한 요구들은 특정한 집단 내부 혹은 외부의 사람들이 가지는 평등한 권리를 침해할 수도 있을 것이기 때문이다. 예를 들어 특정한 집단의 문화적 전통에 대한 인정 요구가 그 집단 내부의 소수자인 여성의 권리를 침해하는 경우 우리는 그러한 요구를 결코 인정할 수 없을 것이다.[21] 마찬가지로 대안적인 삶의 가치 역시 그것이 타인의 동등한 권리를 침해하지 않는다는 조건 속에서만 사회적으로 수용될 수 있을 것이다. 이런 점에서 현시적 사회비판은 언제나 정의 담론이라는 시험대를 필요로 할 수밖에 없다.

이러한 상호관계를 염두에 둔다면 사회비판의 두 전략은 사회정의 실현이라는 동일한 목적을 위해 서로 협력할 수 있을 것이다. 오늘날 정의 규범에 입각한 규범적 사회비판은 정치, 경제, 문화 등 삶의 전 영역에서 발생하는 각종 사회적 부정의들을 진단하고 비판하는 데 주력해야 한다. 특히 복합적인 사회적 부정의가 발생하고 있는 오늘날의 현실을 고려할 때, 규범적 사회비판은 기존의 분배 부정의를 넘어 문화적 무시가 야기하는 부정의, 정치적 대표 불능이 야기하는 부정의 등으로 정의 담론의 내용과 폭을 넓혀 나가야만 하는 상황이다.[22]

이러한 상황 속에서 현시적 사회비판은 기존의 정의 담론들이 간과하거나 배제하고 있던 영역과 주체들에 대해 새로운 시각을 열어주는 데 기여할 수 있을 것이다. 먼저 현시적 사회비판은 정의의 내용과 관련하여 새로운 경제적 분배 요구, 새로운 문화적 인정 요구, 새로운 정치적 대표 요구들을 새로운 관점에서 부각시킬 필요가 있다. 예를 들어 인간적 삶에 대한 새로운 조망 아래 적절한 복지와 여가에 대한 요구가 분배 정의의 대상으로 부각될 수 있을 것이며, 소수자들의 다양한 인정 요구들이 새로운 정의 요구들로 부각될 수 있을 것이고, 나아가 기존 대의제를 보완하는 관점에서 배제된 소수자들의 대표 요구 역시 주목될 수 있을 것이다. 이를 통해 현시적 사회비판은 기존의 질서 속에서 가시화되고 있지 못한 새로운 정치적 요구들을 발굴하고 그것들을 표출할 수 있는 새로운 언어들을 창출하는 데 기여할 수 있을 것이다. 기존의 해석에 대한 급진적 도전과 새로운 해석틀의 창출 노력 그리고 이러한 새로운 도전의 정당성에 대한 민주적 검토는 사회비판 일반의 불가피한 이중적 과제라고 할 수 있다.

이와 같이 사회정의 담론의 혁신을 위해 두 전략 사이의 공조가 필요할 뿐 아니라 사회정의와는 구별되는 사회 병리현상에 대한 비판을 위해서도 이러한 공조는 반드시 요구된다. 여기서 병리현상이란 사회 성원들의 삶의 방식이나 가치추구 방식이 왜곡되는 것을 의미한다. 예를 들어 획일화된 삶의 방식이나 일원화된 가치가 한 사회를 지배하는 경우, 우리는 이러한 현상이 각각의 개인들이 진정으로 원하는 바를 다양하게 실현하는 것을 불가능하게 만든다는 점에서, 즉 자유의 실현을 억압한다는 점에서 그러한 현상을 병리현상으로 규정할 수 있을 것이다. 그리고 4장에서 자세히 살펴보겠지만 현대사회에서 이러한 상황이 발생하게 되는 이유는 삶의 물화(物化)에서 찾을 수 있다.

물화에서 기인하는 병리적 효과는 그것이 계급이나 계층, 사회적 지위를 막론하고 전 사회적인 영향을 미친다는 점에서 주로 특정한 집단들에 피해를 주는 사회적 불의와는 구별된 다. 그리고 오늘날 이러한 사회병리는 사회 구성원들 전반의 삶의 방식에 폭넓은 영향을 미치고 있다. 예를 들어 교육이 획일화된 경쟁 논리에 의해 지배되는 경우를 생각해 보면, 이는 특정 계층을 넘어 모든 시민들에게 부정적 효과를 미치게 될 수밖에 없다. 물론 경제적으로나 문화적으로 열악한 위치에 처한 사람들이 이로 인해 느끼는 압박과 고통이 더 크겠지만, 상대적으로 우월한 위치에 있는 사람들 역시 획일적인 경쟁의 압박에서 결코 자유로울 수 없을 것이다. 뿐만 아니라 병리적 효과는 사회 구성원들이 자기 자신과 세계를 대하는 근본 태도 자체에 영향을 미친다는 점도 주목해야 할 것이다. 삶의 물화는 사람들의 욕망과 요구 자체를 왜곡시키며, 이런 상황 속에서는 모두가 그 물화된 욕망을 갈구하는 피해자가 될 수밖에 없는 법이다.[23] 물론 구체적 현실 속에서는 이러한 병리적 효과와 사회적 불의가 언제나 중첩되어 존재할 수밖에 없지만, 양자는 그것이 발생하는 원인, 저항의 주체와 주체들이 지향하는 목적 그리고 각각의 문제를 시정하기 위한 대책에서 근본적인 차이를 가지고 있다.

따라서 사회 병리현상에 비판적으로 접근하기 위해서는 정의 담론과는 구별되는 대안적 비판 모델, 즉 현시적 사회비판 모델을 도입해야 한다. 왜냐하면 병리현상에 대한 비판은 개인이나 집단들 사이의 정의를 넘어서 사회 전반이 공유하고 있는 삶과 세계에 대한 태도 혹은 가치부여 방식과 관련되어 있기 때문이다. 물화된 삶에 대한 비판은 불의에 대한 비판을 넘어 한 사회 구성원들의 삶의 방식이나 욕망 자체가 왜곡되는 상황을 문제 삼고자 하며, 이러한 상황을 극복하기 위해서는 대안적인 삶의 방식, 즉 건강한 삶의 방식이 제시될 수 있어야 한다.[24] 그러나 이와 같이 삶의 방식과 가치에 대한 특정한 상을 제시하는 것은 정의 담론이 직접적으로 다룰 수 있는 영역이 아니다. 이런 점에서 물화된 삶에 대한 반성과 비판을 위해서는 현시적 사회비판 양식의 개입이 반드시 요구될 수밖에 없다.[25]

현시적 사회비판은 물화된 현재의 삶이 얼마나 왜곡된 것이고 불행한 것인지, 즉 인간의 자유가 어떻게 억압되고 있는지를 폭로해 줄 수 있을 뿐 아니라 이러한 부자유한 삶을 넘어서는 새로운 삶의 태도와 삶의 방식의 가능성 역시 예시해 줄 수 있다. 물화된 삶을 넘어 바람직한 삶의 모습을 구상하고 제시한다는 것은 단지 절차주의적인 정의를 넘어서 사람들이 추구하는 좋은 삶의 이상을 제시할 것을 요구하고 있으며, 이는 분명 정의 담론의 영역을 넘어서 있는 과제다.

물론 앞서 계속 강조해 온 바와 같이 현시적 사회비판과 그것이 함축하는 자유로운 삶에 대한 이상과 요구들은 단지 새로운 해석의 틀을 제공할 수 있을 뿐이며, 그것은 다시금 민주적인 담론의 시험대를 통과해야 한다.[26] 만일 새로운 정치적 요구들이 정의 담론의 시험대를 통과하지 못한다면, 그것은 결코 정당화되거나 사회적 실행력을 확보할 수 없다. 때문에 현시적 사회비판은 자신의 정당성과 실행가능성을 확보하기 위해서 다시 규범적 사회비판에 의존해야만 한다.

지구화를 배경으로 사회의 다원화가 진행되고 있는 오늘날의 현실은 기존의 삶의 질서를 다양한 방식으로 동요시키면서 새로운 정치적 요구들을 분출시키고 있다. 지구화 과정은 국민국가 단위의 틀로는 대응할 수 없는 수많은 도전들을 야기하고 있으며, 국경을 넘어서는 이주의 흐름과 문화적 교접은 새로운 차원의 문화적 인정투쟁들을 분출시키고 있다. 이러한 환경의 변화는 기존 정의 담론의 틀로는 접근하기 어려운 다양한 새로운 정치적 요구들을 산출하고 있다. 이런 상황에서는 기존의 삶의 질서들이 가진 한계들을 폭로하고 새로운 정치적 요구들이 가지는 의미를 보다 적극적으로 해명하기 위한 노력들이 무엇보다 먼저 필요할 것이다. 그러나 새롭게 분출하는 이러한 다양한 요구들 사이의 갈등을 해소하고 새로운 정치적 요구들의 정당성을 확보하는 것은 오직 민주적 담론을 통해서만 가능하다. 차이 나는 존재들 사이의 공존의 틀로서의 '민주적 정의'는 이런 점에서 여전히 모든 판결의 최종심급이라고 할 수 있다.

이러한 상황들을 고려할 때, 오늘날 대립하고 있는 두 가지 사회비판 모델들 사이의 공조는 시급한 실천적 과제라고 할 수 있을 것이다. 물론 현재 우리 사회의 복합적이고 다층적인 갈등구조를 전면적으로 분석하고 이를 극복하기 위해서도 이러한 공조는 불가피한 상황이다.

3장

프랑크푸르트학파의
시대진단

/

도구화, 식민화, 역설들

앞서 밝힌 바와 같이 3장과 4장의 중심 목표는 오늘날 동등한 자유의 실현을 억압하는 사회적 불의와 병리현상이 구체적으로 무엇인지를 주로 사회이론 차원에서 분석하고 해명하는 데 있다. 그리고 이러한 작업은 그동안 비판이론 내부에서 제시된 현대사회에 대한 시대진단 테제들을 비판적으로 재구성하는 방식을 통해서 진행될 것이다.

이를 위해 먼저 이 장에서는 그들이 제시했던 핵심적인 시대진단 테제들을 중심으로 1923년 사회연구소 창립 이후 오늘날까지 근 한 세기에 걸쳐 진행되어 온 프랑크푸르트학파 비판이론의 전개 과정에 대해서 비판적 고찰을 시도해 볼 것이다.[1] 이는 한편으로는 비판이론의 역사가 오늘날 한국사회의 시대진단에 대해 함축하는 바가 무엇인지를 검토하고 그 시사점을 추출하는 과정인 동시에 다른 한편으로는 오늘날 한국사회의 현실을 염두에 두면서 그간 제시되어 온 비판이론의 시대진단 테제들을 비판적으로 평가해 보려는 작업이라고 할 수 있다. 다시 말해 기존의 시대진단 테제들에 대해 이 장에서 제시하고 있는 비판적 평가들은 오늘날 한국사회에서 발생하고 있는 다층적 사회갈등에 대한 모종의 상을 이미 염두에 두고 있다는 것이다.[2]

잘 알려져 있는 바와 같이 비판이론 1세대의 시대진단은 호르크하이머와 아도르노의 『계몽의 변증법』(1947)으로 귀결되었다고 할 수 있으며, 그 핵심은 계몽의 자기파괴 내지는 총체화된 이성의 도구화라는 진단으로 요약된다. 이러한 비관주의적 시대진단이 봉착한 난관을 돌파하는 것이 2세대인 하버마스의 핵심 과제였으며, 그는 1980년대에 '생활세계 식민화 테제'를 제시하고 근대를 '미완의 기획'으로 규정하면서 본래적인 근대의 기획을 완성할 것을 촉구하였다. 그리고 현재 사회연구소 그룹들은 비판이론 3세대의 대표자인 호네트(Axel Honneth)를 중심으로 하버마스의 '생활세계 식민화 테제'가 가지는 제한성을 극복하면서 '자본주의적 근대화의 역설들'이라는 표제 아래 오늘날의 현실에 부합하는 새로운 시대진단 방식을 모색하고 있다.

1. 계몽의 변증법

1930년대까지 초기 비판이론의 기획은 마르크스의 역사유물론을 토대로 하고 있었으며, 이러한 역사철학적 입장을 전제로 하여 그들은 철학의 주도하에 사회학, 경제학, 역사학, 심리학 등이 공동으로 참여하는 학제 간 사회연구의 기획을 진행하고자 하였다.[3] 그들은 어떤 상황 속에서 파시즘이 출현하였고, 어떤 요인들이 사회주의를 지향하는 역사의 해방적 과정을 지연시키고 있는지를 주로 해명하고자 했다. 그렇지만 그들의 이러한 시대진단 방식은 호르크하이머와 아도르노의 공동저작인 『계몽의 변증법』에서 급격히 변모된 모습으로 등장하게 된다. 루카치(György Lukács)의 물화 이론을 매개로 이루어진, 베버(Max Weber)의 합리화 이론에 대한 재해석은 이들의 이러한 급진적 전환에 커다란 이론적 영향을 주었다.[4]

이제 『계몽의 변증법』의 저자들은 생산력의 발전, 나아가 문명화 과정 자체를 더 이상 인간 해방을 실현하는 진보의 과정으로 평가하지 않게 된다. "『계몽의 변증법』이 필연적이고 해방적인 사회주의로 나아가는 역사의 진보에 대한 초기의 신화를 성공적으로 파괴해 버렸기 때문에, 미래는 매우 의심스러운 것이 되어 버린다."[5] 그들은 이제 문명화된 현실 전체가 야만에 빠져 있으며, 또 야만으로 빠져 버릴 수밖에 없었다는 비관적 시대진단을 제시하게 된다.[6]

이러한 급진적이고 비관적인 현실 진단은 개념적 사유와 노동이라는 범주 자체에 대한 근원적인 철학적 반성에 기초하고 있다. 『계몽의 변증법』에서 인간의 노동이나 개념적 사유는 이제 더 이상 자연의 자기실현 행위로서, 인간의 자기실현 행위로서 긍정적으로 이해되지 않는다. 그들은 사유와 노동 그리고 그것의 지침과 기준이 되었던 '이성' 자체가 결국에는 인간 주체의 이기적 자기보존과 극대화를 실현하기 위한 전략적인 수단에 지나지 않는다고 폭로하고 선언한다.

인간의 이성이란 인간의 자기보존 행위가 가지는 효율성을 판단하기 위한 척도에 불과하다. 인간이 자연으로부터 배우고 싶어 하는 것은, 자연과 인간을 완전히 지배하기 위해서 자연을 이용하는 법이다. 사유와 노동이라는 인간의 이론적이고 실천적인 행위 전체가 타자에 대해 가지는 폭력적이고 지배적인 성격이 이제 근본적 반성의 대상이 된다. 타자에 대한 나아가 자기 자신에 대한 지배의 지침이 되는 근대적 합리성을 호르크하이머와 아도르노는 '도구적 이성'(instrumentelle Vernunft)이라고 명명한다. 비판이론 1세대의 사유는 헤겔이나 마르크스의 비판 정신을 이어받고 있지만, 그들의 비판을 사유와 노동 그리고 이성 자체에 대한 비판으로 급진화하고 있다는 점에서 그 고유성을 갖는다.

이제 비판의 목적은 더 이상 상실된 사회통합의 힘을 재건하거나 분열된 대립을 화해시키는 데 있지 않다. 당시 비판이론 1세대들이 처한 상황은 진보에 대한 그 어떤 낙관적 기대도 허용하지 않았다. 계몽에 대한, 이성에 대한 낙관은 이제 불가능한 것이 되어 버렸다. 현실에는 엄청난 재앙들과 어두운 그림자들만이 존재한다. 나치 치하의 전체주의적인 독일의 현실이나 그들의 망명지였던 미국에서 실현된 자본주의의 끔직한 풍요와 소비 지향적 대중문화 속에서 그리고 스탈

린 체제 속에서 변질되어 버린 사회주의의 현실 속에서 그들은 그 어떠한 희망도 발견할 수 없었다. 더 이상 현존하는 탈출구는 없다. 자본주의 체제가 되었든 사회주의 체제가 되었든 현대 문명 전체는 급속한 쇠락의 경로를 걷고 있다는 것이다.

이들의 이러한 비관적 시대인식은 계몽적 사유 일반으로까지 확장된다. "계몽은 사물에 대해 독재자가 인간들에 대해 취하는 태도를 취한다. 독재자는 그가 인간들을 조작할 수 있는 한에서만 인간들을 안다. 과학적인 인간은 그가 사물을 만들 수 있는 한에서만 사물들을 안다. 이를 통해 즉자적인 사물은 인간을 위한 사물이 된다."[7] 이제 인간의 모든 개념적 인식과 행위 자체가 주체의 타자에 대한 지배 욕구를 통해서 해석되기 시작한다. 그리고 이에 따라 현실 비판 역시 더욱 총체화되어 나간다.

현실에 팽배한 소외와 물화 현상들 역시 이제 더 이상 상품의 물신성(物神性)에 대한 분석을 통해서 해명되지 않는다. 마르크스는 『자본』 1권 첫 장에서 화폐로 완성되는 교환가치의 자립화에 대한 통찰을 기반으로 상품의 물신성에 대한 분석을 시도했다. 그러나 호르크하이머와 아도르노는 더 이상 이러한 마르크스의 유물론적 현실 독해 방식을 추종하지 않는다. 이제 오히려 자본주의적 상품 교환의 형식 자체와 물화 현상이 동일성 원리를 통해서 설명된다. 이와 같이 그들의 급진적 비판은 인간의 모든 사유와 행위 영역 전반으로, 역사 전체로 확장된다.[8]

"시민사회는 등가물에 의해 지배된다. 시민사회는 동일하지 않은 것을 추상적인 크기로 환원함으로써 비교 가능한 것으로 만든다. 계몽에게 숫자로 환원될 수 없는 것, 나아가 결국에는 하나로 될 수 없는 것은 가상이 되어 버린다. 근대의 실증주의는 이런 것들을 문학 속으로 추방해 버린다. 통일성은 파르메니데스로부터 러셀에 이르기까지 제시되어 온 표어였다. 신들과 질의 파괴는 지속적으로 고수된다."9 이러한 진단에서 현실과 이론을 유물론적으로 읽어 내라는 마르크스의 권고는 그 의미를 상실하게 된다. 이제 시민사회의 등가 원리는 고대 철학자인 파르메니데스의 동일성 사유의 사례이거나 산물에 불과한 것으로 이해될 뿐이다.

이들의 비판의 표적은 이제 특정한 현실의 국면이나 사회적 부정의가 아니다. 현실에 더 이상 탈출구는 없다. "『계몽의 변증법』의 관점에서 보면 이성의 자기부정은 극단적으로 확장된 것처럼 보인다. 그래서 호르크하이머와 아도르노 그리고 국가자본주의 이론을 세운 폴록(Friedrich Pollock)조차도, 정치적 제도들과 모든 사회적 제도와 일상 실천에서 이제 이성은 흔적도 없이 사라져 버렸다고 생각하게 되었다. 그들에게 이성은 문자적 의미에서 유토피아적인 것이 되어 버렸으며, 그것이 존재할 장소를 상실하게 되었다."10

『계몽의 변증법』에서 저자들은 문명화 과정을 자연에 대한 인류의 지배 과정, 자기화 과정으로 읽어 낸다. 지배나 자기화라는 개념은 이미 타자에 대한 조작, 억압을 나타내고 있다. 인류 역사는 지배와 억압이 인간의 자연 지배, 인간의 인간 지배, 인간의 자기 내적 지배라는 세 측면에서 극대화되어 나타나는 과정일 뿐이다. 이와 같이 인류 역사는 주체-객체 대립을 전제로 하여, 인간 주체가 객체를 일방적으로 지배하고 이러한 지배를 내면화시켜 나가는 과정으로 읽혀진다.

현실은 폭력적 지배의 현장이 되어 가고 있다. 이제 이들에게 남아 있는 유일한 과제는 이러한 총체적인 억압의 구조에 대해서 전면적인 비판을 행하는 것뿐이다.

이러한 비판은 애초부터 소박한 희망과는 거리가 먼 것이다. 왜냐하면 이미 현실에는 이러한 비판을 수행할 이론적 기점이나 실천적 주체가 더 이상 존재하지 않기 때문이다. 그렇기 때문에 이러한 비판적 인식은 인간 이성 자체에 대한 급진적인 회의로 귀결될 수밖에 없었다. 인간의 이성, 개념적 사유, 나아가 '학문'(Wissenschaft) 일반은 이제 자기보존을 위한 지배의 도구로만 평가된다.[11] 인간의 모든 사유나 행위는 인간의 자기보존을 위한 도구적이고 전략적인 사유나 행위에 지나지 않는다는 것이다.

『계몽의 변증법』이 제시한 이러한 시대진단은 자본주의적 근대화가 산출한 억압과 부자유의 문제를 비판이론 전통 내부에서 처음으로 그것도 매우 급진적인 형태로 정식화했다는 점에서 그 역사적 의의를 찾을 수 있을 것이다. 호르크하이머와 아도르노는 쇠락하는 현실에 대한 민감한 감수성을 바탕으로 근대적 합리성에 내재하는 지배 본성과 그로 인한 총체적 물화의 문제를 간파하고, 그것이 산출하는 위험성을 날카롭게 지적하였다. 근대의 기획 자체를 타자에 대한 동일화와 지배의 기획으로 규정하는 이러한 시대진단은 오늘날 탈근대적 시대비판의 핵심을 선취하고 있는 것으로 보인다.

그러나 이러한 시대진단은 이론적 정당화의 차원과 학제적 작업을 통한 비판이론의 구축이라는 차원에서 심각한 한계를 갖는다. 우선 이론적 정당화 문제와 관련하여 그들의 시대진단 및 시대비판은 총체적 이성비판을 통해 '수행적 모순'을 범하는 결과를 초래하였다.[12] 즉 그들은 이성 전체를 주체의 자기보존 욕구에 기초한 도구적 이성으로 규정하고 일면화함으로써, 그들의 비판이 성립할 수 있는 지반 자체를 붕괴시키는 결과를 낳게 되었다. 이성적 능력 전체를 도구적 이성으로 환원함으로써 그들은 그들 자신이 의도한 비판 자체를 불가능하게 만드는 모순적 결과에 봉착하게 되었던 것이다. 이러한 문제를 인식한 아도르노가 개념적 사유를 통한 개념적 사유의 극복과 미학으로의 탈주를 시도했지만, 이러한 시도들은 비판을 위한 보편적 규범의 확보 및 정당화라는 측면에서 보자면, 이론적 파산에 다름 아니다.[13]

또한 이들의 시대진단은 이러한 이론 내재적 문제와 밀접하게 연관된 문제, 즉 학제적 연구 기획 자체의 포기라는 문제를 산출하였다. 자본주의적 근대화의 역설에 대한 고찰을 넘어 문명사 전체에 대한 근원적 반성을 시도하게 되면서, 역사와 현실에 대한 그들의 진단은 추상적인 철학적 개념의 수준으로 퇴행하게 된다.[14] 이는 비판이론 기획의 중요한 한 축이었던 학제적 연구를 불가능하게 한다는 점에서 치명적 약점이라고 평가할 수 있을 것이다.[15]

그리고 이러한 이론적 난점들은 결국 민주주의적 법치국가가 가지는 사회정치적 의미와 가치에 대한 과소평가로 귀결되었다. 이성에 대한 총체적 회의는 민주적 공론장 속에서 형성되는 합리적인 의사소통적 권력의 출현과 이를 통해 도구적 이성 및 삶의 도구화를 제어할 수 있는 가능성 자체를 파악할 수 없도록 만들었다. 사변적인 개념 비판의 수준으로 퇴행한 사회분석이 이러한 사회적 현상들에 주목하고 이를 분석할 수 있는 경로 자체를 차단하게 되었던 것이다.

2. 생활세계 식민화

하버마스는 1세대 비판이론이 봉착한 이러한 난관들을 돌파하기 위해 이층위적 사회 개념에 기초한 생활세계 식민화 테제를 제시한다. 체계-생활세계 개념을 핵심으로 하는 이층위적 사회관은 주체-객체 모델로부터 의사소통 패러다임으로의 전회를 그 기초로 삼고 있다.

하버마스는 상호주관성의 측면에 착안하여 포괄적인 이성 개념을 제시함으로써 근대적 이성의 협소화를 비판하고, 나아가 복합적인 근대의 차원들을 포착할 수 있는 발판을 마련하고자 한다. 이러한 그의 작업에서 핵심을 이루는 것이 바로 '의사소통 행위'(Kommunikatives Handeln)라는 개념이다. 하버마스는 이를 통해 고립된 주체 개념에 기초한 근대적 의식철학의 패러다임을 상호주관성에 기초한 의사소통 패러다임으로 전환하고자 한다.

하버마스에 따르면 베버를 비롯하여 프랑크푸르트학파 1세대들로 하여금 근대화 과정을 단지 도구적 이성의 지배나 그로 인한 총체적 물화(物化)로 진단하게 만든 근본 원인 중의 하나는 바로 그들이 사회적 행위를 지나치게 협소하게 규정한 데 있다. 베버는 사회적 근대화에 대한 해석에서 목적합리적 행위 유형의 확산에만 주목하였으며, 이러한 영향 아래에서 호르크하이머와 아도르노의 『계몽의 변증법』은 근대화 과정뿐 아니라 문명화 과정 전체를 자기보존을 위한 도구적 행위와 도구적 이성의 확대 과정으로 해석하게 되었다는 것이다.

인간의 모든 행위를 도구적 행위로 환원하는 이러한 해석의 근저에는 근대적 의식철학 모델이 존재한다고 하버마스는 주장한다. 데카르트 이후 자기의식의 확실성으로부터 출발하는 근대 의식철학 패러다임은 주체와 객체라는 근본 구도 속에서 세계를 이해하고자 했다. 그리고 주체-객체 구도를 전제하게 되면 타인을 포함한 세계 전체, 나아가서는 자기 자신 역시 결국에는 물화된 대상, 즉 '그것'으로 규정될 수밖에 없다. 그렇기 때문에 하버마스는 의식철학의 패러다임을 넘어서 주체와 주체 사이의 상호작용, 즉 나와 너의 관계를 행위의 근본 모델로 삼는 의사소통 패러다임을 도입할 것을 요구하게 된다.

이를 위해 하버마스는 인간 행위의 유형을 도구적 행위, 전략적 행위, 의사소통 행위라는 유형들로 분화시켜 나간다. 초기에 '노동과 상호작용'의 구분을 시도한 이래, 그는 도구적 행위로 환원될 수 없는 의사소통 행위의 영역이 존재한다는 사실을 입증하고자 지속적으로 노력해 왔다.[16] 하버마스의 분류에 따르면, 인간의 행위는 크게 비사회적 행위인 도구적 행위와 사회적 행위로, 사회적 행위는 다시 성공을 지향하는 전략적 행위와 상호이해를 지향하는 의사소통 행위로 구별된다.[17]

도구적 행위나 전략적 행위는 비판이론 1세대들이 주목했던 인간의 행위 유형이다. 도구적 행위 모델에 따르면 인간은 자기보존을 위해 객체나 타자를 도구로 규정하고 이용할 수밖에 없다. 인간의 개념적 사유는 이미 타자에 대한 동일화, 차이의 배제와 억압의 기제를 내장하고 있으며, 그런 한에서 인간의 모든 인식과 행위는 자기보존을 위한 타자에 대한 지배와 억압 행위에 다름 아니라는 것이다. 이러한 인식에 입각하여 『계몽의 변증법』은 문명화 과정 전체를 인간의 자연 지배, 타자 지배, 자기 지배가 총체화되어 도구적 질서로 전면화되어 나가는 과정으로 그리게 되었던 것이다. 세이렌의 유혹을 이겨 내기 위해 자신의 몸을 돛에 묶었던 오디세우스의 예를 통해서 『계몽의 변증법』의 저자들은 자연 지배와 타자 지배가 이미 자기 자신에 대한 지배와 억압을 전제하고 있다는 사실을 상징적으로 보여주고 있다.

그러나 하버마스는 언어적이고 사회적인 존재인 인간에게는 타자를 단지 도구화하지 않고 타자의 타자성을 인정하는, 즉 타자를 나와 동등한 존재로 인정하는 의사소통 행위의 가능성 역시 존재한다고 말한다. 의사소통 행위는 사회적 행위자들이 상호이해를 통해서 서로의 행위 계획을 조정하는 데서 성립한다. 여기서 행위자들에게 일차적으로 중요한 것은 주어진 자신의 목적을 성취하는 것이 아니라, 공동의 행위 계획에 대한 합의를 성취하고 이를 통해 서로의 행위를 조정하는 것이다. 하버마스는 화용론적인 언어 분석을 통해서 이러한 의사소통 행위 유형의 특징을 밝혀내고자 하였으며, 이러한 분석을 통해서 인간의 언어에는 상호이해라는 본래적 목적이 내재되어 있음을 보여주었다.

의사소통 행위 속에서 화자는 자신의 주장을 제기하며, 청자는 그러한 주장의 타당성을 인정하거나 그에 대해 비판을 제기한다. 이러한 상호주관적인 관계 속에서 주체는 타자를 나와 동등한 주체로 인정할 수밖에 없다. 만일 이러한 상호인정이 전제되지 않는다면 합리적 대화 자체는 성립할 수조차 없게 될 것이다. 하버마스의 분석에 따르면 화자의 주장에는 일반적으로 세 가지 타당성 요구가 함축되어 있다. 진리(Wahrheit), 규범적 올바름(Richtigkeit), 진실성(Wahrhaftigkeit) 요구가 바로 그것이다. 하버마스는 의사소통 행위에서 이러한 타당성 요구의 복합적 차원이 등장한다는 사실에 주목하여 포괄적 이성으로서의 '의사소통 이성' 개념을 제시하고 있다.[18]

사실적 진리, 규범적 올바름, 의도의 진실성 여부 모두에 대해 비판과 논거를 통한 토론 및 정당화가 가능하다는 점에서 이 영역들 전체는 이제 합리적 논의가 가능한 영역으로 인정된다. 그의 분석에서는 특히 사실적 진리에 대한 논의와 구별되기는 하지만, 규범적 논의들 역시 보편적 정당화가 가능하다는 점이 강조되고 있다. 이렇게 규범적 차원의 합리성을 회복해 내는 것은 하버마스에게, 나아가서는 사회비판이론 일반의 수립을 위해서 매우 중요한 의미를 갖는다. 이성의 도구화는 필연적으로 모든 규범의 정당화를 불가능하게 만들기 때문이다. 만일 철저히 도구적인 이성의 기준에서 본다면, 살인을 하지 말아야 하는 그 어떤 이성적인 당위적 논거도 제시될 수 없게 될 것이다. 그리고 이는 결국 사회비판의 성립 자체도 역시 불가능하게 만들 수밖에 없게 된다. 현실에 대한 모든 비판은 그러한 비판이 전제하는 척도에 대한 보편적인 규범적 정당화를 전제할 수밖에 없기 때문이다.

의사소통 행위와 이성이라는 개념에 기초해서 하버마스는 도구적 이성과 질서의 전면화라는 획일화된 일면적 사회관을 극복하고, 나아가 포괄적 이성 개념을 기초로 이성의 일면화를 비판할 수 있는 기점을 확보하게 된다. 이를 통해서 이제 본래적인 근대의 기획은 포괄적 이성의 실현을 지향하는 것이었지만, 자본주의적인 일면적 근대화로 인해 의사소통 이성의 파괴와 도구적 이성의 지배 현상이 나타나게 되었다는 방식의 새로운 시대진단이 비로소 가능해질 수 있게 된 것이다.

의사소통 패러다임으로의 전회에 기초하여 1세대 비판이론이 봉착한 난관들을 돌파하기 위해 하버마스는 이층위적 사회 개념에 입각한 '생활세계 식민화'(Kolonialisierung der Lebenswelt) 테제를 제기하고 있다. 그는 사회를 '체계'와 '생활세계'라는 두 차원에서 동시에 파악할 것을 제안하고 있으며, 이는 기존의 사회이론들이 가지는 일면성을 극복하기 위한 전략이라고 할 수 있다.

베버와 루카치 그리고 그들의 작업을 수용하고 있는 1세대 비판이론가들은 사회적 합리화의 과정을 단지 도구적이고 기능적인 행위 및 질서의 확대 과정으로만 해석해 왔다. 베버는 경제 체계나 행정 체계의 차원에서 진행되는 행위 체계의 합리화만을 파악했을 뿐, 생활세계 내의 일상적 실천에서 나타나는 다차원적인 합리화 과정을 올바로 해명하지 못했다. 그렇기 때문에 베버는 결국 근대적 합리화 과정을 단지 목적합리성의 증대 과정으로만 해석하게 된다.[19]

하버마스의 평가에 따르면 베버가 가지는 이러한 한계는 그의 행위 개념이 가지고 있는 편협성 때문에 나타난다. 베버는 그의 행위이론적 전제를 통해서 사회적 합리화의 진행이 단지 목적합리성의 관점에서만 해명될 수 있다는 선입견을 가지게 되었다는 것이다. 베버는 상호이해를 지향하는 행위와 성공만을 지향하는 행위를 명확히 구별하지 못했기 때문에 결국에는 사회적 합리화 전체를 목적합리적 행위와 그에 기초한 사회질서의 확대 과정으로만 보게 되었던 것이다.

이러한 이론적 결함은 1세대 비판이론에서도 마찬가지로 반복된다. 호르크하이머나 아도르노는 프롤레타리아 계급에 대해 루카치가 가지고 있었던 역사철학적 희망을 거부한 채, 그의 물화 이론을 수용했다.[20] 그 결과, 그들 역시 근대적 합리화를 도구적 이성의 확대 과정에 지나지 않는 총체적 물화의 과정으로 해석할 수밖에 없게 된다.

하버마스는 이층위적 사회관을 통해서 근대적 합리화 과정에 대한 이러한 일면적 이해와 그에 따른 비관주의적 시대진단에 저항하고 있다. 이를 위해 먼저 필요한 것은 근대적 합리화 과정에 대한 새로운 진단과 해석의 개념적 기초를 마련하는 것이다. 앞서 살펴본 의사소통 행위와 합리성에 대한 하버마스의 탐구는 이를 위한 기초 작업이라고 할 수 있다. 이러한 작업에 기초해서 이제 그는 사회적 합리화 과정을 좀 더 포괄적이고 복합적인 과정으로 그려 내고 있다.

하버마스에 따르면 모든 사회는 두 차원에서, 즉 사회통합과 체계통합이라는 차원에서 스스로의 통합성을 유지하며, 따라서 사회진화 과정 역시 구별되는 두 차원에서 진행된다. 모든 사회는 그것의 존속을 위해 물질적 차원과 상징적 차원에서의 재생산을 필요로 한다. 하버마스는 상징적 차원의 재생산을 생활세계에, 물질적 차원의 재생산을 체계에 할당하고 있다. 상징적 차원의 통합과 재생산, 물질적 차원의 통합과 재생산이 각각 생활세계와 체계라는 개념을 통해서 포착되고 있는 것이다.

전략적 행위와 의사소통 행위를 구별했듯이, 하버마스는 사회질서의 차원에서 체계와 생활세계의 개념을 구별하고자 한다. 그렇기 때문에 체계와 생활세계라는 개념쌍은 전략적 행위와 의사소통 행위라는 행위이론적 구별과도 연관되는 것으로 보아야 한다. 물론 행위 유형과 사회질서 사이에 명확한 귀속 관계가 성립하지는 않는다. 생활세계는 단지 의사소통 행위만이 귀속되는 영역이 아니며, 체계 내에서 의사소통 행위가 성립 불가능한 것도 아니다. 그렇지만 행위 유형들이 그것이 지향하는 목적을 통해 구별되는 두 가지 유형으로 설정되었던 것과 마찬가지로, 체계와 생활세계도 사회질서를 구성하는 분석적으로 구별되는 두 가지 측면으로서 도입된다.[21]

한 사회가 생활세계의 상징적인 통합과 재생산을 이루어 내기 위해서는 다양한 차원에서의 통합과 연속성이 보장되어야만 한다. 원칙적으로 볼 때, 생활세계의 질서는 오직 상호이해를 지향하는 의사소통 행위를 통해서만 유지되고 재생산될 수 있다. 왜냐하면 문화적 의미나 규범의 정당성은 화폐로 구매되거나 권력에 의해 강요될 수 없기 때문이다. 한 사회는 그 문화적 지속성과 정체성을 유지하기 위해서 공유된 문화적 해석의 틀과 전통을 유지해야 한다. 또한 한 사회는 그 자신의 존속을 위해 도덕이나 법과 같은 규범적 질서를 확보해야 한다. 그리고 한 사회는 그 자신의 존속을 위해 새로운 세대들에 대한 사회화 과정을 지속해야 한다. 그렇기 때문에 하버마스는 문화, 사회, 인격을 생활세계의 세 가지 구성 요소들로 제시하게 된다. 이를 통해서 그는 후설 이래로 '항상 이미' 전제되어 있는 선(先)이해의 지평으로만 다루어지던 생활세계 개념을 사회학적 차원으로 확장하고 있다.

한편 모든 사회는 그 물질적 재생산을 위해 경제적 질서와 정치적 질서의 수립을 필요로 한다. 하버마스에 따르면, 생활세계가 주로 참여자 관점에서 포착되는 상징적 차원과 관련되는 데 반해서, 체계적 통합은 관찰자 관점에서 드러나는 행위 결과들의 기능적 안정화의 차원과 관련된다. 교환과 관련된 경제적 질서, 권력과 관련된 정치적 질서는 참여자 관점에서 포착되는 행위 동기들과는 무관하게 진행되는 행위 결과들 사이의 객체화된 조정과 통합의 과정이라고 할 수 있다.

사회 진화의 과정 속에서는 이러한 구별되는 두 차원에서의 발전이 동시에 진행된다. 생활세계는 점차 합리화되어 나가며, 이와 더불어 체계의 복잡성도 증대되어 간다. 사회 진화의 초기 단계에서 체계와 생활세계는 밀접하게 서로 결합되어 있다. 미분화된 사회에서 체계를 구성하는 경제적 질서나 정치적 질서는 생활세계의 규범적 질서에 의존하며 그것과 명확하게 구별되지 않는다. 그렇지만 사회적 근대화 과정을 통해 체계와 생활세계의 영역은 분화되며, 나아가 체계는 자립적인 성격을 가지게 된다. 경제 체계와 행정 체계에서 복잡성이 증대하면서 유발되는 의사소통의 부담을 줄여 주기 위해 화폐와 권력과 같은 매체들이 등장하며, 이를 통해 체계는 점차 생활세계의 명령으로부터 분리되어 자립화되어 나간다.

이미 베버가 지적하였듯이, 사회적 근대화의 주된 특징은 근대 국가와 자본주의 경제 체제의 성립에 있다고 할 수 있다. 체계의 측면에서 보자면, 근대 국가의 성립은 권력을 매체로 하는 공공 행정 영역이 자립화되는 것을 의미한다. 근대 국가 체제는 법적으로 정의된 위계적 권력 질서를 통해 국민들에게 명령권을 행사한다. 이러한 명령의 정당성 근거는 이미 제정된 법적 절차에 의해서 주어지며, 명령에 대한 거부는 곧 제재의 위협에 직면하게 된다. 여기서 일반 시민들은 명령을 수용하거나 거부하는 단순한 선택지만을 가지게 되며, 그러한 명령의 정당성은 법적으로 정의된 형식적 절차를 준수했는지 여부에 있을 뿐이다. 화폐를 매체로 하는 자본주의적 시장 질서 역시 규범적 질서로부터 자립화된다. 화폐는 거래 당사자들 사이의 관계를 표준화하고 단순화함으로써 상품 교환을 확대시킨다. 권력이나 화폐 매체들은 당사자들 사이의 의사소통을 우회하여 사회적 상호작용을 가능하게 해주며, 이를 통해 체계의 질서들은 의사소통 행위를 통해 재생산되는 생활세계의 질서로부터 자립화되어 나간다.

물론 체계와 생활세계의 분리가 양자 사이의 완전한 단절을 의미하지는 않는다. 왜냐하면 체계를 성립 가능하게 하는 제도들이나 법체계는 궁극적으로 생활세계에 기초하고 있기 때문이다.[22] 그러나 제도나 법 체계가 화폐나 권력과 같은 매체들이 성립하기 위한 전제 조건들이라고 하더라도, 매체들이 이러한 제도들과 동일시될 수는 없다. 법과 제도는 매체들이 기능하기 위한 전제 조건일 뿐이며, 화폐나 권력과 같은 매체들은 이러한 전제 조건들과 구별되는 자율적인 자기 확장 논리를 가지고 있기 때문이다. 하버마스는 이러한 사실을 각별히 강조하고 있는데, 이는 그가 경제 체계와 행정 체계의 자율성 자체가 가지는 진화적 성과를 인정하고자 하며 복잡화된 체계를 생활세계의 논리를 통해 제어하는 것은 불가능하다고 보고 있기 때문이다.

체계 복잡성의 증대 및 자립화와 더불어 법과 도덕규범의 차원을 중심으로 진행되는 생활세계의 합리화 역시 진척되어 나간다. 그리고 이러한 생활세계의 합리화 과정은 근대에 이르러 전통적 세계관의 탈주술화와 문화적 가치 영역들의 분화를 요구하게 된다. 진선미의 세계관적 통일성을 보장하던 종교적, 형이상학적 세계관은 해체되고 의사소통 합리성에 내재하는 타당성 요구들은 과학과 기술, 도덕과 법, 예술과 예술비평이라는 제도적 영역으로 분화되어 나간다. 가치 영역들 사이의 제도적 분화와 민주주의적 사회 제도의 확립은 근대에 이루어진 생활세계의 합리화 과정을 표현하고 있다.

그렇지만 체계와 생활세계 사이의 이러한 분화 과정이 순조롭게만 진행되는 것은 아니다. 자본주의 체제 안에서 이루어지는 사회 진화는 체계의 자립화를 넘어서 체계의 명령이 생활세계에 침투하는 '생활세계 식민화'를 야기하기 때문이다. 여기서 한 가지 주의해야 할 부분은 하버마스가 문제 삼는 것은 체계의 매체들이 생활세계를 식민화하는 문제일 뿐이지, 체계의 복잡화나 자립화 그 자체는 아니라는 점이다.

마르크스는 자본주의적인 경제 자체를 소외로, 계급 착취의 한 양식으로 규정하고, 그러한 물화된 질서 자체를 생활세계 질서로 대체할 것을 요구하였다. 그리고 이는 현실 사회주의 체제에서 프롤레타리아 독재에 기초한 중앙집권적 계획 경제의 형태로 구체화되었다. 하버마스는 이러한 시도가 첫째, 자본주의 경제 체계의 발전이 가지는 생산에서의 효율성이라는 장점을 무시하고 있다는 점에서, 둘째, 화폐라는 매체를 단지 권력이라는 매체로 대체할 뿐이라는 점에서 근본적인 문제를 가지고 있다고 말한다. 따라서 그는 화폐와 권력을 매체로 하는 체계의 자립화가 가지는 일차적인 의의를 인정하는 조건에서 그러한 매체들이 자신들이 기능하기에 적합한 영역을 넘어서서 생활세계 질서를 파괴하는 경우만을 문제 삼게 된다.

하버마스의 이러한 진단에 따르면, 효율성만을 지향하는 체계의 명령이 상호이해의 메커니즘을 요구하는 생활세계에 침투하면서 여러 가지 부정적 효과들이 나타나기 시작하며, 생활세계는 이에 대해 저항하게 된다. 하버마스는 가족, 학교, 문화 영역 등 상호이해에 기초한 의사소통적 질서를 통해서만 유지될 수 있는 영역들에 화폐나 권력과 같은 매체들이 침투하는 과정을 통해 생활세계 식민화 현상들이 발생한다고 말하며, 특히 법제화 경향에 대한 분석을 통해서 이러한 현상들을 구체적으로 다루고 있다. 가족법이나 학교법 등의 제정은 그것이 아동이나 여성 혹은 학생이나 학부모들의 권리를 보호한다는 목적에서부터 시작된 것이기는 하지만, 가족이나 학교를 그와는 이질적인 화폐나 권력과 같은 매체들을 통해 재정의하게 되면서 다양한 저항들을 불러일으키게 된다는 것이다. 생활세계의 영역들에 대한 체계 논리의 침투는 합리적 의사소통을 통한 생활세계의 질서 유지를 교란하고, 생활세계를 물화하는 결과를 초래한다. 예를 들어 문화 영역이 시장에서의 이윤 추구 논리에 의해 지배되고, 교육이 경제성장을 위한 노동력 재생산 과정으로만 정의되는 곳에서 자율적인 문화적 가치의 추구나 전인적인 교육이 이루어지기를 기대할 수는 없을 것이다.

하버마스에 따르면 이러한 식민화에 대한 저항은 단순히 화폐나 권력을 통한 체계의 보상책을 통해서 해결될 수 있는 성격의 문제가 아니다. "일차적으로 중요한 것은 복지국가가 제공해 줄 수 있는 보상이 아니라, 위험에 처한 삶의 방식의 복구, 혹은 개혁된 삶의 방식의 관철이기 때문이다. 간단히 말해서 새로운 갈등들은 분배의 문제에서가 아니라 **생활형식들의 문법**의 문제에서 불붙는다."[23] 체계 논리에 의한 식민화 효과에 대해 이러한 저항들이 진행되기는 하지만, 다른 한편으로 오늘날 이러한 사회적 저항은 의식의 파편화로 인해 억압되고 있다. 문화적 영역들이 전문화되고 그것들이 일상적 의식과 소통하는 계기를 상실하게 되면서 일상적 의식은 사회 전체에 대한 조망을 상실한 채 파편화된다. 그렇기 때문에 하버마스는 이제 왜곡된 이데올로기가 아니라 파편화된 의식이 저항의 잠재력의 실현을 방해하게 된다고 말한다.

하버마스는 새로운 사회운동의 활성화를 생활세계 식민화에 대한 저항의 표출로 해석하고, 이러한 갈등을 '신(新)정치'라고 표현하고 있다. 구(舊)정치는 경제적, 사회적 안전, 치안과 국방의 문제와 관련되며, 신(新)정치는 삶의 질, 평등권, 개인의 자기실현, 참여와 인권 등의 문제 등과 관련된다.[24] 이러한 저항의 시도는 그 성격상 특정한 계급에 국한된 저항이 아니다. 이러한 저항은 현대사회의 자기파괴적 경험에 당면하거나 그에 민감하게 반응하는 사람들에 의해 나타난다. '성장에 대한 비판'이라는 주제는 이들을 결합하는 끈이다.

하버마스는 본래적인 근대의 기획이 의사소통 합리성에 담겨 있는 풍부한 합리성의 차원을 포괄하고 있다고 본다. 그렇기 때문에 우리가 체험하는 근대성의 역설, 합리화의 역설은 단지 자본주의적 근대화 속에서 포괄적 합리성이 제한적으로 실현되고 있다는 사실에 대한 징표일 뿐이다. 그는 사회진화 과정을 설명하기 위해 '발전 논리'(Entwicklungslogik)와 '발전 역학'(Entwicklungsdynamik)이라는 개념을 사용하고 있다. 우리는 사회적 진화의 과정에 대해 구체적이고 경험적인 상황 속에서 이루어지는 발전 역학과 보편적 발전 논리라는 두 측면에서 접근할 수 있다. 이러한 개념적 구별에 따르면, 생활세계 식민화로 인한 현대적 병리현상의 출현은 발전 역학에 해당하는 문제일 뿐, 발전 논리 그 자체의 문제는 아니라는 것이다.

생활세계 식민화를 통해 나타나는 현대적 병리현상들, 즉 계몽의 한계는 이제 더 이상 불가피한 것이 아니다. 발전 논리의 측면에서 보자면, 근대라는 기획은 과학기술의 발달, 보편주의적 윤리의 가능성, 예술의 자립화라는 세 측면을 모두 포괄하며, 그것들 사이의 조화를 모색하는 종합적 기획으로 파악된다. 그렇기 때문에 하버마스는 탈근대적인 시대 비판들에 맞서서 근대를 '미완의 기획'(unvollendetes Projekt)으로 규정하면서 근대성의 이념을 옹호하고자 했다. 물론 이러한 근대의 기획이 가지고 있는 잠재적 가능성이 실제로 실현될지 여부는 미리 결정될 수 있는 문제가 아니다. 왜냐하면 그러한 잠재성의 실현은 결국 역사적이고 우연적인 요소들 및 비판적 실천과 결부된 발전 역학의 문제일 수밖에 없기 때문이다.

생활세계 식민화 테제로 대표되는 하버마스의 시대진단은 1세대 비판이론의 시대진단이 가지는 한계들을 극복하고, 새로운 사회운동의 등장을 해명하는 준거를 제공하는 등 비판이론의 발전에 큰 기여를 한 것으로 평가할 수 있다.

먼저 하버마스는 포괄적 이성으로서의 의사소통 이성 개념을 제시함으로써 이성의 도구화를 이성의 일면화로 규정하면서, 이러한 일면화를 비판할 수 있는 가능성을 확보하였다. 이는 이성의 도구화에 대한 비판과 더불어 포괄적 이성의 구현이라는 과제를 제시함으로써 근대적 이성의 기획을 구제함을 의미한다. 또한 하버마스의 시대진단은 이층위적 사회관을 통해 사회과학과의 학제적 연구 틀을 회복하였다. 그는 초기 비판이론의 학제적 연구기획이 의사소통 패러다임 하에서 새로운 방식으로 수행될 수 있음을 보여주고 있다.[25] 나아가 그의 시대진단은 삶의 질을 둘러싸고 전개되는 새로운 사회운동의 발생을 해명하고, 그 의의를 부여함으로써 실천적 사회운동과의 연계 역시 확보하였다.

그러나 이러한 장점들에도 불구하고, 그의 시대진단은 생활세계 내부 문제의 방치와 체계 내부 기제로 인해 발생하는 문제들에 대한 무시라는 점에서 그 한계를 갖는다. 그의 생활세계 식민화 테제는 사회갈등 일반을 체계 논리의 침식에서 발생하는 것으로만 환원하고 있다는 점에서 근본적 한계를 가지고 있다. 사회갈등 일반의 원인을 체계 논리, 돈과 권력의 효율성 논리의 침식으로만 진단하는 방식은 다양한 사회 영역에서 발생하는 고유한 부정의와 갈등들을 무시하는 결과를 초래하기 때문이다.

생활세계 식민화 테제가 체계 논리의 침식으로 인한 사회갈등과 병리적 효과들, 예를 들어 교육 부문의 산업화, 행정 권력에 의한 사생활권의 침해 등의 문제를 명확하게 해명하고 있다는 점을 부정할 수는 없을 것이다. 그러나 이러한 진단만으로는 각이한 차원에서 발생하는 사회갈등과 인정투쟁의 고유한 구조들을 해명할 수 없을 것이다. 예를 들어 동성애자의 인정투쟁, 이주자의 인정투쟁, 소수문화 집단의 인정투쟁은 단지 효율성 논리의 침투에 대한 거부가 아니라 생활세계 내부에 존재하는 무시와 차별에 대한 거부와 저항이라는 틀 속에서만 비로소 적합하게 접근되고 해명될 수 있을 것이다. 정체성의 인정을 둘러싼 갈등이 현재 정치적 동원의 중심 요인이 되고 있는 상황을 고려할 때, 우리는 이러한 문제에 각별히 주의할 필요가 있다.

또한 식민화 효과에 대한 생활세계의 저항이라는 수세적 구도는 체계 내부에서 발생하는 문제들을 간과하고 방치하는 결과를 초래하고 있다. 하버마스는 체계이론이 제시하는 화폐를 매체로 한 자율적 시장경제라는 개념을 수용함으로써 생활세계 논리를 통해 체계 논리를 제한하거나 그에 개입하는 것에 대해 매우 소극적인 견해를 제출하고 있다.[26] 물론 이러한 그의 입장은 기능적으로 분화된 복잡사회라는 조건에서 생활세계 논리를 통한 체계의 지배는 과거 사회주의의 역사가 보여준 바와 같이 사회의 물질적 재생산의 효율성을 저하시키는 결과를 초래할 것이라는 우려를 담고 있다.

그럼에도 불구하고 그가 자본주의 시장에 대한 개입 가능성을 과도하게 축소시키고 있기 때문에 그의 시대진단은 체계가 발생시키는 문제들에 대한 분석과 접근에 장애를 초래하게 된다.[27] 이러한 한계를 극복하기 위해서는 시장경제 질서 구축과 제어에 관한 정치적-제도적 영향력 일반을 적절히 평가할 수 있는 대안적 이론 틀이 모색되어야만 할 것이다. 특히 현재 신자유주의적 시장화가 복지국가의 위기와 양극화 현상, 그리고 이로 인한 경제적 배제 등 심각한 사회문제들을 야기하고 있다는 점을 고려할 때, 이러한 대안 모색은 오늘날 실천적으로도 매우 중요한 의의를 갖는다고 할 수 있을 것이다.

3. 자본주의적 근대화의 역설들

현재 호네트를 중심으로 하는 사회연구소 그룹들은 과거와는 달리 더 이상 주도적인 사회운동들이 비판이론의 주제나 방향을 명확하게 제시하고 있지 않은 새로운 상황에 자신들이 처해 있다고 말한다. 노동운동, 학생운동, 신사회운동 등이 지난 시기 비판이론가들에게 중심적인 논의의 주제와 방향을 제시해 왔던 반면에 오늘날은 비판적 성찰의 주제와 방향을 명확하게 확정해 주는 주도적인 사회운동이 더 이상 존재하지 않는다는 것이다.[28] 이들은 이러한 상황 인식 속에서 자본주의적 근대화의 역설들이라는 표제 아래 자신들의 고유한 시대진단을 제시하기 위해 노력하고 있다.

오늘날 진보낙관주의나 그 대립물인 비관주의적 몰락의 사유가 유행하고 있기는 하지만, 3세대 그룹들은 이러한 일방적인 시대진단을 수용하지 않는다. 왜냐하면 현대 자본주의 사회에서 진행되고 있는 사회변동은 이러한 두 가지 시대진단의 가능성 모두를 역설적인 방식으로 보여주고 있기 때문이다. 현재의 사회변동 과정은 한편으로 규범적 진보를 보여주지만 다른 한편으로 사회적 일면화나 독점의 경향도 보여주고 있다. 동일한 사회변동 과정이 이와 같이 상반되는 두 가지 결과를 산출하고 있다는 점에서 이들에게 현재의 사회변동은 역설적인 과정으로 인식된다.

한편에서는 '성찰적 근대'로의 제도적 변화, '지식사회'로의 전환을 통해 다양한 도덕적, 법적, 물질적 진보가 이루어진다. 엄격한 성별 제한이 사라지고, 다양한 가족 형태가 등장하고, 여성의 법적 평등권, 소수자들의 권리 등이 개선되고 있고, 지식사회의 출현은 새로운 물질적 풍요를 창출하고 있다. 그러나 다른 한편에서는 이러한 변화 과정이 그러한 긍정적 성과들을 향유하지 못하는 다수를 산출하고 그들을 배제하고 있다. 노동 시장의 탈규제는 신(新)빈곤층을 산출하며 이들은 그들의 열악한 현실로 인해 새로이 성취된 규범적 진보를 향유할 기회를 상실하고 있다. 또한 경제적으로 안정된 사람들 역시 유연사회(flexible society)의 조건 속에서 자신의 안정적 정체성을 유지하고 인격적 자율성을 유지하는 데서 고난을 겪는다.[29]

이러한 현실의 양면성에 대한 인식은 전통적으로 마르크스주의가 강조해 왔던 자본주의 체제의 "모순" 혹은 "위기" 개념에 대한 폐기를 함축하고 있다. 주지하듯이 마르크스주의에서 자본주의 발전은 모순과 위기가 심화되고 격화되어 나가는 과정으로 이해된다. 자본주의 발전 과정은 자본가 계급과 노동자 계급으로의 양극화와 양자 사이의 계급적 갈등이 심화되어 나가는 과정이라는 것이다. 초기 비판이론가들의 작업이 이러한 역사철학적 시대진단에 기초하고 있었음은 잘 알려진 사실이다. 하지만 비판이론 3세대들은 이러한 시대진단은 더 이상 일반적으로 수용되기 어렵게 되었다고 말한다. 오늘날의 현실이 근본적인 경제적 모순이나 위기의 심화를 보여주기보다는 진보와 퇴보의 역설적인 뒤얽힘을 보여주고 있기 때문이다.

이런 맥락에서 그들은 이론적인 차원에서는 마르크스주의에서 베버와 짐멜로의 귀환, 실천적으로 혹은 문화적으로는 자본주의의 장기지속에 대한 현실적인 인정이 필요하다고 주장한다.[30] 물론 이러한 인식은 이미 오페(Claus Offe)나 하버마스의 후기 자본주의 분석에서도 나타나고 있다. 오페나 하버마스의 작업은 복지국가의 등장과 더불어 계급갈등의 제도화가 진행되며, 자본가와 노동자 사이의 갈등이 국가와 시민사회 사이의 갈등으로 전환되고 있음을 보여주었다.[31] 이들이 시민사회 공론장의 역할을 강조하는 토의민주주의 모델에 관심을 가지게 된 근본적 동기 역시 이제 사회개혁의 주체는 더 이상 특정 계급이 아니라 경제적인 압박으로부터 자유롭게 된 시민들이라는 인식으로부터 주어진 것이었다.[32]

앞서 살펴본 것처럼 하버마스의 생활세계 식민화 테제는 삶의 질에 관한 새로운 사회운동의 출현과 밀접하게 관련되어 있다. 하버마스는 체계 논리가 생활세계를 침식하게 되면서, 문화, 사회, 인격과 관련된 다양한 사회적 병리현상들이 발생하고 있다고 진단한다. 이러한 병리적 효과에 대한 저항의 시도들로부터 삶의 질을 개선하기 위한 새로운 사회운동들이 출현한다. 이러한 진단에 따르면 오늘날 요구되는 사회적 실천의 과제는 생활세계의 합리적이고 민주적인 의사소통을 활성화시켜 의사소통적 권력을 확대하고 이를 통해 체계 논리의 침식을 방어하는 것이 된다.

그러나 3세대 비판이론가들은 하버마스의 생활세계 식민화 테제가 경제주의적인 근본 모순 개념을 극복하고 있음에도 불구하고, 여전히 현대적 역설의 구조를 제한적으로 혹은 환원주의적으로 진단하고 있다고 비판한다. 하버마스는 현대 자본주의 사회의 역설을 여전히 경제 체계와 행정 체계의 침식이라는 틀 속에서만 이해하고 있다는 것이다. 이들은 체계 논리의 침식이 문제가 될 뿐 아니라 생활세계 내에서 진행되는 규범적 발전들 역시 그것이 기대하지 않았던 역설적 결과들을 산출하는 경향이 있음을 지적하고 있다.[33] 때문에 오늘날 우리가 직면하고 있는 다양한 역설들을 올바로 진단하기 위해서는 단지 자본주의적 경제 체계나 행정 체계의 생활세계에 대한 침투를 넘어서 복합적 근대가 산출하는 고유한 역설들을 탐구하는 것이 중요한 과제로 제기된다는 것이다.

오늘날 우리가 직면하고 있는 사회적 역설들은 특정한 계급에만 국한된 역설이 아닐 뿐 아니라 역설의 원천 자체도 매우 다양화되고 있다. 예를 들어 유연사회의 출현을 기초로 강화되고 있는 현재의 개인화는 개인의 자유와 성찰의 여지를 확대하는 동시에 개인들에게 정체성 상실을 초래하는 부정적 결과를 동시에 산출하고 있다.[34] 이러한 역설적 상황들은 기든스(Anthony Giddens)의 자아정체성에 대한 분석들도 보여주듯이 더 이상 특정한 계급에 국한된 현상이 아닐 뿐 아니라, 단지 체계 논리의 침식으로 인한 병리적 현상으로만 해석될 수도 없는 현상들이다.[35] 때로는 효율성 논리, 시장 논리의 침투가 역설적 효과들을 불러일으키기도 하지만, 모든 사회적 병리현상들이 이러한 기제로 환원될 수는 없다는 것이다.

이들의 인식에 따르면 다양한 역설들에 대한 이러한 검토는 현대 사회이론의 변화 추세와도 부합하는 것이다. 1989년 현실 사회주의 몰락 이후 한때 고전적인 근대화 이론이 부활되는 것처럼 보이기도 했지만, 오늘날에는 근대화 과정을 모호하고 역설적인 과정으로 보는 것이 매우 일반화되고 있기 때문이다. 다니엘 벨(Daniel Bell)은 이미 자본주의 발전이 그것의 토대가 되는 문화적 기초들을 파괴한다는 진단을 제시한 바 있으며, 비교적 낙관주의적인 성찰적 근대화 모델을 제시하고 있는 울리히 벡(Ulrich Beck) 역시 위험사회 개념을 통해 급진적 근대의 위험성을 지적하고 있다.[36] 또한 아이젠스타트(Samuel Noah Eisenstadt)의 작업은 민주주의의 발전이 정치적 안정성을 제공하는 원천인 동시에 불안정성의 가능성 역시 제공한다는 점을 지적한 바 있다.[37] 이런 점에서 하르트만(Martin Hartmann)은 자신들의 시대 진단이 근대의 역설들에 대한 이러한 사회학적 작업들과 그 궤를 같이하고 있다고 말한다.[38]

역설 개념에서 우리가 주의할 것은 그것이 단지 모순적 상태들의 공존을 지적하는 형식논리학적 개념이 아니라는 점이다. 이들이 역설 개념을 통해 고찰하고자 하는 것은 동일한 하나의 과정이 특정한 상황과 관련하여 본래 그것이 지향했던 것과는 전혀 상반되는 결과를 산출하고 있다는 점이다. 예를 들어 개인들에게 보편적 자유의 확대를 제공하고자 하는 기획이 특정 집단에게 자유의 박탈을 초래하게 되거나, 특정 집단의 인권을 보호하기 위한 인권 정책이 오히려 그들의 인권을 침해하게 되는 경우 역설이 발생한다고 볼 수 있다.[39] 여기서 중요한 것은 긍정적인 효과와 부정적인 효과가 동일한 과정으로부터 동시에 산출되고 있다는 점이다. 다른 원천들로부터 각기 긍정적인 효과와 부정적인 효과가 나타나는 것이 아니라 하나의 원천, 하나의 사회변동 과정으로부터 긍정적인 효과와 부정적인 효과가 동시에 뒤얽힌 상태로 나타나고 있다는 것이 이들의 역설 개념이 강조하고 있는 부분이다.

이러한 역설은 앞서 강조하였듯이 단지 경제적 모순으로부터만 발생하지 않는다. 그렇기 때문에 이들은 자본주의라는 개념보다 근대라는 개념을 선호한다. 예를 들어 기든스는 자본주의, 감시, 군사권력, 산업주의를 근대를 구성하는 다양한 제도적 차원들로 제시한 바있다.[40] 이러한 다양한 근대의 차원들에서 나타나는 모순들은 하나의 본질적 모순으로 결코 환원되지 않는다. 예를 들어 기든스가 주목하고 있는 자아의 딜레마 혹은 근대적 사랑의 이중적 성격 등은 특정 계급에 국한된 현상도 아니며 경제적 모순으로부터 직접적으로 설명될 수 있는 현상도 아니라는 것이다.[41]

비판이론 3세대들이 모색하고 있는 자본주의적 근대화의 역설이라는 시대진단 틀은 학제간 연구를 염두에 두면서 다양한 사회적 행위 영역들에서 발생하는 문제들을 고찰하고 있다는 점에서 그 강점을 가지고 있다. 이들은 사회갈등 일반을 체계 논리의 침식으로 환원하는 하버마스 시대진단의 환원주의적 제한성을 극복하고자 하며, 제반 사회과학 분과와의 학제적 연구 전통 부활에도 주력하고 있다. 역설의 다양한 차원에 대한 강조는 특히 배제와 포섭, 인정과 무시의 기제를 중심으로 진행되는 다양한 인정투쟁의 차원들에 접근할 경로를 제시한다는 점에서 그 강점을 가지고 있다.

그렇지만 이들의 시도는 사회적 문제들을 각론적 차원에서 다루고 있을 뿐 아직 현대 자본주의 사회 일반의 근본 문제에 대한 종합적 조망을 제공하지는 못하고 있다. 또한 하버마스와 마찬가지로 사회갈등에서 자본주의적 시장 체계가 산출하는 문제들에 핵심적 지위를 부여하지 않고 있다는 점에서 그와 동일한 과오를 범하고 있는 것으로 평가된다. 이들의 작업은 사회 각 영역에서 발생하는 배제와 무시를 각각 검토하는 방식으로 진행되고 있으며, 여기서 이들이 일차적으로 강조하는 것은 모든 문제를 자본주의적 경제 체제의 근본 모순으로 환원해서는 안 된다는 점이다.

이러한 그들의 문제의식이 일정 부분 수용될 수 있다고 하더라도, 이러한 우려는 역으로 그들의 시대진단을 파편화하고, 자본주의 체제에서 시장이 가지는 중심적 지위를 무시하고, 분배 불평등 문제가 사회적 갈등에서 가지는 중심적 지위와 고유성을 부정하는 결과를 산출할 수 있다.[42] 예를 들어 낸시 프레이저는 주로 문화적 차원에 집중하는 인정 모델에만 주목하는 경우 사회적 평등을 중시하는 계급 정치의 문제가 가지는 의미가 간과될 수 있다는 점을 지적하면서 차이에 관한 문화적 정치와 평등에 관한 사회적 정치를 결합할 필요가 있다고 주장한 바 있다.[43] 자본주의 역설들에 대한 탐구를 중심으로 하는 시대진단 방식이 가지는 이러한 문제들은 그들이 인정 모델에 기초한 규범적 사회비판 모델만을 제시할 뿐 고유한 사회이론의 틀을 아직은 제시하지 못하고 있다는 사실과도 연관되는 것으로 추정된다.[44] 이런 점에서 이들의 작업은 현대 자본주의 사회 일반의 변동을 설명하는 사회이론 틀의 부재 속에서 사회비판을 위한 규범적 모델에 대한 연구나 사회 각 부문에서 발생하는 역설들에 대한 경험적 탐구에 치중하고 있는 것으로 평가할 수 있을 것이다.[45]

4. 현대사회 비판을 위한 몇 가지 지침

비판이론 내에서 그간 진행되어 온 시대진단 패러다임의 변화에 대한 위의 검토로부터 우리는 현대사회 부정의와 병리현상에 대한 종합적 진단을 위해서 다음과 같은 원칙들을 추출할 수 있다.

첫째, 철학적 개념 수준에 머무는 역사철학적 시대진단 방식은 극복되어야만 한다. 경험적 연구와 접목 불가능한 철학적 근본 개념들을 중심으로 제시되는 추상적 시대진단 방식은 그 객관성을 실천적으로 입증할 수 없다는 근본적인 한계를 갖는다. 우리는 비판이론 1세대의 시대진단이 봉착한 난관들에 대한 검토로부터 이러한 원칙이 가지는 의미를 가늠해 볼 수 있을 것이다.

둘째, 사회갈등 일반을 경제적 불의나 분배 불평등 문제로 환원해서는 안 된다. 왜냐하면 호네트가 지적하고 있는 바와 같이 우리의 생활세계 내부에는 고유한 인정-무시 질서가 자리 잡고 있으며, 이로 인해 다양한 형태의 문화적 무시와 그에 대한 저항들이 발생하고 있기 때문이다. 문화적 무시는 특정한 개인이나 집단이 동등한 자유를 누릴 수 있는 기회를 박탈한다는 점에서 명백한 사회적 불의라고 할 수 있다. 물론 구체적 상황에서 경제적 불의와 무시가 중첩되어 나타나기 쉽지만, 그렇다고 무시가 곧바로 경제적 불의로 환원될 수 있는 것은 결코 아니다.

셋째, 삶의 물화로 인해 발생하는 사회 병리현상은 현대사회의 핵심적 갈등 축의 하나로 고려되어야만 한다. 물화 비판은 이미 1세대들의 작업을 통해 철학적인 수준에서 제시되었으며, 하버마스 역시 생활세계 식민화 테제를 통해 새로운 형태의 물화 비판을 제시하고 있다. 오늘날 삶의 물화가 인간의 자유를 억압하고 새로운 사회갈등을 유발하고 있는 상황을 고려할 때, 물화의 문제는 현대사회 비판의 중요한 한 축으로 고려되어야만 한다.

넷째, 현대사회 부정의와 병리현상의 다원화를 수용한다고 하더라도, 현대 자본주의 사회에서 발생하는 억압과 부자유의 기원으로서 자본주의 시장이 가지는 중심적 역할을 부정해서는 안 된다. 이를 위해서는 오늘날 자본주의 경제 체계의 변화가 유발하는 경제적 불평등과 배제의 문제가 가지는 중심적 지위를 인정하는 것이 필요할 것이다. 또한 하버마스에 대한 비판적 평가에서 이미 지적한 바와 같이 이러한 문제들에 대한 적극적 해명과 접근을 위해서는 자본주의 경제 체계의 변화에 대한 분석 및 그에 대한 개입을 위한 이론적 모색 역시 필요하다.

지금까지 우리는 비판이론 내부에서 제기되었던 핵심적인 시대진단 테제들에 대한 비판적 검토를 수행하였다. 사실 위에서 살펴본 각각의 시대진단 테제들은 2차 세계대전, 복지국가 체제의 등장, 지구화와 대규모 이주 등과 같은 커다란 사회적 변화들을 그 배경으로 하고 있으며, 그 테제들 각각은 시기적으로도 30여 년의 간극을 두고 제시된 것들이다. 따라서 이러한 시대진단 방식의 변화를 보다 풍부하게 이해하기 위해서는 당시의 구체적 사회 변화들에 대한 상세한 고찰들이 필요할 것이다. 그러나 여기서 우리의 목적은 이러한 구체적인 역사적 사실들에 대한 탐구라기보다는 오늘날의 관점에서 프랑크푸르트학파의 시대진단 틀들을 비판적으로 검토하는 데 있기 때문에 각각의 테제들이 가지는 함의들을 중심으로 비판적 고찰을 시도해 보았다는 점을 밝혀 둔다.

4장

현대사회 부정의와
병리현상

/

배제, 무시, 물화

이제 지금까지의 논의들을 기초로 삼아 오늘날 동등한 자유의 실현을 억압하는 사회적 불의와 병리현상들은 과연 무엇이며 이와 관련된 사회비판이론의 과제들은 무엇인지에 대해서 살펴보도록 하자. 이를 위해 아래에서는 먼저 현대사회의 불의와 병리현상들을 어떻게 범주적으로 구별할 수 있는지에 대해서 고찰한다. 이는 각각 경제적 배제와 문화적 무시 그리고 삶의 물화라는 세 가지 범주를 통해서 구별될 수 있으며, 이러한 구별은 복합적이고 다층적인 사회적 갈등 상황을 반영하고 있다. 그런 다음 이러한 고찰을 전제로 하여 배제, 무시, 물화 개념을 중심으로 현대사회의 주된 불의와 병리현상을 해명하고, 이와 관련하여 정의론 그리고 물화 비판과 관련된 사회비판이론의 과제들은 무엇인지에 대해서 구체적으로 검토할 것이다.

1. 현대사회 부정의와 병리현상: 배제, 무시, 물화

프랑크푸르트학파의 기존 시대진단들에 대한 앞선 고찰을 통해서 우리는 오늘날 현대사회에 대한 비판적 시대진단을 위한 몇 가지 지침들을 이미 확인한 바 있다. 그 핵심 요지는 현대사회에 대한 비판적 시대진단은 사회적 불의의 다양성을 수용하는 동시에 삶의 물화의 문제에 주목할 필요가 있다는 것이었다. 이러한 취지를 구현하기 위해서는 비판이론 2세대인 하버마스와 3세대인 호네트의 사회비판을 결합하는 동시에 이들이 상대적으로 약화시킨 마르크스주의적 통찰을 보완할 필요가 있다.

　앞 장에서 살펴본 바와 같이 하버마스의 생활세계 식민화 테제는 돈과 권력이라는 매체를 통해 작동하는 체계의 효율성 논리가 우리의 일상생활 영역에 침투하면서 발생하는 다양한 물화 효과에 대한 비판을 주된 목적으로 하고 있다. 그러나 호네트의 인정이론이 잘 보여주고 있는 바와 같이 이러한 하버마스의 테제는 생활세계 내부에 존재하는 인정-무시 질서를 간과하고 있으며, 이로 인해 문화적 무시에 대한 저항으로서의 인정투쟁을 제대로 해명할 수 없게 된다. 따라서 우리는 먼저 생활세계 식민화 테제가 주목하는 물화 비판의 취지를 적극 수용하는 동시에 생활세계 내부의 인정투쟁에 주목할 필요가 있다. 그러나 하버마스나 호네트는 각각 물화 비판과 인정투쟁이라는 주제에 주목하면서 자본주의 경제 체제 자체의 변화에서 주로 기인하는 경제적 불평등과 배제의 문제가 가지는 의미를 간과하게 된다. 때문에 우리는 다시 한 번 경제적 불평등에 관한 마르크스주의적 통찰을 통해서 이들의 시대진단을 보완해야만 한다.

이제 이런 식의 현대사회 진단을 주장하게 된 취지에 대해 좀 더 상세히 살펴보도록 하자. 먼저 우리는 하버마스의 생활세계 식민화 테제가 현대사회에 대한 비판적 진단과 관련하여 오늘날에도 여전히 매우 큰 의미를 갖는다는 점을 지적해 둘 필요가 있다. 잘 알려진 바와 같이 하버마스는 1981년 발간된 그의 주저 『의사소통행위이론』에서 '생활세계 식민화'라는 시대진단 테제를 제시하였으며, 그 내용에 대해서 우리는 이미 앞 장에서 살펴본 바 있다. 이러한 그의 시대진단은 특히 신자유주의의 전 지구적 확산을 배경으로 전 사회의 시장화가 오늘날 더욱 전면화되고 있는 점을 고려할 때 그 현실 적합성을 더욱 확장하고 있는 것으로 보인다. 신자유주의는 자기책임의 원칙과 유연성의 가치를 찬양하며 경쟁과 효율성이라는 시장의 논리를 급속히 확산시켜 왔다.[1] 또한 시장 논리의 확산과 소비사회의 극단화 속에서 공적인 영역은 축소되어 가며 개인들의 삶은 상품 논리에 의해 지배되고 있다. 대중문화는 삶의 진정성과는 무관한 오락의 대상이 되고, 교육은 경쟁 논리에 의해 지배되고, 대학은 기능인 양성소가 되고 있으며, 소비 지향적 대중들의 정치적 무관심 역시 급속히 확대되고 있다. 이러한 상황들은 결국 사회질서를 지탱하는 정당성의 기초를 침식하게 될 것이며, 개인들은 정체성의 혼란과 소외되고 물화된 삶으로 인해 고통받게 될 것이다. 이러한 현실 상황들을 전반적으로 고려한다면, 하버마스의 생활세계 식민화 테제는 오늘날에도 그 설득력이 전반적으로 강화되고 있는 것처럼 보인다.[2]

그러나 많은 논자들이 지적하는 바와 같이 생활세계 식민화 테제는 생활세계 내부 질서로부터 기인하는 사회적 문제들을 간과하고 있다. 호네트나 테일러 등이 지적하는 바와 같이 오늘날 현대사회의 주된 갈등은 체계에 의한 생활세계 식민화로부터 기인하는 것이 아니라 생활세계 내부의 왜곡된 지배 질서, 즉 인정-무시 질서로부터 발생하고 있다.[3] 우리의 생활세계는 그 자체 내에 왜곡된 방식의 문화적 가치평가 혹은 인정 질서를 내포하고 있다. 여성주의자들이 지적하는 바와 같이 여성의 가사노동에 대한 사회적 평가절하를 그 대표적인 사례로 들 수 있을 것이다.[4] 여성의 가사노동은 그것이 사회의 존속을 위한 필수적인 물질적 생산 행위임에도 불구하고, 오로지 사적인 영역에 속하는 것으로, 따라서 어떠한 사회적 보상도 필요치 않은 영역으로 간주되어 왔다. 물론 이 외에도 우리는 학벌, 외모, 인종 등과 관련된 소수자에 대한 수많은 문화적 무시를 생활세계 내부의 왜곡된 인정 질서에 관한 사례로 제시할 수 있을 것이다.

특히 오늘날 '정체성' 정치의 부상이 보여주고 있는 바와 같이 소수자의 정체성에 대한 부정과 그에 대한 사회정치적 저항은 현대사회 갈등의 핵심 축으로 급속히 부상하고 있다. 개인의 자율성과 선택가능성의 확대와 더불어 자발적 소수자들이 증가하고 있으며, 지구화를 통한 이주의 물결은 전 지구적 차원에서 소수자 문제를 확산시키고 있다. 이와 같은 현대사회의 갈등 상황은 생활세계 내부의 문화적 인정 질서에 주목할 것을 강력히 요구하고 있다.

그렇지만 신자유주의적 지구화가 가속화되는 과정에서 삶의 물화나 인정 요구로 포섭되기 어려운 전통적인 경제적 분배 요구 역시 더욱 강화되고 있다. 노동 유연화로 인한 비정규직의 증가는 이미 확보되었던 노동자들의 권리와 생활수준을 심각하게 후퇴시키고 있다. 또한 전 지구적 자본의 이동과 경쟁 속에서 국민국가 단위의 자율적 정책 수행 능력이 축소되면서 서구의 경우 기존의 복지정책들 역시 심각한 후퇴의 징후를 보여주고 있다. 오늘날 만성화된 대량 실업과 새로운 극빈층의 출현은 기존 사회 체제로부터 경제적으로 '배제'된 다수의 사람들을 양산하고 있다.

이로 인해 오늘날 자본주의 사회에서는 낡은 분배갈등이 새로운 형태로 재등장하고 있으며, 이러한 갈등은 그 원인이 경제 체계 그 자체에 뿌리박고 있고 물질적 자원의 정의로운 분배를 주된 목표로 삼는다. 그러나 오늘날 지구화된 신자유주의적 경쟁 체제는 그것의 유지를 위해 필요하지 않은 사람들에 대해서는 무관심하다. 취업의 기회를 원초적으로 박탈당하고 있는 청년 실업자나 만성적 실업자와 같이 경제적으로 배제된 사람들은 현재의 생산 체계가 더 이상 필요로 하지 않는 사람들이며, 이런 점에서 오늘날 문제가 되는 것은 '착취'라기보다는 '배제'라고 할 수 있다. 현대의 고도화된 생산 체제는 더 이상 배제된 자들에 대한 착취를 필요로 하지 않는다. 그들은 단지 현재의 생산 체계로부터 배제되어 불필요한 존재, '잉여' 혹은 '인간쓰레기'로 전락하고 있을 뿐이다.[5]

그러나 본격적인 지구화가 진행되기 이전 시기, 즉 국민국가 단위의 정책적 자율성이 상당 정도 유지되는 상황에서 복지국가의 타협이 원활하게 기능하던 시기를 그 배경으로 삼고 있는 하버마스의 생활세계 식민화 테제는 경제 체계 자체에서 기인하는 불의의 문제를 간과

범주적 구별	경제적 배제	문화적 무시	삶의 물화
현상 형태	계층갈등 (양극화, 계급갈등)	소수자 문제 (여성, 이주자)	새로운 사회갈등 (환경, 교육, 안전)
정치 형태	'정치적인 것'(계급 정치, 정체성 정치, 생활 정치)		

함으로써 이러한 상황에 적절히 대응할 수 없는 것으로 보인다. 뿐만 아니라 호네트의 인정이론 역시 생활세계 내부의 인정투쟁에 대한 해명에 집중하는 과정에서 경제 체제 자체의 변화가 유발하는 분배 불평등의 문제를 적절히 해명하고 접근하는 데서는 실패하고 있는 것으로 보인다.[6]

비판이론에서 제시되어 온 현대사회에 대한 비판적 시대진단들에 대한 이상의 검토와 평가를 종합하여 이 책에서는 현대사회 불의와 병리현상에 대해 위와 같은 종합적 이해 방식을 제시해 보고자 한다.

먼저 위의 도표는 오늘날 동등한 자유의 실현을 억압하는 사회적 불의와 병리현상을 각각 경제적 배제와 문화적 무시 그리고 삶의 물화라는 세 가지 범주를 통해서 구별하고 있다. 이러한 구별에서 삶의 물화는 하버마스가 생활세계 식민화 테제를 통해서 제시하고자 했던 물화 비판의 문제의식을 반영하고 있다. 다음으로 문화적 무시는 호네트가 지적한 생활세계 내부의 무시의 문제를, 그리고 경제적 배제의 개념은 자본주의 시장 체제의 변화에서 야기되고 있는 분배 불평등 문제를 지시한다. 마지막으로 위의 도표에서는 정치 영역을 독자적인 영역으로 구별하였으며, 이는 모든 사회적 불의와 병리현상에 대한 비판과 시정은 결국 넓은 의미의 정치적 공간 속에서 정치적인 형태로 진행될 수밖에 없다는 사실을 표현하고 있다.

그러면 이제 이 각각의 범주들이 지시하는 구체적 사태와 이러한 범주들 사이의 연관관계에 대해서 먼저 검토해 보도록 하자. 그런 다음 이에 기초하여 이러한 종합적 현대사회 비판의 시도와 연관되어 있는 사회이론의 문제들에 대해 살펴볼 것이다.

1) 배제, 무시, 물화의 연관관계

먼저 경제적 배제는 동등한 자유의 실현을 위한 사회정의를 파괴하는 경제적 차원의 부정의, 다시 말해 일종의 불평등 분배를 의미한다. 만일 특정한 사회 성원이 정상적인 사회적 상호작용에 참여하기 위해 반드시 필요한 경제적 자원을 박탈당하고 그리하여 동등한 자유 실현의 권리가 훼손된다면, 이는 곧 경제적 부정의가 존재한다는 사실을 의미한다. 분배와 관련된 이러한 부정의는 기존의 현대 정의론 일반이 주목해 온 가장 고전적이고 대표적인 정의의 차원이라고 할 수 있다.

분배 부정의의 원인은 사실상 매우 다양할 수 있지만 일차적으로는 자본주의적 시장경제 질서 그 자체와 밀접하게 관련되어 있다고 볼 수 있다. 화폐를 매체로 하는 자본주의 시장경제는 경제 체계의 효율성 및 시장 규모의 확대와 관련하여 일정한 발전을 가져왔다. 그러나 화폐를 매체로 하는 자본주의 시장 질서는 그것이 경제적 부정의를 야기한다는 점에서 고유한 한계를 가지고 있는 것 또한 사실이다. 자본주의 시장 질서는 고유한 경제적 착취와 배제를 야기하기 때문이다. 자본주의 내에서의 경쟁은 경쟁에서 패배하거나 배제된 이들을 산출하게 된다. 고전적 자본주의 사회에서는 노동자 계급에 대한 과도한 착취와 산업예비군으로서의 실업이 전형적인 문제로 등장하였으며, 오늘날의 유연화된 경제 체계에서는 착취받을 기회조차 상실한 '잉여 인간'의 존재가 핵심 문제로 등장하고 있다.

물론 경제적 부정의의 문제가 전적으로 자본주의 시장 자체에서만 기인하는 것은 아니다. 예를 들어 가사노동에 대한 사회적 보상의 부재에서 볼 수 있는 바와 같이 경제적 부정의는 여성의 역할에 대한 왜곡된 문화적 평가 체계와도 밀접하게 연관되어 있다. 그러나 우리는 경제적 부정의의 발생 원인을 단지 문화적 차원으로만 환원해서는 결코 안 된다. 왜냐하면 오늘날 경제적 배제의 주된 원인은 여전히 자본주의 시장 자체의 변화에서 기인하고 있기 때문이다. 예를 들어 포스트포드주의 경제 체제에서 강요되고 있는 노동 유연성과 그로 인한 비정규직의 증대는 단지 문화적 변동의 결과가 아니라 자본주의적 생산과 경쟁 구조의 변화에서 기인하는 문제라고 보아야만 할 것이다. 이러한 경제적 부정의에 대한 저항으로 계급투쟁, 분배투쟁이 발생하였으며, 이는 오늘날에도 여전히 사회정의를 실현하기 위한 가장 대표적인 사회적 저항의 영역이라고 할 수 있다.

그리고 경제적 배제는 그것의 폐해가 주변화된 특정 집단에 주로 집중되어 발생하고, 여전히 물질적 자원의 정의로운 분배가 문제의 핵심이 된다는 점에서 삶의 물화나 문화적 무시와 구별될 수 있다.

체계 논리의 침식으로 인한 삶의 물화는 우선 그 파급 효과가 전 사회적이고, 관련 갈등의 주요 이슈가 삶의 질과 관련된 문제들이라는 점에서 경제적 배제와 차별성을 갖는다. 물론 주변적 계층들이 이러한 물화 효과에 대해 보다 적극적인 저항을 시도한다고 하버마스가 지적하기도 하지만, 삶의 물화의 효과가 단지 특정 계층이나 계급에 국한될 수 없다는 점은 분명해 보인다.[7] 따라서 경제적 배제와 삶의 물화에 대한 저항의 주체 역시 구별될 수 있을 것이다. 삶의 물화에 대한 저항의 주체가 시민 일반이라면, 경제적 배제에 대한 직접적인 저항 주체는 경제 체계로부터 배제된, 혹은 배제될 위험에 처한 집단이 될 것이다. 또한 저항 당사자들이 목표로 하는 것 역시 각각 상이하다. 경제적 배제는 분배 정의를 목표로 하는 반면, 생활세계 식민화에 대한 저항은 보다 많은 참여와 대안적 가치의 실현을 요구하고 있다. 이와 같이 경제적 배제와 삶의 물화는 그것을 야기하는 원인, 해당 갈등의 발현 양태 그리고 저항의 주체와 목표 모두에서 구별될 수 있다.

한편 경제적 배제와 문화적 무시는 빈곤과 무시의 일상적인 결합에서 확인할 수 있는 바와 같이 일반적으로 중첩되어 있다. 그러나 각각의 불의를 발생시키는 주된 원인을 각각 자본주의 경제 질서와 문화 질서에서 찾을 수 있고, 또 각각의 저항이 추구하는 목표 역시 분배 정의와 동등한 상호인정으로 구별될 수 있을 것이다. 따라서 예를 들어 동성애 운동과 비정규직 차별 철폐 운동의 차이에서와 같이 저항의 주체 역시 서로 구별될 수 있을 것이다.

다음으로 문화적 무시는 동등한 자유의 실현을 위한 사회정의를 파괴하는 문화적 부정의라고 할 수 있다. 만일 특정 사회 성원이 정상적인 사회적 상호작용에 참여하기 위해 필수적으로 요구되는 사회적 인정을 박탈당하고 그로 인해 동등한 자유를 실현할 권리가 훼손되고 있다면, 이는 곧 문화적 부정의가 존재한다는 사실을 의미한다. 문화적 무시와 관련된 정의의 문제는 분배 정의의 경우와 비교할 때 최근 들어 새롭게 주목되고 있는 정의의 차원이라고 볼 수 있다.

이렇게 최근 들어 인정과 무시의 문제가 전 세계적 차원에서 주목을 받게 된 데는 다음과 같은 여러 배경들이 작용하였다고 볼 수 있다. 먼저 서구 국가들의 경우는 일정한 계급타협을 전제로 한 복지국가 성립 이후 분배로 환원될 수 없는 새로운 정치적 요구들, 예를 들면 여성의 고유한 정체성에 대한 인정 요구들이 등장하였으며, 이주자의 증대로 인해 인종적-문화적 차이에 대한 인정을 요구하는 다문화주의(Multiculturalism)의 도전도 거세게 제기되었다. 또한 현존 사회주의 체제의 몰락은 민족주의의 부활과 민족적 정체성에 대한 인정을 요구하는 거대한 정치적 갈등을 산출하기도 하였다. 이러한 '정체성 정치'의 부상으로 인해서 사회적 인정의 문제는 오늘날 중심적인 정치적 화두가 되고 있다.

무시의 일차적 원인은 특정한 문화적 인정과 무시의 질서에 있다고 할 수 있다. 모든 문화들은 그 내부에 우월성과 저열성, 정상성과 비정상성의 구별을 내포하고 있는 동시에 특정한 문화의 내부와 외부를 가르는 '우리'와 '그들' 사이의 구별 역시 내장하고 있다. 오늘날 확대되고 있는 문화적 무시에 대한 저항은 이러한 위계적이고 폐쇄적인 인정 질서들에 대한 저항의 시도들이라고 볼 수 있을 것이다. 여성, 동성애자, 장애인, 이주자 등 다양한 소수자들은 그들에 대한 문화적 무시에 저항하면서 그들에게도 동등한 문화적 지위를 보장할 것을 요구하고 있다. 물론 이러한 문화적 무시는 가난한 자들이 일상적으로

멸시받는 경우에서 볼 수 있는 것처럼 경제적 부정의와도 밀접히 연관되어 있다. 그럼에도 불구하고 문화적 무시의 원인을 경제적 부정의의 문제로 환원해서는 결코 안 된다. 예를 들어 부유한 동성애자를 무시하는 경우에서 볼 수 있는 바와 같이 문화적 무시의 문제는 경제적 차원과는 별개의 논리로 작동하기도 하기 때문이다.

소수자에 대한 무시와 억압의 문제는 그것이 주로 생활세계 자체 내부의 문화적 질서로부터 기인한다는 점에서 경제적 배제나 삶의 물화와는 그 발생 원인에서 차별성을 갖는다. 또한 소수자에 대한 무시는 경제적 배제와 마찬가지로 주로 특정한 집단에 제한되어 있고 저항의 직접적 주체 역시 왜곡된 문화적 평가로 인해 고통받는 집단이라는 점에서 삶의 물화와 구별될 수 있다. 또한 이러한 저항이 지향하는 직접적인 목적 역시 자본주의 경제 체계 자체의 수정이나 시장 논리의 지나친 확산에 대한 제어가 아니라 생활세계 내부의 왜곡된 문화적 평가, 왜곡된 인정 질서에 대한 시정이라는 점에서 다른 두 경우와는 구별될 수 있다.

마지막으로 삶의 물화는 자본주의 시장경제 질서와 근대 국가의 행정 체계가 시민들의 일상적 삶의 세계에 침투해 들어가면서 발생하게 되는 자유의 훼손을 지시하고 있다. 삶의 물화는 사회 성원들이 세계와 타인 그리고 나아가 자기 자신의 삶에 대해 가지는 근본적 태도에 부정적 영향을 미친다. 또한 경제적 부정의나 문화적 부정의가 주로 특정 계층에게 그 부정적 파급 효과가 제한되는 반면에 물화는 그 영향이 전 사회적이라고 할 수 있다. 그렇기 때문에 삶의 물화의 효과는 일반적으로 경제적 배제나 문화적 무시와 중첩되어 나타나게 된다.

자본주의 시장과 근대 국가의 작동 원리인 경쟁과 효율성의 논리가 사회 성원들의 삶의 세계에 침투하게 되면서, 무엇보다 먼저 사회 성원인 인간들 자신의 욕망 구조와 인식 구조 자체가 왜곡된다. 경쟁과 효율성 논리의 침투는 우선 개인들이 세계와 타인 나아가 자기 자신을 목적이 아닌 수단으로 간주하는 도구적 이성의 지배를 야기한다. 비판이론 1세대인 호르크하이머와 아도르노가 그들의 저서 『계몽의 변증법』을 통해서 잘 보여주었던 바와 같이 도구적 이성의 지배는 진정한 삶의 방식을 훼손하고 결국에는 인간의 자유 자체를 파괴하는 파국적 상황을 야기하게 된다. 왜곡된 욕망 구조 속에서 개인들은 모든 것을 수단화하며, 이는 타인과의 공존은 물론 자기 자신을 파괴하는 결과를 낳게 된다.

이와 같이 물화는 개인의 삶의 태도에 심각한 영향을 미칠 뿐 아니라 사회질서 전반에도 부정적인 영향을 미치게 된다. 이미 하버마스가 그의 생활세계 식민화 테제를 통해서 설명한 바와 같이 물화의 효과는 생활세계를 구성하는 문화, 사회, 인격 전반에 대해서 영향을 미친다. 물화되고 도구화된 삶의 방식의 확산은 문화적 의미자원의 상실을 야기하고, 사회 규범의 정당성을 침식함으로써 규범적 아노미 상태를 야기하며, 마지막으로 정상적 사회화 과정을 침식하여 개인의 정신적 병리상태를 유발하는 등 사회 전반에 부정적 영향을 미치게 된다.

이러한 물화의 정치적 효과는 개인의 소외와 무력화 그리고 공적인 자율성의 상실로 이어지게 될 수밖에 없다. 무한경쟁의 질서가 지배하는 삶 속에서 개인들은 파편화되며, 사회는 불가항력의 자연과 같은 물화된 질서로 현상하게 된다. 그리고 이는 결국 민주적인 정치적 참여와 공동의 의지 형성을 불가능하게 하는 결과로 이어져 결국 사회적 존재인 인간의 공적 자율성 상실로 이어지게 된다.

이와 같이 삶의 물화는 그 효과와 폐해가 특정 집단을 넘어 사회 전반에 관련되어 있고, 저항의 목적이 사회정의의 실현을 넘어 대안적 가치와 삶의 방식을 지향하고 있다는 점에서 경제적 배제나 문화적 무시와는 차별성을 갖는다. 물론 이러한 특성으로 인해서 삶의 물화에 대한 저항의 주체 역시 특정 계층이나 계급이 아니라 시민 일반으로 상정되어야 하는 상황이다.

이와 같이 배제, 무시, 물화는 서로 범주적으로 명확히 구별될 수 있으며, 우리는 각각의 고유한 원인과 그것이 미치는 영향들 역시 구별해 낼 수 있다. 그럼에도 불구하고 현실 속에서 배제, 무시, 물화는 서로를 강화하면서 중첩되어 발생하는 것이 일반적이라고 할 수 있다. 경제적 불평등이 없는 무시는 없으며, 무시가 없는 경제적 불평등도 없다. 배제는 무시를 낳고 무시는 배제를 강화한다. 그리고 물화된 삶의 질서는 배제 및 무시의 질서의 배후에서 이들과 중첩적으로 작용하면서 배제와 무시의 효과를 강화하고 있다.

먼저 경제적 배제와 문화적 무시는 그들 각각이 독자성을 가지면서도 현실 속에서는 중첩적으로 나타나거나 서로를 강화시킬 가능성이 매우 크다. 빈곤은 무시를 낳고, 무시는 빈곤을 낳는다. 소수자들의 삶이 일반적으로 보여주는 바와 같이 경제적 빈곤과 문화적 무시는 일반적으로 동반되면서 서로를 강화하는 경향이 있다. 여성성에 대한 왜곡된 가치평가는 상대적으로 많은 여성들이 저임금 노동에 종사하는 결과를 낳을 것이며, 이로 인한 여성들의 경제력 상실은 여성들에 대한 문화적 무시를 더욱 강화하게 될 것이다.

또한 삶의 물화 효과는 일반적으로 경제적 배제나 문화적 무시의 효과와 중첩되어 작용하게 된다. 물론 물화의 효과가 모든 계층에 동일한 영향을 미치는 것은 아니다. 경제적으로 배제된 사람들, 문화적 무시를 겪는 사람들의 경우 삶의 물화 효과는 일반적으로 더욱 가혹하게 다가올 수밖에 없을 것이다. 예를 들어 경쟁 위주의 입시교육 정책이 가져오는 물화 효과가 사회경제적이고 문화적인 지위에 따라 차별적 결과를 산출하는 경우를 떠올려 볼 수 있을 것이다. 그럼에도 불구하고 모든 계층이 그러한 전면적 경쟁의 굴레에 구속될 수밖에 없다는 점에서 물화 효과는 전면적인 속성을 가질 수밖에 없다.

이러한 복합적 상황 속에서 분배나 인정 혹은 물화의 극복과 같은 한 가지 방식의 사회비판이나 대안만을 고수하는 입장은 결국 현실을 감당하지 못하고 난파할 수밖에 없을 것이다. 따라서 오늘날 우리에게 요구되는 과제는 이러한 세 차원의 문제들을 종합적으로 고려하고 각각의 차원들 사이의 상호작용과 영향에 주목하면서 주어진 복합적 과제들을 해결하는 것이라고 할 수 있다.

2) 다차원적 사회이론의 필요성

앞에서 우리는 오늘날 동등한 자유의 실현을 억압하는 경제적 배제, 문화적 무시 그리고 삶의 물화라는 개념의 구체적 의미와 이들 사이의 상호관계를 주로 사회 현상의 차원에서 살펴보았다. 그리고 이를 통해서 우리는 이러한 사회적 불의와 병리현상이 매우 밀접한 상호관계를 가지는 동시에 서로 구별되는 차원을 갖는다는 사실을 확인할 수 있었다.

그러면 이제 현대사회의 불의와 병리현상에 대한 이러한 종합적 진단의 전제가 되는 사회이론과 관련된 문제들에 대해서 검토해 보도록 하자. 사실 이 각각의 범주들은 상이한 사회이론과 관련된 전제들을 함축하고 있기 때문에 이러한 검토는 불가피하다고 할 수 있다. 우선 위의 고찰은 정치, 경제, 문화 질서 혹은 영역들의 독자성과 상호관계를 동시에 설명할 것을 요구하고 있다. 이는 경제주의나 문화주의와 같은 환원론적, 일원론적 사회관이 허용될 수 없다는 것을 의미한다.

경제주의는 모든 사회적 관계의 본질 혹은 토대를 경제 관계에서 찾으며 여타의 사회적 관계들을 그러한 본질적 관계에서 파생되거나 그러한 관계에 종속되어 있는 것으로 규정한다. 예를 들어 생산력과 생산관계를 토대로 규정하면서 이러한 물질적 토대에 기초하여 모든 사회관계와 이데올로기가 규정된다고 주장하는 마르크스주의적 경제결정론이 이러한 경제주의의 한 사례가 될 수 있을 것이다. 반면에 문화주의는 모든 사회적 관계는 결국 문화적 의미망을 전제로 하며 이를 결코 벗어날 수 없다고 주장한다. 문화를 벗어난 독자적인 사회 영역이란 결코 존재할 수 없다는 것이다. 프레이저의 평가에 따르면 호네트의 인정이론이 바로 이러한 입장을 택하고 있다.[8]

그러나 위에서 제시된 현대사회의 불의와 병리현상에 대한 종합적 고찰은 이러한 환원론적 견해와는 달리 경제와 문화 영역을 구별하는 동시에 양자의 밀접한 상호관계를 설명할 것을 요구한다. 이와 관련하여 우리는 하버마스의 체계와 생활세계 개념에 기초한 이층위적 사회관이 이러한 사회관을 제시하고 있는 것으로 생각해 볼 수 있을 것이다. 그는 한편으로는 돈과 권력을 매체로 하는 경제 체계와 행정 체계가 가지는 자율성을 인정하면서도, 다른 한편으로는 이러한 체계와 생활세계 사이의 밀접한 상호관계를 동시에 주장하고 있기 때문이다.

앞서 살펴본 바와 같이 이러한 하버마스의 사회이론은 삶의 물화의 원인과 효과, 주체와 대상을 각각 체계와 생활세계 개념을 통해서 명확히 규정함으로써 현대사회의 물화를 해명하는 단서를 제공할 수 있다는 큰 장점을 갖는다. 특히 사회의 시장화를 통한 경쟁과 효율성 논리의 전면화가 가속화되고 있는 오늘날 이는 매우 중요한 실천적 의의를 갖는 것으로 판단된다. 그러나 앞서 살펴본 경제적 배제와 문화적 인정 사이의 중첩관계는 체계와 생활세계의 상호관계를 미시적 차원에서 보다 밀접한 방식으로 재구성할 것을 요구하고 있는 것으로 보인다.

하버마스는 체계와 생활세계의 관계에서 한편으로는 생활세계 질서가 체계 작동의 제도적 근거가 된다는 점을 강조하지만, 이와 동시에 다른 한편으로는 오늘날 체계 논리가 생활세계 영역에 침투하는 현상에 주목하였다. 그러나 앞서 살펴본 경제적 배제와 문화적 무시의 착종관계는 한편으로는 생활세계 내부의 문화적 인정-무시 질서가 체계 작동을 위한 제도적 근거 제공의 차원을 넘어서 체계 질서의 미시적 작동에 보다 직접적인 영향을 미치고 있다는 사실을 보여주며, 이와 동시에 다른 한편으로는 체계 내부에서의 경제적 불평등이 생활세계 내부의 인정-무시 질서에 직접적인 영향을 미치고 있다는 사실도 보여주고 있다.

먼저, 예를 들어 여성의 빈곤화에 대한 연구들이 보여주는 바와 같이, 여성에 대한 문화적 무시는 여성의 임금이나 직종 선택에 직접적인 제한 효과를 발휘하고 있다. 이는 문화적 인정 질서가 미시적 차원에서 경제 질서의 작동이나 분배에 직접적인 영향력을 행사하고 있음을 의미한다. 이러한 사실을 해명하기 위해서는 생활세계가 체계에 미치는 미시적 영향과 그 경로에 대한 보다 확장된 설명이 필요할 것으로 보인다. 또한 이와 마찬가지로 체계 논리의 침투 역시 하버마스가 주제화한 삶의 물화를 넘어 생활세계 내부의 인정-무시 질서에까지 직접적인 영향을 미치게 된다. 예를 들어 경기 침체로 인해 실업상태에 처한 사람들이 겪게 되는 문화적 무시의 경우를 생각해 보면, 우리는 체계 논리의 영향이 물화 효과를 넘어 무시의 문제에도 직접적인 영향을 미친다는 사실을 확인할 수 있을 것이다. 이 또한 경제 체계에서 기인하는 문제들이 생활세계 내부의 인정 질서에 미치는 영향과 경로에 대한 보다 확대된 설명을 요구하고 있다.

이는 결국 사회이론 차원에서 경제 질서와 문화 질서 사이의 독자성을 확인하는 것과 더불어 두 질서 사이의 보다 직접적이고 밀접한 상호관계에 주목할 것을 요구하고 있다고 하겠다. 이를 위해서는 한편으로 하버마스가 제안하고 있는 이원론적 사회관을 수용하되 체계와 생활세계 사이의 상호관계 방식을 보다 구체적으로 해명할 필요가 있다. 특히 앞서 고찰한 경제적 배제와 문화적 무시의 상호관계는 생활세계 식민화에서 나타나는 체계와 생활세계 사이의 일방적 관계 양상을 넘어 체계와 생활세계 사이의 쌍방향 관계에 주목할 것을 요구하고 있다. 경우에 따라서는 인정 질서의 변화가 새로운 경제 질서를 가능하게 할 수도 있을 것이기 때문이다. 예를 들어 피고용자를 기업의 공동의사결정의 주체로 인정하거나 시민권으로부터 기본소득과 같은 형태의 분배 요구를 도출하여 제도화하게 된다면, 이는 자본주의적 고용 체계에 직접적인 변화를 유발하게 될 것이다.

한편 이는 그간 하버마스의 사회이론 구상에 대해 제기되어 온 비판, 즉 체계의 자율성을 지나치게 강조한 나머지 체계 논리에 대한 개입의 여지를 축소시켜 버렸다는 비판에 대한 대응도 가능하게 해줄 수 있을 것이다.[9] 그간 하버마스는 체계 논리의 자율성을 강조하고 체계 논리의 생활세계 침식만을 문제 삼게 되면서 체계 내부에서 발생하는 사회 부정의를 시정할 수 없게 만들었다는 비판을 받아 왔다. 그러나 위에서 제안한 바와 같이 생활세계 내부의 인정-무시 질서와 체계 작동 방식 사이에 보다 밀접한 상호관계를 설정하게 된다면, 체계 내부에서 기인하는 경제적 착취나 배제와 관련된 문제들에 대해 개입할 수 있는 경로를 보다 넓고 풍부하게 제시할 수 있을 것이다. 왜냐하면 생활세계 내부의 정치적 투쟁을 통해서 구체적인 경제적 불의에 대응할 수 있는 경로들이 새롭게 모색될 수 있을 것이기 때문이다.

물론 경제 질서와 문화 질서의 독자성과 상호관계를 강조하는 사회이론의 도입과 더불어 앞서 지적한 바와 같이 체계 내부 논리에서 기인하는 분배 부정의와 생활세계 내부에 존재하는 부정의 문제에 대해서도 새로운 접근이 필요하다. 먼저 체계 내부에서 발생하는 착취나 배제의 문제에 대한 해명을 위해서는 자본주의 경체 체제 내부에 존재하는 모순이나 부정의를 검토할 필요가 있으며, 이와 관련하여 우리는 마르크스의 통찰에 의존할 수 있을 것이다.

마르크스에 따르면 자본주의 경제 체계 내부에는 이미 착취 관계가 내재해 있다. 생산수단을 소유한 자본가 계급은 노동력 상품을 구입하여 그로부터 잉여가치를 착취할 수 있기 때문이다. 마르크스는 이러한 통찰에 의거하여 자본과 노동 사이의 계약이 결코 등가교환이 아니라는 사실, 즉 현상적인 자유 계약의 배후에 착취 관계가 존재한다는 사실을 폭로하고자 했다. 이러한 그의 통찰은 경제 체계의 작동 속에 이미 사회적 불의가 존재할 수 있다는 사실을 보여준다. 화폐를 매개로 작동하는 자본주의 시장 체계 자체는 결코 중립적일 수 없으며, 이미 그 내부에 불의한 사회관계를 내포하고 있다는 것이다. 물론 앞서 살펴본 바와 같이 오늘날 경제적 불평등의 양상은 이러한 착취를 넘어 배제의 형태로 전화하고 있다. 개별 국가 내부에서 나타나는 '잉여 인간'의 출현뿐 아니라 전 지구적 범위에서도 자본주의 시장 체계에서 배제되는 사람들의 수는 더욱 확대되고 있는 것으로 보인다. 이러한 사실을 고려할 때, 오늘날 경제적 배제의 문제를 진단하고 비판하기 위해서는 경제 체계 내부의 고유한 불의에 주목하는 마르크스주의적 통찰을 보다 적극적으로 활용할 필요가 있다.[10]

다음으로 우리는 생활세계 내부의 고유한 불의와 갈등을 파악하기 위해 문화적 인정-무시 질서에 주목할 필요가 있다. 호네트가 지적하고 있는 바와 같이 현대사회 내부에는 고유한 인정 질서가 존재하고 있으며, 이는 문화적 인정은 물론 경제적 분배의 문제에도 중요한 영향을 미치고 있다. 폐쇄적 인정 질서로 인해 소수자들이 문화적 무시의 대상이 되고 있을 뿐 아니라 이러한 무시는 경제적 분배에도 직접적인 영향을 미친다. 특히 정체성 정치가 부상하고 있는 오늘날 문화적 무시에 대한 주목은 시급한 것으로 보인다. 그리고 이를 위해서는 생활세계 내부의 고유한 인정-무시 질서와 그것에 함의되어 있는 권력 불균형의 문제에 보다 주목할 필요가 있을 것이다.

이와 같이 경제적 배제와 문화적 무시의 문제가 한편으로 마르크스주의적 통찰과 인정이론의 통찰을 수용할 것을 요구하는 것은 사실이지만, 이것이 곧바로 마르크스주의나 인정이론이 전제하는 사회이론의 틀을 그대로 수용한다는 것을 의미하지는 않는다. 왜냐하면 마르크스주의와 인정이론은 사회적 불의에 대한 일종의 환원론적 견해를 전제하고 있기 때문이다. 먼저 마르크스주의는 경제적 착취와 계급 모순을 자본주의 사회의 본질적 모순으로 규정함으로써 다른 사회적 불의를 이로부터 파생되는 현상으로 간주하고 있다. 다음으로 인정이론도 인정 개념을 지나치게 확대하면서 모든 사회갈등을 인정갈등으로 환원하고 있다(이에 대해서는 다음 절에서 좀 더 상세히 살펴볼 것이다). 앞선 우리의 고찰은 경제적 배제와 문화적 무시가 구체적 현실 속에서 밀접히 상호연관되어 있음에도 불구하고 범주적으로 서로 구별되는 독자성을 갖는다는 것을 보여주고 있다. 따라서 현대사회에 대한 우리의 진단은 마르크스주의적 통찰과 인정이론의 통찰을 수용하면서도 경제 질서와 문화 질서의 독자성을 동시에 견지할 것을 요구하고 있다.

결국 우리가 제시하고자 하는 현대사회의 불의와 병리현상에 대한 종합적 진단은 경제와 문화 영역의 독자성과 더불어 밀접한 상호관계를 동시에 해명할 수 있는 사회이론의 틀을 요구하고 있다. 먼저 삶의 물화에 대한 해명은 경제와 문화, 체계와 생활세계의 구별과 상호작용을 통해서만 접근될 수 있다. 또한 경제적 배제와 문화적 무시의 독자성과 상호관계를 함께 설명하기 위해서도 각각 상대적 자율성을 갖는 경제 질서와 문화 질서의 구별 및 양자의 밀접한 상호관계에 대한 해명이 동시에 필요하다. 그리고 이들의 중첩관계 속에서 발생하고 있는 현대사회의 불의와 병리현상에 대한 저항 및 이를 시정하기 위한 실천을 해명하기 위해서는 포괄적 장으로서의 정치 개념 역시 반드시 고려되어야만 할 것이다.

2. 정의론과 물화 비판의 과제들

이제 현대사회의 불의와 병리현상에 대한 이러한 고찰과 관련하여 정
의론 그리고 물화 비판과 관련된 각각의 과제들에 대해서 살펴보도
록 하자. 앞서 현대사회 비판의 이념과 전략에서 서술한 바와 같이 현
대사회에 대한 종합적 비판은 사회적 불의에 대한 비판과 병리현상에
대한 비판을 동시에 요구하며 이를 위해서는 규범적 사회비판과 현시
적 사회비판의 공조가 반드시 필요하다. 앞에서는 주로 포괄적 자유
이념의 실현이나 언어에 대한 반성을 매개로 하여 사회비판의 두 전
략 사이의 공조를 주장하였지만, 다른 한편으로 그러한 공조 전략은
현대사회의 다차원적 불의와 병리현상에 대한 종합적 비판을 이미 염
두에 두고 있는 것이었다. 이제 배제, 무시, 물화 개념을 중심으로 현대
사회의 주된 불의와 병리현상이 무엇인지를 해명하였기 때문에, 이러
한 해명을 전제로 하여 각각의 사회비판 전략에 대해 제기되고 있는
과제들은 무엇인지에 대해 다시 한 번 구체적으로 살펴보고자 한다.

1) 정의론의 과제들

동등한 자유의 이념은 정의에 대한 요구를 함축하고 있으며, 그런 한
에서 동등한 자유의 권리를 침해하고 훼손하는 현상은 곧 불의로 규
정될 수 있을 것이다. 문제는 앞서 살펴본 바와 같이 이러한 불의의
내용과 형태가 오늘날 매우 다원화되고 있다는 점이다. 그리고 이는

기존의 정의론과 관련하여 정의의 내용을 보다 다원화할 것을 요구하고 있는 것으로 보인다.

그러면 먼저 정의를 분배 정의와 동일시하는 정의에 관한 기존의 분배 패러다임의 내용과 그 한계에 대해서 검토해 보도록 하자. 정의의 내용이 무엇인가 하는 문제와 관련하여 기존의 정의론들은 대개 정의를 공정한 분배와 동일시해 왔다. 여기서 정의란 주로 경제적 자원의 공정한 분배를 의미한다. 기존의 정의론에서는 공정한 분배의 기준이나 절차, 방법이 무엇인가 하는 데서 매우 상이한 견해들이 제시되어 왔지만, 이들은 어디까지나 정의를 한 국가 내부의 자원 분배 문제로 이해하고 있었다는 것이다. 아래에서는 아이리스 영(Iris Marion Young)의 논의를 중심으로 이러한 분배 패러다임이 가지는 한계에 대해서 검토해 보도록 하자.

물론 영이 기존의 분배 패러다임이 가지는 제한성을 비판한다고 해서 그녀가 오늘날 분배 불평등 문제가 가지는 사회적 심각성을 부정하거나 분배 문제가 사회정의를 실현하는 데서 중요한 의미를 갖지 않는다고 주장하는 것은 결코 아니다. 영은 분배 문제가 사회정의를 실현하는 데서 결정적인 의미를 가지고 있다는 사실을 명확히 인식하고 있을 뿐 아니라 분배 불평등 문제의 사회적 심각성이야말로 분배 패러다임이 등장하고 부상하게 되는 핵심적 배경이 되었다는 점 역시 지적하고 있다.[11] 그간 분배 패러다임이 지배권을 가지게 된 이유는 한 사회 내부는 물론 지구적 차원에서도 빈부 격차와 빈곤 문제가 매우 심각했기 때문이라는 것이다.[12] 그러나 문제는 불평등 분배를 극복하는 것이 사회정의 실현에서 여전히 결정적인 중요성을 가지고 있음에도 불구하고 결코 사회정의 문제 전반을 분배 문제로 축소 혹은 환원시킬 수는 없다는 사실에 있다.

일반적으로 분배 패러다임이란 정의를 물질적 재화나 수입 혹은 지위 등을 공정하게 분배하는 문제로 이해하는 하나의 틀을 의미한다. 이러한 틀 속에서 사회정의는 공정한 분배와 정확히 동일한 것으로 간주된다. 이와 같이 사회정의를 공정한 분배의 문제로 보는 견해는 마르크스는 물론 롤즈, 드워킨(Ronald Dworkin) 등 오늘날의 대표적인 정의론자들의 주장에서도 공통적으로 발견될 수 있다.[13] 물론 이들은 공정한 분배의 대상이 과연 무엇인가 하는 데 대해서는 서로 매우 상이한 견해들을 제시하고 있다. 롤즈가 자유, 권리, 수입이나 부 혹은 자존감과 같이 합리적인 모든 행위자들이 요구하는 기본 재화(primary goods)의 공정한 분배를 요구하고, 드워킨이 재산과 같은 자원의 공정한 분배를 주로 강조하는 반면에 마르크스는 기존 사회 체제 내에서 이루어지는 소득과 부의 분배를 넘어 생산수단 자체를 집단적으로 공유하는 것을 목표로 삼았다.[14]

분배 패러다임에서 정의로운 분배의 대상은 일차적으로는 물질적인 재화들로 간주되지만 경우에 따라 권리, 기회, 권력 등과 같은 비물질적 재화들 역시 공정한 분배의 대상으로 간주되기도 한다. 영에 따르면, 이와 같은 분배 패러다임이 가지는 결정적인 한계는 개인들 사이의 물질적 자원의 분배 문제에만 주로 집중함으로써 이에 영향을 미치는 사회구조나 제도적 맥락을 무시하고 그에 대해 비판적 평가를 제시하지 못하며, 이로 인해 결국에는 분배 불평등과 구별되는 다양한 형태의 사회 부정의들을 간과하게 된다는 것이다.[15] 때문에 그녀는 분배 대신에 '지배와 억압'의 개념을 사회정의에 관한 논의의 출발점으로 삼을 것을 새롭게 제안하기도 한다.

분배 패러다임에서 간과되고 있는 사회구조나 제도적 맥락 중에서 영이 특히 주목하고 있는 부분은 '의사결정의 구조와 절차', '노동 분업', '문화'라는 세 가지 범주이다. 분배 패러다임에서 정의는 주로 주어진 재화를 개인들 사이에 공정하게 분배하는 문제로만 고찰되고 있으며, 이는 이러한 분배의 전제가 되고 있는 구조적이고 제도적인 맥락들을 은폐하게 된다는 것이다. 먼저 의사결정의 구조와 절차는 예를 들어 국가의 예산 투입이나 기업의 의사결정에서 볼 수 있는 바와 같이 재화의 분배는 물론 사회 구성원들의 삶 전반에도 커다란 영향을 미치고 있다. 그러나 이러한 결정의 주체나 절차와 관련된 문제는 물질적 자원의 결과적 분배에만 집중하는 분배 패러다임을 통해서는 접근하기 어렵다. 때문에 영은 민주적 의사결정의 구조와 절차를 정의의 중요한 요소이자 조건으로 보아야 한다고 주장한다.[16]

다음으로 특정한 형태의 노동 분업 역시 불평등한 분배에 큰 영향을 미치고 있다. 노동 분업의 문제가 단지 주어진 직종이나 직업들 사이의 공정한 할당의 문제로 간주된다면, 이 역시 일종의 분배 정의 문제로 간주될 수도 있을 것이다. 그러나 특정한 노동에 대한 가치평가나 해석의 차원의 경우는 단순한 분배가 아니라 사회적 인정과 관련된 문제가 중심이 된다고 할 수 있다. 예를 들어 가사 노동이나 돌봄 노동을 여성적인 것으로 해석하고 평가하는 경우가 그 전형적인 사례가 될 수 있을 것이다. 가사 노동은 그것이 사회적 재생산을 위해 필수적으로 요구되는 활동임에도 불구하고 사회적 대가가 지불될 필요가 없는 사적인 활동으로 해석되고 평가되며, 돌봄 노동 또한 주로 여성적인 것으로 해석되면서 해당 직종에는 여성이 주로 배치될 뿐 아니라 그 노동에 대한 사회적 평가와 대우도 매우 열악한 상황이다. 이와 같이 특정한 노동에 대한 사회적 해석과 평가 방식이 불평등 분배에 큰 영향을 미치고 있음에도 불구하고 분배 패러다임은 이를 포착하지 못하고 있다.

마지막으로 문화는 상징, 의미, 습관 등과 관련된 매우 폭넓고 일반적인 영역을 지시하고 있다. 특정한 집단에 부과되는 상징적 의미는 예를 들어 동성애자들에 대한 사회적 편견에서 볼 수 있는 바와 같이 그들의 사회적 지위에 커다란 영향을 미치게 되며, 이는 물질적 재화의 분배에도 직접적인 영향을 미치게 된다. 뿐만 아니라 인종, 성, 취향 등에 대한 지배적 해석 틀은 표준적인 틀에서 벗어난 사람들을 열등하거나 비정상적인 존재로 규정하는 일종의 문화적 제국주의 상황을 야기하기도 한다. 그렇지만 분배 패러다임은 단지 재화의 분배에만 집중함으로써 이러한 문화적 차원의 고유한 기능을 해명하지 못한다.

이와 같이 다양한 제도적 맥락들이 물질적 재화의 분배에 직접적으로 큰 영향을 미치고 있음에도 불구하고 분배 패러다임은 이러한 제도적 맥락을 간과하거나 은폐한다는 데 그 근본적 제한성이 있다고 할 수 있다. 다양한 제도적 차원에 존재하는 부정의의 문제, 즉 지배와 억압의 문제를 간과하게 된다는 것이 분배 패러다임에 대한 영의 비판의 핵심이라고 할 수 있다.

여기서 우리가 추가적으로 주목해야 할 한 가지 사실은 이러한 제도적 부정의들이 주로 '집단의 차이'와 관련되어 있다는 점이다. 의사결정 절차, 노동 분업, 문화의 문제에서 발생하는 다양한 지배와 억압은 일반적으로 개인적 삶의 차원이 아니라 개인이 속해 있는 집단의 차원과 주로 관련된다. 그렇기 때문에 영은 분배 패러다임이 주로 개인들 사이의 정의로운 분배만을 문제 삼는 반면에 지배와 억압이라는 개념 틀에서는 집단의 차이가 존재한다는 사실을 인정하고 그에 주목할 필요가 있다고 반복해서 강조하고 있다.[17] 명백한 집단의 차이, 차별이 존재하는 현실 속에서 그것을 간과하거나 무시하는 것은 결국 현실적 지배와 억압을 은폐하는 것에 다름 아니기 때문이다.

물론 분배 패러다임에 대한 이러한 비판에 대해서 예를 들어 권리, 기회, 권력 등과 같은 비물질적 재화 일반을 공정한 분배 대상의 목록에 포함시킴으로써 그 틀을 옹호할 수도 있을 것이다. 그러나 영이 보기에 이러한 대응은 분배 패러다임이 가지는 한계를 더욱 명확하게 드러낼 뿐이다. 왜냐하면 권리, 기회, 권력 등은 분배의 대상이 될 수 있는 사물들이 아님에도 불구하고 분배 패러다임은 이들을 물화(物化)함으로써 사태의 본질을 호도하고 있기 때문이다. 권리, 기회, 권력 등은 분배의 대상이 되는 사물이 아니라 일종의 사회적 관계나 규칙이다. 그러나 분배 패러다임은 모든 것을 개인의 소유의 대상으로 보는 경향으로 인해 구체적인 사회적 행위의 맥락을 간과하고 그것들을 일종의 소유 대상으로 환원하게 된다.

예를 들어 권리나 기회는 그것을 공정하게 분배하기 위해서 직접적인 물질적 재화의 재분배를 필요로 하지 않는다. 공정한 권리와 기회의 부여는 누군가의 재화를 다른 사람에게 이전할 필요 없이 단지 그들에게 동등한 자격을 부여하는 것으로 충분하기 때문이다. 권리는 사물이 아니라 사람들 사이의 관계를 규정해 주는 제도적 규칙일 뿐이며, 기회 역시 일종의 사회적인 자격 부여일 뿐이다.[18] 권력의 경우도 상황은 마찬가지다. 권력 역시 개인의 소유물 혹은 사물이 아니라 일종의 사회적 관계이기 때문이다. 물론 권력을 실질적으로 행사하기 위해서 물질적 자원이 필요한 경우가 있기도 하지만 권력은 그러한 자원과는 구별되는 사회적 관계로 보아야 한다.[19] 권력은 역동적으로 변화하는 지배-피지배 관계 속에 존재하며 이러한 지배-피지배 관계는 사회 전반에 폭넓게 구조화되어 있다. 정당성을 상실한 권력은 더 이상 실질적인 권력이 될 수 없는 데서 볼 수 있는 것처럼 권력은 특정한 개인이나 집단이 소유하는 사물이 아니라 사회적인 지배-복종 관계의 산물일 뿐이다.

결국 현재 정의 담론을 지배하고 있는 분배 패러다임의 한계는 정의를 개인들 사이의 물질적 자원의 공정한 분배로만 규정함으로써 실질적인 사회 부정의를 야기하는 다양한 사회적이고 제도적인 맥락들을 인식하고 평가하는 데서 실패한다는 데 있다고 할 수 있다. 분배 패러다임은 정의를 개인들 사이의 공정한 분배의 문제로 국한함으로써 현실적으로 존재하는 집단의 차이와 차별을 은폐하며, 물화될 수 없는 사회적 관계들을 소유 대상으로 물화하고, 분배의 사회적 과정은 무시한 채 단지 그 결과에만 주목하는 오류를 범하고 있다. 먼저 개인들 사이의 공정한 분배에만 주목하는 것은 여성이나 소수자의 경우처럼 집단의 차원에서 존재하는 지배나 억압의 문제를 은폐하게 된다. 그리고 사회적 관계들을 소유와 분배의 대상으로 물화하는 것은 그것들이 가지고 있는 고유한 사회적 관계의 차원을 왜곡한다. 마지막으로 분배 패러다임은 단지 분배의 결과에만 주목함으로써 그러한 분배 결과를 야기하게 된 사회적 제도적 맥락들을 간과하게 된다.

분배 패러다임이 가지는 이러한 한계와 관련하여, 특히 기존의 분배 패러다임이 분배에 영향을 미치는 사회적 인정의 문제를 간과하고 있다는 점에서, 인정이론에 기초한 호네트의 '인정 패러다임'은 중요한 관심의 대상이 될 수 있을 것으로 보인다. 그는 인정이론에 기초하여 정의에 관한 분배 패러다임을 '인정 패러다임'으로 새롭게 전환할 것을 제안하고 있기 때문이다. 그러면 이제 그가 제안하는 정의에 관한 인정 패러다임의 내용과 그 한계에 대해서 검토해 보도록 하자.

호네트의 인정 패러다임은 분배 패러다임과는 달리 모든 사회적 불의의 근본 원인을 인정의 거부 다시 말해 무시에서 찾고 있으며, 정의를 동등한 분배가 아니라 동등한 인정과 동일한 것으로 보고 있다. 이러한 인정 패러다임은 먼저 이론적인 측면에서는 기존의 분배 패러다임이 가지는 한계에 대한 반성을 배경으로 하여 그리고 사회정치적인 측면에서는 '인정 정치' 혹은 '정체성 정치'의 부상을 배경으로 하여 최근 들어 많은 주목을 받고 있다.

정의에 관한 분배 패러다임이 가지는 한계에 대해서는 이미 앞에서 검토한 바 있기 때문에 여기서는 인정 패러다임이 부상하게 된 사회정치적 배경에 대해서만 간략히 언급하도록 한다. 먼저 지구화 과정이 수반하는 대규모 이주로 인한 다문화주의의 도전을 들 수 있을 것이다. 서구 선진 국가들의 경우 인구 감소, 노동력 부족 등을 배경으로 하여 이주자들이 지속적으로 증가하고 있으며, 이는 타자에 대한 인정의 문제를 급박한 사회적 문제로 대두하게 만들었다.[20] 또한 현실 사회주의의 실패는 분배 불평등의 해소만으로 사회정의가 실현될 수 없다는 사실을 입증하였으며, 이로 인해 좌파 진영에서는 여성이나 소수자에 대한 문화적 무시의 문제에 대해 새롭게 주목하게 되었다. 이는 서구의 경우 복지국가의 등장으로 분배갈등이 일정 부분 완화되고 제도화되면서 차이의 인정에 대한 새로운 감수성이 등장하는 상황과도 결부되어 있다고 할 수 있다. 마지막으로 냉전의 종식을 배경으로 민족 중심의 새로운 정체성 요구가 분출되는 상황도 고려해 볼 수 있을 것이다.

이러한 상황을 배경으로 프랑크푸르트학파 3세대를 대표하는 호네트는 사회정의를 동등한 인정으로 규정하는 인정 일원론의 입장을 제시하고 있다. 인정이론은 개인의 긍정적 자기실현을 위해서는 타인들의 인정이 필수적이라는 사실에서부터 논의를 출발하고 있다. 타인들에 의해 무시를 받는 사람들은 결국 자기 자신을 긍정할 수 없게 되며, 이러한 상황을 극복하기 위해서는 인정투쟁을 전개할 수밖에 없다는 것이다. 이러한 관점에서 볼 때, 모든 사회적 부정의와 그에 대한 저항은 주체들의 이러한 정당한 기대가 사회에 의해서 부정될 때 발생한다.

호네트에 따르면, 톰슨(Edward P. Thompson)과 무어(Barrington Moore)의 연구는 이미 하층 노동계급의 저항이 단지 이해관계가 아니라 그들의 명예에 대한 훼손에서 기인하였다는 점을 보여주었고, 식민지 저항운동이나 여성운동의 역사 역시 그들이 인정받아야 마땅하다고 생각하는 존엄성과 인격성에 대한 훼손이 중요한 저항의 이유였다는 사실을 보여주고 있다.[21] 때문에 호네트는 인정이론이 단지 오늘날의 새로운 사회운동과만 연관된 것이 아니라 사회적 부정의의 경험 전반을 해명하는 데 필요한 이론적 도구라는 점을 강조하고 있다. 모든 사회적 부정의는 합당한 인정 요구에 대한 부정이나 거부에서 비롯되며, 사회적 투쟁은 언제나 이러한 무시에 대한 저항에서 시작되었다는 것이다.

이러한 주장에서 출발하는 호네트는 헤겔 법철학의 가족, 시민사회, 국가에 대한 설명 틀을 원용하면서 근대 자본주의 사회의 형성 과정을 인정 영역 혹은 인정 질서의 제도적 분화로 설명한다.[22] 근대사회에서 가족으로 대표되는 친밀성의 영역에서는 사랑이, 시민사회의 영역에서는 권리가, 국가의 영역에서는 연대가 각각 인정의 원리로 분화되어 나간다는 것이다. 물론 이러한 설명은 개인의 긍정적 자아실현을 위해서는 사랑, 권리, 업적에 대한 인정이 필수적이라는 인정이론의 구도에 상응하는 것이다.

이제 이러한 설명 틀을 전제로 하여 호네트는 경제적 분배의 문제 역시 권리의 인정 및 업적의 인정과 관련된 문제로 환원하여 설명될 수 있다고 주장한다. 분배 부정의는 결국 일종의 문화적 무시의 결과물 혹은 파생물일 뿐이라는 것이다. 아래에서는 이 논점에 대해 집중적으로 검토해 보도록 하자. 오늘날 경제적 재화의 분배는 먼저 사회권과 관련된 최저생활 보장 문제와 관련되는 측면이 있다. 이는 사회적 권리가 일정한 분배적 의미를 가지고 있음을, 다시 말해 분배에 직접적인 영향을 미치고 있음을 의미한다. 다음으로 오늘날 경제적 재화의 분배는 과거 신분사회에서와는 달리 각 개인의 사회적 업적에 대한 평가에 따라서 결정된다.

오늘날 경제적 분배의 문제는 먼저 사회권 보장의 차원과 연결되어 있다고 할 수 있다. 예를 들면 최저 임금, 최저 생계비, 취약 계층에 대한 의료를 포함한 복지 지원 등을 떠올려 볼 수 있을 것이다. 다음으로 경제적 재화의 일반적인 분배는 노동시장에서 임금이 결정되는 과정에서 볼 수 있는 바와 같이 한 개인이 가진 노동능력과 그 성과에 대한 평가에 따라서 결정된다. 숙련된 노동은 비숙련 노동에 비해서 더 많은 임금을 받게 되며, 더 많은 성과를 올린 개인은 더 많은 인센티브를 받게 마련이다. 이렇게 보면 결국 분배의 문제는 권리 및 업적에 대한 사회적 인정의 결과일 뿐이다.

물론 그렇다고 해서 호네트가 개인의 업적에 대한 현재의 평가 기준이 그 자체로 공정하다고 보는 것은 결코 아니다. 예를 들어 여성 노동에 대한 평가, 특히 돌봄 노동의 가치와 관련해서는 사회적 편견 혹은 무시가 존재하며, 이로 인해 여성들은 그들의 업적에 대해서 불공정한 평가를 받고 있다고 말할 수 있다. 때문에 호네트는 현존하는 가치평가 기준이 가지는 이데올로기적 성격을 반복하여 강조하기도 한다.[23] 그렇지만 이러한 논란의 여지에도 불구하고 개인의 업적에 따른 공정한 평가라는 규범적 요구는 오늘날 여전히 정당한 사회적 평가 원리로 이해되고 있다. 문제는 이에 대한 구체적인 해석과 적용에서 다양한 부정의들이 존재한다는 사실일 뿐이다.

이렇게 보게 되면, 인정이론에서 분배는 결국 권리에 대한 인정, 업적에 대한 인정의 결과일 뿐이며, 불공정한 분배는 권리에 대한 무시, 특정한 개인이나 집단의 업적에 대한 무시의 결과일 뿐이라고 말할 수 있을 것이다.[24] 따라서 현실적인 분배투쟁은 때로는 법적인 권리를 위한 인정투쟁으로, 때로는 실적 평가 기준에 대한 새로운 해석이나 적용 영역의 확대를 위한 인정투쟁으로 전개된다. 개인들은 동등한 사회 구성원으로서 자신들이 가져야 할 최소한의 경제적 권리를 법적 평등의 원칙에 호소하여 요구하며, 공정한 평가의 원리에 따라서 자신들의 노동과 직업이 사회로부터 정당하게 평가받기를 요구한다. 결국 분배투쟁의 내용은 법적 권리의 인정투쟁이거나 현존하는 실적 원리의 적용과 해석을 둘러싼 갈등이라고 규정할 수 있다는 것이다.

이러한 호네트의 논의를 통해 우리는 인정-무시 질서가 경제적 분배에 중요한 영향을 미치고 있다는 사실, 나아가 역사적으로 볼 때 분배 정의를 위한 투쟁에서 무시에 대한 저항이 중요한 동인이 된다는 사실까지도 일정 부분 인정할 수 있을 것으로 보인다.[25] 그러나 그렇다고 해서 오늘날 모든 분배적 불의가 왜곡된 인정 질서로 인해 발생한다고 보기는 어렵다. 예를 들어 경제 위기 상황으로 인해 숙련된 남성 노동자 역시 실업자가 될 수 있으며, 이 경우 이러한 부정의의 발생 원인이 직접적으로 인정 질서에 있다고 보기는 어렵다. 또한 사회적으로 좋지 않은 평판을 받는 직종에 종사하는 사람이, 예를 들어 불법 사채업자가 더 많은 경제적 부를 누리는 사례는 얼마든지 흔하게 볼 수 있는 일이다.[26]

여기서 중요한 것은 호네트 식의 인정 질서 개념만으로는 오늘날 경제적 불의를 야기하는 '원인'에 대해 충분한 사회이론적 해명을 제시하기 어렵고 나아가 그에 대한 적절한 대안을 제시하기도 어렵다는 점이다. 분배 부정의의 원인이 인정 질서에 있다는 진단은 그것을 시정하기 위해서는 개인의 업적에 대한 왜곡된 가치평가 기준을 바로잡을 필요가 있다는 결론으로 이어지게 될 것이다. 그러나 만일 문제가 되는 경제적 부정의가 정치경제적인 구조적 원인들에서 기인하는 것이라면, 이러한 처방은 실천적으로 유효하지 못한 대안이 되고 말 것이다.[27]

결국 정의에 관한 분배 패러다임이나 인정 패러다임은, 비록 그것들이 각각 정의의 중요한 한 차원을 다루고 있기는 하지만, 결코 정의의 전체 내용을 포섭하지는 못한다고 평가할 수 있다. 분배 패러다임은 분배에 영향을 미치는 지배 혹은 인정과 관련된 요인들을 적절히 해명하지 못하고 있으며, 인정 패러다임은 인정에 영향을 미치는 인정 질서 외부의 경제적 요인들을 설명할 수 없다. 따라서 현재 우리에게 필요한 것은 분배와 인정의 독자성을 고려하는 동시에 양자의 밀접한 상호관계를 해명할 수 있는 다차원적 정의론이라고 할 수 있을 것이다. 그리고 이러한 정의론만이 앞서 우리가 살펴본 경제적 배제와 문화적 무시의 상호관계 역시 적절히 해명할 수 있을 것이다.

이와 관련해서는 프레이저의 2차원적 정의론이 좋은 대안의 한 사례가 될 수 있을 것이다. 그녀는 정의에 관한 분배 패러다임과 인정 패러다임의 대립을 넘어서기 위해 2차원적 정의관을 제시하고 있기 때문이다. 프레이저는 '동등한 참여'(parity of participation)의 원칙을 통해 포괄적 정의 이념을 제시하면서, 이를 통해 분배 요구와 인정 요구 양자를 모두 통합해 내고자 한다. 한 사회의 구성원으로서 모든 자율적 개인은 그와 관련된 사회적 결정에 동등한 권리를 가지고 참여할 수 있어야만 하며, 이러한 동등한 참여를 위해서는 정의로운 분배와 인정이 모두 필요하다는 것이다. 프레이저는 이를 분배와 인정 양자를 모두 포함하는 '정의에 대한 2차원적 이해'라고 규정하고 있다. 이러한 이해는 분배와 인정을 분석적으로 구별가능한 정의의 두 측면으로 파악함으로써 양자를 서로에게 환원시키지 않으면서도 양자를 모두 포섭할 수 있는 폭넓은 정의의 개념을 제시할 수 있다는 것이다.

이러한 구상에서의 규범적 핵심은 '동등한 참여'의 원칙이다. 정의로운 사회는 모든 구성원들이 동등한 자격으로 상호작용할 수 있는 사회적 조건을 보장해야만 한다. 이를 위해서는 먼저 구성원들이 독립적 참여자가 될 수 있도록 '물질적' 자원을 분배해야 하며, 프레이저는 이를 동등한 참여를 위한 '객관적 조건'이라고 명명한다. 다음으로 정의로운 사회는 모든 구성원들이 참여자로서 동등하게 존중받을 수 있는 제도화된 '문화적' 가치평가를 보장해야 하며, 프레이저는 이를 동등한 참여를 위한 '상호주관적 조건'이라고 명명한다.[28] 이러한 두 조건이 동시에 충족될 때 비로소 해당 사회는 정의로운 사회가 될 수 있다는 것이다. 물론 특정한 분배나 인정 요구가 정당화되기 위해서는 그러한 요구가 동등한 참여의 원칙에 기초한 요구라는 사실이 반드시 입증되어야만 하며, 이러한 정당화 과정은 공적인 논쟁이라는 민주적 절차를 통해서 진행된다.[29]

프레이저는 포괄적 정의의 이념 아래 분배와 인정을 정의의 두 차원으로 포섭하면서 동시에 양자가 서로 밀접한 관계를 맺고 있다고 말한다. 현실적으로는 분배 없는 인정도, 인정 없는 분배도 불가능하다는 것이다. 그녀는 한 사회를 통합하는 두 가지 질서, 즉 경제 질서와 문화 질서를 분석적으로 구별하면서 이에 상응하는 경제적 계급과 문화적 신분이 존재한다고 말한다. 물론 여기서 사용되는 계급이나 신분 개념은 마르크스주의나 전통 사회학에서 주장되어 온 것과는 다른 것이다. 프레이저는 마르크스주의자들과는 달리 계급을 생산수단 소유 여부가 아니라 동등한 참여를 위한 물질적 자원의 보유 여부를 통해서 규정한다. 그녀는 신분 역시 미국의 주류 사회학자들과는 달리 수입과 같은 경제적 요소와는 구별되는 문화적 평가 차원에서의 종속 여부를 통해서 규정한다. 계급은 동등한 참여를 보장할 만큼의 경제적 자원을 보유했는지 여부에 따라서 규정되며, 신분은 동등한 참여를 보장할 만큼의 비종속적인 사회적 평판을 누리고 있는지 여부에 따라서 규정된다.

여기서 중요한 것은 이를 통해 그녀가 경제적 불의와 문화적 불의를 환원 불가능한 두 가지 사회적 불의로 규정하면서도 이들 사이의 밀접한 상호관계가 존재한다는 사실 또한 강조하고 있다는 점이다. 구체적 상황에서 개인이나 집단은 대개 이 두 가지 불의를 동시에 경험하게 되며, 여기서 양자는 서로를 강화하는 경향이 있다는 것이다. 현실 사례들을 보면, 일반적으로 '인정 없는 분배도, 분배 없는 인정도' 공허한 구호에 불과하다고 할 수 있다. 예를 들어 복지국가에 의한 분배는 복지 수혜자들을 권리의 주체로 보는 문화적 인정과 동반되어야만 하며, 여성의 가사 노동에 대한 문화적 인정은 그에 대한 물질적 보상을 동반해야만 한다는 것이다.

분배와 인정을 통합하고자 하는 이러한 2차원적 정의관을 제시한 후 그녀는 다시 이를 보완하여 자신의 입장을 정치 영역을 포괄하는 3차원적 정의관으로 발전시킨다.[30] 동등한 참여의 원칙이 실현되기 위해서는 경제적 분배와 문화적 인정을 넘어 정치적 영역에서도 모든 당사자들이 합당하게 대표(representation)될 수 있어야만 한다는 것이다.[31] 만일 특정한 개인이나 집단이 자신의 의지를 대표할 수 없는 대표 불능 상태에 처하게 된다면, 이는 그 자체로 고유한 사회적 불의가 존재한다는 사실을 의미한다. 뿐만 아니라 이러한 정치적 불의는 분배나 인정과 관련해서도 부정적인 영향을 미치게 될 것이다. 자신의 목소리를 낼 수 없는 이들, 의사결정 과정에서 배제된 이들에게 공정한 분배나 인정이 주어질 것을 기대하기는 어려울 것이기 때문이다.

이와 관련하여 우리는 정의의 내용에서 정치적 정의가 가지는 의미에 대해 각별히 주목할 필요가 있다. 왜냐하면 이 부분이 정의에 관한 분배 패러다임이나 인정 패러다임을 둘러싼 기존의 논쟁에서 상대적으로 소홀히 취급되어 왔기 때문이다. 분배냐 인정이냐를 둘러싼 기존의 논쟁, 특히 프레이저와 호네트의 논쟁에서 주된 논점은 분배와 인정을 일원론적 관점에서 접근할 것인가, 이원론적 관점에서 접근할 것인가 하는 것이었다. 그로 인해 분배나 인정과 분리될 수 없는 제3의 차원으로서 정치의 영역에 대한 논의가 결여될 수밖에 없었다.

그러나 오늘날 사회정의에 관한 종합적 이해를 위해서는 정치적 정의에 대한 논의가 불가피할 수밖에 없다. 그 이유는 첫째, 정치 질서 즉 지배 질서가 분배나 인정에 직접적인 영향을 주기 때문이며, 둘째, 분배나 인정과 관련된 불의는 결국 정치 공간을 통해서만 시정되고 해소될 수 있기 때문이다.

먼저 앞서 영이 지적한 바와 같이 특정한 의사결정, 예를 들어 국가의 정책이나 기업의 의사결정은 관련된 당사자들의 사회적 지위에 심

대한 영향을 미친다는 사실을 기억해야만 한다. 지역개발, 국가 간 무역협정, 기업의 업종 전환이나 이전 등 이에 해당하는 사례는 손쉽게 발견될 수 있다. 이와 같이 당사자들에게 심대한 영향을 미치는 의사결정 과정에서 당사자들을 배제하는 것은 그 자체로 당사자들의 자율성을 훼손한다는 점에서 고유한 사회적 불의라고 할 수 있을 뿐 아니라, 분배나 인정과 관련된 불의와도 밀접한 관계를 맺고 있다고 할 수 있다. 따라서 이는 독자적인 사회적 불의의 원천으로 간주될 수 있지만, 동시에 우리는 이러한 불의가 분배나 인정과 관련된 불의와 결코 무관할 수 없다는 점에도 주목해야만 한다. 경제적으로나 문화적으로 우월한 지위에 있는 사람들이 자신의 의지를 대표할 수 없는 상황에 처할 가능성은 거의 없기 때문이다.

또한 우리는 분배나 인정과 관련된 불의가 시정될 수 있는 것은 넓은 의미의 정치 영역 내에서만 가능하다는 사실 역시 기억해야만 한다. 여기서 넓은 의미의 정치 영역이란 선거권에 국한되지 않는 사회적 의사결정 과정 전반에 대한 참여를 의미한다. 이러한 정치 개념을 요구하는 것은 분배나 인정과 관련된 불의를 개선하기 위해서는 제도 정치의 영역을 넘어 경제적 영역과 문화적 영역 전반에서 당사자들의 참여를 확대하는 것이 불가피하기 때문이다. 이러한 넓은 의미의 정치 영역 속에서 분배나 인정과 관련된 불의를 겪는 사람들이 자신들의 목소리를 내고 의사결정 과정에 참여할 수 있을 때에만 이러한 불의를 시정하는 일도 가능하게 될 수 있을 것이며, 이런 점에서도 정의의 제3의 영역으로서 정치적 정의의 도입은 불가피하다고 하겠다.

결국 오늘날 정의론의 과제는 무엇보다 먼저 현대사회의 구조적 불의 전반을 포착할 수 있는 내용적 다차원성을 확보하는 동시에 이러한 구조적 불의들 사이의 상호관계를 적절히 해명하는 데 있다. 이를 위해서는 상이한 정의 요구들을 범주적으로 구별하는 동시에 이러한 요구들을 통합해 낼 수 있는 포괄적 정의의 이념이 다시 한 번 제시되어야만 할 것이다. 물론 이와 더불어 이러한 정의론은 각각의 사회적 불의들과 정의 요구들 사이의 상호관계 역시 해명할 수 있어야만 한다. 우리는 동등한 자유의 이념이 내포하는 포괄적 정의의 이념과 현대사회의 부정의와 병리현상에 대한 앞선 고찰을 통해서 오늘날 요구되는 정의론의 재구성 방향을 가늠해 볼 수 있을 것이다.

2) 물화 비판

이미 우리는 삶의 물화를 경제적 배제나 문화적 무시와 구별되는 현대사회의 병리현상으로 규정하면서 그것의 발생 원인과 특징에 대해 서술하였으며, 여기서 우리는 하버마스의 생활세계 식민화에 관한 논의를 주로 참조하였다. 또한 1장에서는 물화 비판이 전제하는 진정성으로서의 자유 이념에 대해 해명하였고, 2장에서는 현시적 사회비판 모델에 대한 논의를 통해서 물화 비판이 가지는 방법론적 특수성에 대해서도 검토한 바 있다. 이제 이러한 논의들을 기초로 하여 이 책에서 제시하고자 하는 물화 비판이 기존의 물화 비판들과 가지는 차별성은 과연 무엇인지 그리고 오늘날 물화 비판에 부여되고 있는 과제는 무엇인지에 대해서 좀 더 자세히 살펴보고자 한다. 하지만 이러한 논의를 진행하기에 앞서 물화란 개념의 의미와 그것이 왜 문제가 되는지에 대해서 좀 더 명확하게 규정해 볼 필요가 있다.

잘 알려져 있는 바와 같이 물화(Verdinglichung)라는 개념은 마르크스주의 전통에서 자본주의 사회비판을 위해 고안된 개념이다. 물화라는 단어 자체가 함의하는 바와 같이 이는 사물이 아닌 것이 사물처럼 간주되고 취급되는 현상을 지시한다. 여기서 사물이 아닌 것이란 곧 인간을 의미한다는 점에서 결국 물화의 핵심은 산 인간을 사물처럼 만들고 사물처럼 보게 하는 현상을 의미한다고 할 수 있다. 나아가 인간이 사회적인 존재라는 점을 고려한다면, 인간의 사회적 관계나 활동을 마치 사물처럼 혹은 사물들 사이의 관계처럼 만들고 보게 하는 것 역시 일종의 물화 현상이라고 할 수 있을 것이다. 그리고 이러한 사회 현상이 문제가 되는 근본적인 이유는 그것이 사물에 의한 인간의 지배를 초래함으로써 결국 인간의 자유와 존엄성을 훼손하기 때문이다.[32]

삶의 물화는 인간 그리고 그가 맺는 사회적 관계와 활동 전반에 대한 다양한 물화 현상들을 포함할 수 있다. 먼저 인간의 물화란 인간 자신, 즉 인간이 가지는 욕망 자체의 물화를 의미한다고 볼 수 있을 것이다. 인간의 욕망은 인간의 모든 활동의 원천이다.[33] 물화는 이러한 인간의 욕망 자체를 왜곡시키며 그로 인해 인간이 타인은 물론 자기 자신을 대하는 근본적인 태도와 시선에도 영향을 미치게 된다. 물화된 욕망은 개인의 진정한 자기실현을 방해하고 삶의 목적과 수단을 역전시키며, 타인은 물론 자기 자신의 삶까지도 지배와 규제의 대상으로 도구화하는 파괴적인 결과를 낳는다.[34]

인간 욕망 자체의 물화는 사회적 관계 및 활동의 물화와도 밀접하

게 관련되어 있다. 인간 자체가 사회적 존재이고 개인이라는 주체가
사회화 과정을 통해서만 비로소 성립할 수 있는 한에서 인간이 스스
로에 대해서 취하는 태도는 결국 사회적 관계가 내면화된 산물이라고
도 말할 수 있다.[35] 물화된 사회관계는 물화된 인간을 만들어 낸다. 물
론 물화된 인간이 물화된 사회관계를 재생산하는 것 역시 부정할 수
없는 사실이다. 타인을 도구화하고 지배하는 사회적 관계 속에서 살
아가는 개인은 결국 그 자신의 생존을 위해 타인을 도구화하고 지배
할 수밖에 없으며, 또한 이러한 질서에 적응하기 위해 결국 자기 자신
까지도 도구화하고 지배할 수밖에 없는 법이다.

오늘날 발생하고 있는 물화 현상에 대한 경험적 사례들은 다양하
게 제시될 수 있을 것이다. 우선 자기 자신의 욕망과 내면에 대한 물
화는 특정 명품 브랜드 상품에 대한 과도한 집착과 소유욕, 취업 시장
에서의 생존을 위해 자신을 도구화하는 행위(스펙 쌓기와 면접 훈련),
고객을 상대하는 감정 노동자들의 자기 억제 등에서 일상적으로 발
견될 수 있을 것이다. 나아가 인간에 대한 물화는 기업 내에서 일회용
물품으로 취급받는 피고용자들의 처지, 급우들을 경쟁상대로 만드는
입시 위주의 교육 행태, 성매매나 일상화된 폭력, 이웃에 대한 무관심
등에서 폭넓게 발견된다. 나아가 이는 국가 정책에 대해 비용과 편익
만을 기준으로 도구적으로 접근하는 방식, 생명이나 배아에 대해 과
학주의적으로 접근하는 방식 등으로도 확장될 수 있을 것이다.[36]

우리는 이러한 현상들 속에서 공통된 물화의 기제를 발견할 수 있
다. 먼저 여기서 주체들은 자기 자신의 욕망을, 나아가 타인을 도구화
하고 획일화한다. 본래 차이 나는 개인들은 고유한 자기실현을 추구

하지만 획일화된 위계적 경쟁질서가 강요되는 상황에서 개인들은 자기 자신의 내면적 욕망을 억압하고 스스로를 경쟁력 향상을 위한 도구로 구성하게 되며, 이는 결국 오늘날 소비사회에서 볼 수 있는 획일화된 욕망의 체계로 귀결된다. 마찬가지로 물화된 질서 속에서 주체들은 타인의 고유한 차이와 권리를 망각한 채 그를 단지 자기이익을 위해 활용해야 할 도구 정도로 간주하게 된다.

이러한 삶의 물화는 앞서 살펴본 바와 같이 우선 그 효과와 영향이 매우 전면적이고 근본적이라는 데서 경제적 배제나 문화적 무시의 문제와 구별될 수 있다. 또한 삶의 물화의 문제는 단지 동등한 경제적 지위나 문화적 지위를 보장함으로써 해결될 수 있는 성질의 것이 아니다. 왜냐하면 경제적으로나 문화적으로 동등한 지위를 보장한다고 해서 인간이 자기 자신과 타인을 바라보고 관계 맺는 근본적인 방식까지 변화시킬 수는 없기 때문이다. 때문에 물화 비판은 사회 구성원들이 제기하는 경제적이고 문화적인 요구들 사이의 갈등에 대한 정의로운 해결 방안이 무엇인지를 검토하기에 앞서서 과연 그들이 제기하는 요구들이 건강하고 자발적인 요구인지를 문제 삼게 된다. 만일 주체들의 욕망 자체가 이미 왜곡된 상황이라고 가정한다면, 그들의 동등한 지위를 보장한다는 것은 결국 왜곡된 욕망들 사이의 동등성만을 의미하게 될 것이기 때문이다.

이러한 삶의 물화는 다양한 방식으로 인간의 자유를 훼손한다. 먼저 삶의 물화는 자아의 욕망을 병적으로 왜곡시킴으로써 개인의 자기 지배와 자기실현의 기초를 파괴한다. 만일 한 사회의 제도나 문화를 통해 표준화되고 획일화된 욕망만이 개인들에게 강요되는 상황이라면, 각 개인은 자신만의 진정한 욕망에 따라서 자유로운 자기실현을 추구할 수 없게 될 것이다. 삶의 물화는 획일적 경쟁과 규율을 강요함으로써 개인들의 욕망을 왜곡하며 이를 통해 진정한 자기실현을 방해하게 된다.

특히 자본주의 사회 속에서 물화 현상은 개인의 욕망을 사적인 경제적 이익 추구로 환원시키며 이는 결국 개인들이 스스로를 시장에서의 생존을 위한 도구로 만들어 버리게 되는 결과를 낳는다. 이로 인해 물화된 삶은 형식적으로 해방된 근대적 개인을 더욱 고립시키며 나아가서는 그들을 체제 유지를 위한 도구로 만들어 버린다.[37] 또한 이렇게 상호 무관심한 상태로 소외된 개인들에게 사회질서는 저항 불가능한 위압적 질서로 현상하게 되며, 이는 결국 공적인 자율성을 통한 사회의 합리적 통제와 변화를 불가능하게 만들게 된다. 이런 점에서 삶의 물화는 개인의 자율성뿐 아니라 공적인 자율성까지 침해하는 파괴적인 결과를 낳는다.

앞서 규범적 사회비판과 현시적 사회비판의 구별 및 상호공조와 관련하여 이미 살펴본 바와 같이 물화 비판은 사회적 불의에 대한 비판과는 구별되는 자유의 이념을 전제하며, 비판의 방법론에서도 차별성을 갖는다. 사회정의와 관련된 문제에서 핵심은 특정한 제도나 사회질서가 정의 원칙에 합당한 것인지 여부를 검토하는 것인 반면에, 삶의 물화의 문제에서 핵심은 그것이 과연 인간의 건강하고 진정성 있는 욕망을 실현하는 것인지를 검토하는 것이다. 그러나 인간의 욕망이라는 것은 끊임없이 변화하는 다양한 내용을 가지며 그것들은 하나의 원칙에 의해서 규정될 수 없는 것이다. 따라서 물화되지 않은 삶의 모습은 단지 인간의 욕망과 사회관계 전반이 특정한 원인으로 인해 도구화, 획일화되고 있는 것은 아닌지에 대한 끊임없는 비판적 성찰 속에서만 비로소 제시될 수 있을 것이다. 무엇이 우리가 진정으로 원하는 바람직하고 행복한 삶인지는 끊임없는 성찰과 비판의 대상일 뿐 어떤 원칙에 의해서 사전에 재단될 수 있는 문제가 아니다.

요약하자면, 물화 현상은 그 효과와 영향이 전면적이고 근본적이라는 점에서 사회 부정의의 문제들과는 구별되며, 이에 대한 비판 역시 정의 담론의 경우와는 구별되는 고유한 접근을 요구할 수밖에 없다.

앞서 우리는 이러한 삶의 물화를 경제적 배제나 문화적 무시와 더불어 오늘날 동등한 자유의 실현을 억압하는 주요한 원인으로 제시한 바 있다. 그럼에도 불구하고 사회비판이론과 관련하여 물화 비판에 관한 논의는 오늘날 그에 합당한 주목을 받지 못하고 있는 것으로 보인다.[38] 여기에는 기존의 마르크스주의적 물화 비판이 가지는 제한성, 정의 개념에 제한된 사회비판 담론의 상황 등이 그 주된 원인이 되었던 것으로 보인다. 경제적 분배 요구와 문화적 인정 요구가 분출하는 상황에서 사회비판의 담론 역시 정의 문제에 주된 관심을 돌리고 있었으며, 삶의 물화가 가지는 고유성과 심각성에 대해서는 상대적으로 주목하지 못했던 것이다. 이제 이러한 상황을 염두에 두면서 기존의 물화 비판들을 검토하고 여기서 제시하고자 하는 물화 비판이 이러한 기존의 논의들과 가지는 차별성을 해명해 보고자 한다.

주지하듯이 물화 개념이 최초로 주조되고 물화 비판이 사회 비판의 한 주제가 된 것은 마르크스주의 전통 내부에서라고 할 수 있다. 루카치를 포함하여 마르크스주의 내부에서는 노동자 계급의 해방이라는 실천적 목표 아래 주로 계급 착취를 은폐하고 해방적 실천을 억제하는 원인을 분석하는 맥락에서 물화 개념이 고찰되었다.

마르크스는 자본주의 상품경제의 성립으로 인해 노동력이 상품화되고, 상품과 자본은 그것이 출현하게 된 사회적 흔적을 말소한 채 자립화, 물신화된다는 데 주목하였다.[39] 노동력의 상품화는 등가교환의 형식을 통해서 노동이 산출한 잉여가치에 대한 자본의 착취를 은폐하며, 상품과 자본의 물신화는 그것의 원천인 사회적 관계에 대한 인식을 방해함으로써 혁명적 인식과 실천을 불가능하게 만든다는 것이다.

산 인간의 노동력은 잉여가치 창출의 유일한 원천임에도 불구하고 자본주의 사회에서는 노동력이 하나의 상품으로 간주되면서 자본과 노동 사이의 교환도 등가교환의 형태를 취하게 된다. 이는 그 자체가 살아 있는 인간의 활동에 대한 물화인 동시에 이를 통해서 자본에 의한 노동의 착취는 공정한 등가교환의 형태로 현상하게 된다. 또한 자본주의 사회에서는 상품과 자본이 물신화되면서 그것들의 출현을 가능하게 한 인간들 사이의 사회적 관계가 은폐되며, 이는 결국 사회질서 전체를 자립적이고 자연적인 것처럼 현상하게 만들게 된다. 이는 자본주의 사회 내에서 진행되는 인간에 대한 인간의 착취를 은폐할 뿐 아니라 그러한 사회질서 자체를 변경 불가능한 것으로 만드는 효과를 낳게 된다. 이러한 상황 속에서 노동자는 생산 과정에 대한 자율적 통제력을 상실한 채 생산 부품의 일부가 되어 버리고, 자신의 노동의 산물로부터 소외된다.

이와 같은 마르크스의 물화 비판에서 핵심은 노동 계급에 대한 착취가 은폐되고 노동 계급의 해방적 실천이 차단되는 기제를 분석하는 데 있었다고 할 수 있다. 이후 물화 개념에 새롭게 주목한 루카치는 마르크스의 이러한 문제의식을 공유하면서도 물화 개념을 보다 확대하면서 자본주의 사회에서는 모든 대상과 인간을 상품화, 물화하는 인식과 실천 양식이 지배하게 된다는 점을 강조하였다. 물론 그가 물화 개념에 주목한 이유 역시 그것이 혁명적 계급의식 형성에 중요한 장애가 되고 있다고 판단했기 때문이었다.[40]

마르크스주의 전통 내에서 진행된 이러한 물화 비판 양식은 자본주의 상품경제가 물화의 중요한 원천이라는 사실을 최초로 해명해 주는 중요한 기여를 하였다고 볼 수 있다. 그러나 이들의 물화 비판은 첫째, 물화의 원인을 자본주의 시장경제 자체와 직접적으로 동일시하면서 그것을 유일한 물화의 원천으로 파악하였다는 점에서, 둘째, 노동자 계급이라는 거대 주체에 대한 역사철학적 가정에 의존하여 물화 극복의 가능성을 모색하였다는 점에서 그 제한성을 갖는다고 판단된다.

노동력의 상품화가 자본주의 사회 내에서 발생하는 삶의 물화의 중요한 원천이기는 하지만 현실적으로 모든 고용관계 일반을 단적으로 물화 현상과 동일시할 수는 없을 것이다. 자본과 노동 사이의 일정한 권력 균형이 유지되고 노동자들의 법적 권리가 실질적으로 보호되는 상태에서 자유롭게 체결된 고용계약까지 물화로 취급할 수는 없다. 왜냐하면 이런 경우 고용계약은 특정한 인간의 능력에 대한 양도를 의미할 뿐 노동자의 인격 자체에 대한 물화 효과를 유발하지는 않을 것이기 때문이다.[41] 고용관계가 피고용자의 삶의 자율성을 침해하는 경우에 삶의 물화 현상이 발생할 수 있을 뿐 자유롭게 체결된 계약관계 전반을 물화 현상의 사례로 들 수는 없을 것이다. 또한 다양한 물화 현상의 원천을 자본주의 시장의 효과로만 국한할 수도 없다. 왜냐하면 예를 들어 교육 정책과 같은 국가 정책 역시 삶의 물화의 중요한 원천이 될 수 있기 때문이다.

뿐만 아니라 앞서 살펴본 바와 같이 물화의 효과가 전면적이라는 점을 고려할 때 오늘날 물화에 대한 저항의 주체를 특정 계급으로만 제한할 수도 없을 것이다. 마르크스주의가 제시하는 계급주의적 역사철학의 틀을 부정한다면, 오늘날 삶의 물화로 인해 고통받고 있는 저항의 주체는 특정 계급이 아니라 병리적인 삶으로 고통받고 있는 시민 일반으로 보다 폭넓게 설정되어야만 할 것이다.

앞서 살펴본 바와 같이 프랑크푸르트학파 1세대인 호르크하이머와 아도르노는 『계몽의 변증법』에서 물화 개념을 대폭 확장하여 문명 일반에까지 적용하게 된다. 2차 세계대전의 암울한 경험 속에서 이들은 자본주의뿐 아니라 독일의 파시즘과 현실 사회주의를 포함한 현대 산업사회 전반에 대한 근본적인 반성을 시도하였다. 그들은 주체-객체 인식 틀에 기초하여 인간의 모든 인식과 행위를 자기보존을 위한 도구로 규정함으로써 문명의 발전 과정 자체를 도구적 이성의 발달과 물화 과정으로 해석하였다. 이들의 도구적 이성 비판은 물화의 원인을 자본주의 시장경제 영역을 넘어서 인간의 자기보존 욕망 자체로 규정함으로써 물화의 개념을 대폭 확장하게 된다. 그러나 이들의 경우는 물화의 원인을 인간의 욕망 자체로 지나치게 추상적으로 규정하게 되면서 결국에는 물화 비판 자체를 불가능하게 만드는 역설적인 상황에 봉착하게 된다.

그들은 인간의 모든 인식과 행위 전체를 도구적인 것으로 규정함으로써 그를 비판할 수 있는 가능성 자체를 봉쇄하게 된다. 만일 인간의 모든 인식과 행위가 물화하고 도구화하는 것에 불과하다면, 인간의 인식이나 행위를 통해서 그러한 과정을 이론적으로 비판하고 그에 대해 실천적으로 저항할 수 있는 가능성 자체가 소멸되게 될 것이다.[42] 이는 결국 비판이론 기획 자체의 이론적, 실천적 파국을 의미할 수밖에 없다. 뿐만 아니라 물화 개념이 과도하게 추상화된 철학적 개념 수준으로 후퇴하게 되면서 그 개념은 사회 현실에 대한 구체적이고 경험적인 설명 능력 자체를 상실하게 된다.[43]

프랑크푸르트학파 2세대의 대표자인 하버마스는 기존의 물화 비판 양식들이 가지는 이러한 문제점들을 극복하는 방향에서 그의 '생활세계 식민화 테제'를 통해 새로운 형태의 물화 비판을 제시하고 있다.[44] 그는, 앞서 살펴본 바와 같이, 물화 현상의 원인을 자본주의 시장경제와 근대 관료주의 국가 체제의 생활세계 질서에 대한 침식에서 찾고 있다. 시장과 국가 행정의 작동 매체인 화폐와 권력이 상호 이해와 합의를 통해 유지되는 생활세계 질서를 대체하고 침식하는 데 현대사회 물화의 원인이 있다는 것이다.

이러한 그의 시대진단은 1세대 비판이론가들과 달리 추상적인 철학적 개념 수준을 넘어서 근대사회의 분화에 대한 사회이론적 해명에 바탕을 두고 물화 문제에 접근함으로써 경험적 설명 가능성을 확보하고 있다. 또한 마르크스주의의 물화 비판과 달리 그는 물화의 원인을 자본주의 시장과 근대 국가로 더욱 다층화하였으며, 물화 현상을 자율적인 의사소통적 삶의 질서에 대한 침해로 명확히 규정함으로써 자본주의 시장 질서나 근대 국가의 행정 체계의 성립 자체를 무차별적으로 물화 현상으로 규정하지 않을 수 있게 된다. 물화 현상이 발생하는 이유는 화폐나 권력과 같은 매체에 의해 조절되는 체계 질서의 성립 자체에 있는 것이 아니라 그러한 질서들이 자율적 의사소통에 의해 유지되는 삶의 질서를 침해하는 데 있다는 것이다.

그렇지만 그는 다음과 같은 몇 가지 측면에서 물화 비판이 가지는 고유성을 제대로 인식하지 못하고 있다. 첫째, 현대사회 물화에 대한 그의 설명에서는 자기물화의 문제, 즉 욕망의 물화 문제가 본격적으로 주제화되지 못한다. 생활세계 식민화 테제에서 그가 주로 문제 삼는 것은 주체와 주체 사이의 의사소통 질서의 물화일 뿐이며, 그는 주체 내부의 욕망의 물화라는 문제에 별반 주목하지 않고 있다. 둘째, 의사소통 행위 개념에 기초하여 그가 제시하는 사회비판의 규범은 정의일 뿐이며, 따라서 그는 건강하고 바람직한 삶과 욕망의 문제에 대해서는 중립적인 태도를 취하게 된다.[45] 그러나 앞서 살펴본 바와 같이 정의 담론을 통해서는 물화 비판의 방법론적 고유성이 결코 해명될 수 없다. 셋째, 이러한 그의 태도는 근본적으로 볼 때 그가 제시하는 의사소통 이성 개념에서 기인한다. 그는 주체와 주체 사이의 합리적 의사소통에 내재하는 포괄적 이성의 가능성에 주목하면서 이와는 다른 방식의 비판 전략, 즉 타자성에 주목하는 현시적 이성비판 전략에 대해서는 비판적 거리를 두고 있다.[46] 이러한 세 가지 요인들이 중첩되면서 결국 하버마스는 물화된 욕망과 관련된 현시적 비판의 고유성과 가능성을 간과하게 된다.

이상의 검토를 통해 먼저 우리는 물화의 원인과 관련하여 그 원천을 자기보존 욕망과 같은 추상적인 개념 수준에서 설정하거나 노동력의 상품화와 같은 단일한 원인으로 환원할 수 없다는 점을 확인할 수 있다. 때문에 우리는 물화의 원천을 시장과 행정 체계의 경쟁과 효율성 논리가 전면화되면서 자유의 실현을 침해하는 데서 찾고자 한다. 자본주의 시장과 근대적 관료국가의 경쟁과 효율성 논리가 자신의 고유한 영역을 넘어 교육, 문화, 일상생활 등 다양한 경로를 통해서 우리들의 삶의 자유를 훼손하고 있다는 것이다.[47]

다음으로 물화의 효과와 관련해서는 그것이 가지는 다면성에 주목할 필요가 있다. 먼저 물화 현상은 한편으로는 타인에 대한 물화를 통해서 상호인정을 파괴하지만, 다른 한편으로는 자기물화를 통해 스스로를 도구화하고 억압한다. 물론 이러한 두 가지 물화의 양상은 앞서 언급한 바와 같이 서로 밀접하게 연관되어 있으며 서로를 강화하는 경향이 있다. 물화된 사회질서나 문화 속에서 개인은 스스로를 물화할 수밖에 없고, 역으로 스스로의 욕망을 물화하는 개인은 타인 역시 물화할 수밖에 없을 것이기 때문이다. 물화된 사회는 물화된 개인을 낳고 물화된 개인은 물화된 사회를 재생산한다. 그리고 이러한 질서 속에서 파편화된 개인들에게 기존의 사회질서는 결국 변경 불가능한 외적 질서로, 자연적 질서로 현상할 수밖에 없을 것이다.

마지막으로 물화 현상에 대한 비판은 앞서 우리가 1장과 2장에서 서술한 바와 같이 사회비판의 이념과 방법론의 수준에서도 새로운 성찰을 요구하고 있다. 물화 현상에 대한 비판은 추상적 정의 원칙을 넘어 진정성으로서의 자유의 이념을 전제하고 있으며, 이러한 자유에 대한 요구는 좋은 삶의 이상에 관한 논의를 결코 우회할 수 없기 때문이다.

사회의 시장화가 더욱 가속화되고 있는 오늘날 물화 비판의 필요성 역시 더욱 확대되고 있다. 위계화된 소비사회 속에서 가속화되는 경쟁으로 인한 병리적 현상들이 현대인들의 삶에 가하는 압박이 심각한 상황이기 때문이다. 우리 사회에서도 이는 분명한 것으로 보인다. 시장과 교육이 주도하는 위계화된 경쟁의 질서 속에서 성인들은 물론 청소년들까지도 고유한 자기 삶의 의미를 망각한 채, 획일화된 경쟁과 욕망의 구도 속에 포획되면서 고통받고 있다.

　이와 같은 상황들은 오늘날 물화 비판의 복원이 시급하다는 사실을 보여주고 있다고 할 수 있는바, 이제 마지막으로 오늘날 물화 비판에 대해 제기되고 있는 과제에 대해서 간략히 생각해 보도록 하자. 먼저 물화 비판은 한편으로는 오늘날 삶의 병리현상들을 폭로하면서, 다른 한편으로는 대안적 삶의 방식에 대한 성찰을 시도할 필요가 있다. 앞서 현시적 사회비판에 대해 논의하면서 살펴본 바와 같이 물화 비판은 먼저 오늘날의 병리적 삶의 방식이 가지는 불합리성을 폭로하고 드러내 주어야 한다. 물론 이는 건강한 삶에 대한 모색과 관련될 수밖에 없을 것이며, 이런 점에서 대안적 삶의 방식에 대한 새로운 시각을 제시하는 작업과 왜곡된 삶의 방식을 폭로하는 작업은 항상 병행될 수밖에 없을 것이다. 그리고 이와 더불어, 이미 두 가지 사회비판 전략의 공조를 통해서 제시한 바와 같이, 물화 비판은 새로운 대안적 시각과 해석의 창출을 통해서 사회적 불의에 대한 비판들을 구체화하고 진전시키는 데도 역시 많은 기여를 해야만 할 것이다.

5장

한국사회 갈등

/

역사와 구조

이제 현대사회 일반의 불의와 병리현상에 대한 앞선 고찰을 바탕으로 삼아 오늘 우리 사회의 현실로 시선을 돌릴 차례가 되었다.

분단 이후 한국 현대사에 대한 오늘날의 평가는 '산업화와 민주화의 동시 성공'으로 압축되고 있는 것처럼 보인다. 무역규모 1조 달러 돌파, 세계 10위권의 경제대국, 유엔 인권이사회의 이사국, 아시아의 민주주의와 인권 선진국이라는 평가들은 외형적으로 볼 때 오늘날 한국사회가 지구촌에서 가지고 있는 높은 위상을 잘 보여주고 있다.

그러나 이러한 발전의 이면에서 우리 사회 내부의 갈등 요인들이 더욱 확대되고 있는 것 역시 부정할 수 없는 사실이다. 사회적 양극화의 심화와 신분의 고착화, 높은 자살률, 사회적 불안감과 피로감의 확산 등은 한국사회의 외형적 발전이 가진 그늘진 이면을 보여주는 듯하다. 이러한 사정은 일반 시민들의 독서 풍토에도 잘 반영되고 있다.

『정의란 무엇인가』에 대한 열독 현상의 이면에서 사회정의에 대한 시민들의 열망을 읽어 내고, 『위험사회』와 『피로사회』에 대한 높은 관심에서 우리 사회 시민들의 삶에 대한 불안감과 피로감을 읽이 내는 것은 특별히 어려운 일도 아니고 무리한 억측이라고 생각되지도 않는다.[1] 또한 최근의 세월호 참사는 경쟁과 속도 중심의 한국사회에 대해 엄중한 경고를 던진 바 있다.

혹시 이러한 상황들은 향후 한국사회의 발전과 관련하여 우리에게 새로운 성찰을 요구하고 있는 것이 아닐까? 외형적으로 볼 때 더 이상 모방할 선진국도 없고, 계속해서 이렇게 달려갈 수도 없는 상황이라면, 이제 눈을 돌려 우리의 내면을 성찰하고 기존의 목표를 재점검할 필요가 있을 것이다. 물론 '명목 진보'(Brutto-Fortschritt)와 '실질 진보'(Netto-Fortschritt)'의 구별을 제안하는 오페의 주장을 보면, 이는 비단 우리들만이 직면하고 있는 상황이 아닐 수도 있을 것이다.[2] 전 지구적 환경 위기, 에너지 위기, 기후 변화, 안보 위협 등의 문제는 더 이상 국민국가를 단위로 하는 기존의 성장과 발전 패러다임을 통해서 해결될 수 있는 문제들이 아니기 때문이다.

이러한 전 지구적 추세와 더불어 외형적 성장 이후 우리가 직면하고 있는 한국사회의 상황을 고려할 때, 지금은 향후 우리 사회의 발전 방향에 대한 보다 근본적인 성찰이 필요한 시기이다. 그리고 이러한 성찰을 위해서는 무엇보다 먼저 오늘날 우리 사회 내부의 문제 상황 자체에 대한 정확한 진단과 인식이 선행되어야만 할 것이다.

이러한 문제의식을 바탕으로 하여 이 장에서는 오늘날 한국사회의 복합적인 구조적 갈등 요인들에 대한 종합적 진단을 모색해 보고자 한다. 이를 위해 아래에서는 먼저 한국사회의 근대화 과정 속에서 사회갈등의 양상이 어떻게 변화해 왔는지를 역사적으로 살펴본 후 현재 한국사회의 구조적 갈등 요인들에 대한 범주적 분류와 종합적 이해를 시도해 보고자 한다.

1. 한국사회 갈등구조의 변화

현재 한국사회는 복합적, 압축적 갈등이 일상화되는 국면에 도달해 있는 것으로 보인다. 물론 이러한 복합적, 압축적 갈등 상황은 한국사회의 독특한 근대화 과정을 반영하고 있을 수밖에 없을 것이다. 때문에 현재 한국사회의 갈등 상황을 이해하기 위해서는 먼저 다층적인 갈등 상황들이 누적되어 온 역사적 과정, 즉 한국의 근대화 과정에 대해 먼저 살펴볼 필요가 있다.

여기서 한국의 근대화 과정에 대해 논하고자 하는 이유는 어디까지나 현재 우리 사회의 갈등구조, 특히 그 복합성을 이해하는 데 그 주된 목적이 있다. 따라서 여기서 제시되는 한국의 근대화 과정에 대한 논의 역시 이러한 목적에 따라 제한될 수밖에 없지만, 그럼에도 불구하고 한국의 근대화 과정에 접근하는 기본적 관점 자체에 대한 일정한 논의는 불가피한 것으로 보인다.

먼저 한국의 근대화를 어떤 관점에서 바라볼 것인가 하는 문제다. 이런 문제가 제기되는 이유는 한국의 근대화에 대한 기존의 논의들이 서구의 근대를 기준으로 삼아 이를 무비판적으로 한국사회에 적용해 왔다는 비판 때문이다. 이러한 태도에는 서구의 근대만이 유일하게 가능한 근대이며, 따라서 여타 문명권의 근대화 과정이란 결국 서구화의 과정에 지나지 않고 모든 근대 문명은 서구사회로 수렴될 수밖에 없다는 생각이 깔려 있다.[3] 그러나 이렇게 서구의 근대만을 기준으로 삼아 우리의 현실을 보게 되면, 언제나 우리의 모습은 일탈이나 왜곡으로 규정될 수밖에 없을 뿐 아니라 결국에는 그런 틀로 포착되지 않는 고유한 우리의 현실을 제대로 포착할 수 없게 될 수밖에 없다.

이러한 문제와 관련해서는 최근 들어 다중 근대, 중층 근대 등의 구상들이 무비판적 서구중심주의를 극복할 수 있는 유의미한 대안적 관점을 제시하고 있다. 먼저 아이젠스타트(Samuel Noah Eisenstadt)는 다중 근대 개념을 통해서 서구의 경우와 구별되는 다양한 방식의 근대화 과정이 가능함을 지적하고 있다. 다양한 근대의 형태가 존재하며 서구의 근대란 단지 이러한 다수의 근대 중 하나에 지나지 않는다는 것이다. 물론 그럼에도 불구하고 그는 서구에서 최초로 근대가 출현하였다는 사실 자체를 부정하지는 않는다. 그렇지만 그는 다양한 문화적 전통을 가진 비서구 문명권들은 서구적 근대를 선택적으로 재해석하면서 상이한 형태의 근대성을 발전시키게 된다고 강조한다.[4]

한편 김상준의 경우는 근대라는 시간대를 대폭 확장하는 중층 근대 개념을 통해서 이러한 구상을 좀 더 밀어붙이고자 한다.[5] 아이젠스타트가 근대의 서구 기원설 자체를 수용하고 있는 데 반해서 김상준은 다양한 문화권에서 다양한 근대가 출현했다는 주장으로 한 걸음 더 나아가고 있다. 그는 본격적인 근대 이전에 원형 근대의 층위를 설정하고 있으며, 각각의 문명권들은 오랜 교류의 역사를 기초로 해서 다양한 형태의 근대를 산출해 냈다고 말한다. 그에 따르면, 서구의 근대 역시 이런 오랜 동서 교류의 산물이며, 서구 침탈 이전의 유교 문화권에서도 고유한 형태의 근대가 이미 작동하고 있었다. 그는 유교의 민본주의, 공론, 복지 제도, 과거 제도 등에 주목하면서 이를 실증적으로 입증하고자 했다.[6]

이러한 두 구상이 세부적으로 큰 차이가 있기는 하지만 어쨌든 이러한 구상들은 서구중심주의를 벗어나 보다 보편적인 근대 개념을 고안해 내고 이를 통해 서구나 아시아의 근대화를 모두 상대화할 수 있다는 점에서 큰 장점을 가지고 있다. 그리고 이러한 구상들은 우리에게 한국의 근대화 과정을 한편으로는 보편적 근대의 관점으로, 다른 한편으로는 우리의 특수한 맥락에서 동시에 접근할 것을 요구하고 있는 것으로 보인다. 다시 말해 한국의 근대화 과정을 우리의 특수한 맥락에서 성취된 고유한 형태의 근대로 새롭게 인식해야 한다는 것이다. 한국의 근대화 과정은 단순한 서구화 과정이 아니라 나름의 새로운 형태의 근대를 창출해 왔다. 그러나 문제는 과연 이 고유한 형태의 한국의 근대화 과정을 어떻게 포착할 것인가 하는 것이다.

먼저 우리가 한국의 근대를 여전히 '근대'라고 말할 때, 그 근대의 핵심적인 내용은 과연 무엇일까? 앞서 우리가 언급한 바 있듯이 근대의 이념이 자유이고 이는 개인의 탄생을 전제로 한다는 점을 떠올려 본다면, 우선 우리는 자유로운 개인의 출현에 주목해야만 할 것이다. 정도나 양상의 차이가 있을 수는 있겠지만 자유로운 개인이 없는 근대란 상상하기 어려운 것이 사실이다. 물론 근대사회에서 개인에 대한 지배와 예속이 결코 사라진 것은 아니지만, 그럼에도 불구하고 오늘날 개인의 자유라는 이상이나 규범적 요구가 근대적인 사회 체제의 정당화나 재생산을 위한 불가피한 전제로 기능하고 있다는 점을 부정할 수는 없을 것이다.

그런데 이러한 개인의 자유는 근대사회의 다양한 기능적 분화 과정에 기초하고 있다. 봉건사회에서와 같이 사회를 구성하는 개인들이 하나의 폐쇄적 집단에 고착되고 구속되어 있는 상황에서는 개인의 자유 역시 결코 성립할 수 없다. 결국 근대적 개인의 자유는 사회 집단과 기능들이 다양하게 분화되고 개인들이 이러한 다양한 집단을 선택하고 자유롭게 이동하는 과정을 통해서만 비로소 가능해질 수 있다. 이런 점에서 사회의 분화 역시 보편적 근대의 핵심 내용으로 고려될 수 있을 것이다. 물론 이러한 분화의 형태는 노동의 분업화, 직업집단의 분화, 종교와 정치의 분화, 시장과 국가의 분화, 과학·도덕·예술의 분화 등 다양한 형태로 나타날 수 있을 것이다. 그리고 여기에는 앞서 우리가 살펴본 체계와 생활세계의 분화 역시 당연히 포함될 수 있다.[7] 이러한 분화에 기초하여 오늘날 현대사회는 정치, 경제, 문화 영역의 분화 그리고 각각의 영역의 합리화 혹은 민주화를 이룩하였던 것이다.

그러나 우리가 적어도 '한국'의 근대를 말하고자 한다면, 근대에 대한 이러한 추상적이고 보편적인 규정만으로는 당연히 부족할 수밖에 없다. 한국의 근대 역시 한편으로 개인화와 분화의 과정을 진척시켜 왔지만, 이는 여전히 우리의 고유한 상황 속에서 독특한 형태로 진행될 수밖에 없었기 때문이다. 따라서 결국 중요한 것은 한국의 고유한 근대화 과정을 어떻게 구체적으로 서술할 것인가 하는 문제이다.

이와 관련해서는 한국의 근대화 과정에 대한 기존의 몇 가지 설명 방식들의 도움을 받을 수 있을 것이다.[8] 먼저 널리 통용되고 있는 '압축근대'의 개념은 한국의 본격적 근대화 과정이 짧은 시간 내에 매우 압축적으로 진행되었음을 지적하고 있다. 특히 본격적인 근대화 과정의 진행을 해방 이후로 잡게 되면, 우리 사회는 매우 짧은 시기 동안에 농경사회, 도시화, 산업화, 정보화 단계를 거쳐 왔다고 할 수 있다. 한 개인이 자신의 생애 동안 이러한 급속한 사회변화를 체험하기도 하였으며, 사회 전체적으로도 급속한 사회변화 과정이 연속되면서 다양한 시간대가 공존하는 상황을 가져왔던 것이다. 따라서 이러한 진단은 특히 오늘날 한국사회 갈등의 중층성을 이해하는 데 도움을 줄 수 있을 것으로 보인다.

다음으로 '환원근대'라는 진단은 한국의 근대화 과정이 경제성장 위주의 돌진적 근대화의 형태를 취해 왔음을 잘 보여주고 있다. 이 과정에서 근대는 오로지 경제적 근대화, 즉 경제성장으로 환원되어 왔으며, 이로 인해 개인의 자유가 억압받고 민주주의 발전 역시 지체될 수밖에 없었다는 것이다.[9] 다양한 근대의 측면 중 오로지 경제성장만이 강조되면서 양극화의 심화, 과도한 경쟁 문화와 그로 인한 부작용들(자살, 학업스트레스), 낙후된 민주주의 정치라는 결과가 발생하였다는 것이다. 이러한 지적은 오늘날 한국사회에서 개인의 독립성과 자유의 미발달 상태를 진단하는 것은 물론 한국사회의 시장화나 물화 과정을 해명하는 데도 일정 부분 기여할 수 있을 것이다.

또한 한국의 근대화 과정과 관련하여 유교적 근대에 관한 논의 역시 지속적으로 등장해 왔다. 한때 '아시아적 가치'를 둘러싼 논쟁은 한편으로 동아시아 경제발전을 유교 문화 전통과 연관시키는 한편 인권을 억압하는 아시아 국가들의 권위주의 체제를 정당화하는 논리로 활용되기도 하였다.[10] 또한 최근 들어서는 민본주의, 인본주의, 관료제, 공공성 등 유교가 가진 근대적이고 민주적인 잠재력에 대해 새롭게 주목하면서 서구중심주의를 극복하고 문화적 정체성을 회복하려는 노력들도 활발히 전개되고 있다. 이러한 논의들은 한국의 근대화 과정에 대한 전통 문화의 특수한 영향력을 발견하고 이해하는 데 큰 도움을 줄 수 있을 것으로 보인다. 다만 이러한 식의 접근이 앞서 우리가 근대의 조건으로 제시한 개인의 자유가 오늘날 가지는 중요성을 충분히 숙고하고 있는지는 의문이다.[11]

마지막으로 한국의 근대화 과정에 대한 이해와 관련하여 분단체제나 전쟁정치의 개념이 반드시 함께 숙고될 필요가 있다.[12] 분단 변수를 고려하지 않고는 앞서 살펴본 한국 근대화의 특징들도 정확히 이해될 수 없다고 판단되기 때문이다. 한국사회가 경제성장 중심의 돌진적 근대화를 추진하고, 국가 발전의 구호 아래 개인의 자유를 억압하고, 민주주의 정치 발전을 억압하게 되는 과정에는 언제나 분단체제와 상시화된 전쟁상태가 핵심 요인으로 기능해 왔다. 분단과 전쟁의 위협은 한국사회 내의 이념적 스펙트럼을 극도로 축소시킬 수밖에 없었고, 반공과 국가 발전이라는 미명 아래 개인의 권리 역시 극도로 위축될 수밖에 없었기 때문이다.

이러한 형태로 진행되어 온 한국의 근대화 과정 속에서 한국사회의 갈등구조 역시 급속히 변화해 왔다. 주지하는 바와 같이 우리의 근현대사는 불과 한 세기만에 식민지배와 해방, 건국과 한국전쟁, 산업화와 민주화, 지구화와 정보화 단계를 급속히 경과해 왔으며, 이러한 과정 속에서 사회갈등의 내용 역시 변화할 수밖에 없었다. 물론 이러한 사회갈등의 변화는 단절의 과정 혹은 직선적 과정이라기보다는 연속과 중첩의 과정이라고 보아야만 할 것이다. 왜냐하면 한 가지 유형의 사회적 갈등 형태가 다음 시기에서 소멸한다기보다는 변형된 형태

시기	1980년대 중반 이전	1980년대 중반~ 1990년대	21세기~
갈등의 표출	갈등 잠복, 갈등 억압	갈등의 폭발적 표출	갈등의 일상화, 현재화
갈등의 영역	국가-정치 영역	시장-경제 영역	사회-시민사회 영역
갈등의 형태	정치적 갈등, 이념갈등 (냉전-분단체제, 권위주의 정부)	경제적 갈등, 분배갈등 (성장드라이브, 재벌체제)	복합갈등, 다원적 갈등 (노동, 복지, 환경, 세대갈등 등)
갈등의 결과	정치체제의 주기적 위기 (체제유지 비용의 누진적 증가→ 정치체제의 민주화)	정치, 경제적 민주화, 사회의 분배구조 개선 (임금상승과 대등한 노사관계)	시스템 효율성 저하, 신뢰의 부재에 따른 거래 비용 증가, 효율성 저하 (죄수의 딜레마, 집합행동의 딜레마)

로 중첩되어 왔기 때문이다.

　이는 예를 들어 이념갈등의 경우를 보면 손쉽게 알 수 있다. 한국사회 이념갈등의 뿌리는 멀게는 식민지 해방 투쟁 과정과 건국 과정에서 비롯되며, 그 이후에도 남과 북의 분단 상황 속에서 이념갈등은 다양한 형태로 변주되며 나타날 수밖에 없었다. 또한 분배갈등의 경우 역시 현재 심화되고 있는 경제적 양극화의 뿌리가 산업화 시기에 형성되었던 대기업 중심의 수출주도 경제 전략과 밀접히 연관되어 있다는 사실을 고려할 때, 시기별로 그 형태가 변화되면서 연속되고 있다고 볼 수밖에 없을 것이다.

　이와 같이 사회갈등 형태들이 상당 부분 중첩되어 연속되고 있음에도 불구하고 우리는 한국사회 갈등의 전반적 변화 추이에 대해 대략적인 시기 구별을 제시해 볼 수는 있을 것이다. 이와 관련하여 한 연구는 한국사회 갈등의 변화 추이를 위와 같이 세 시기로 구별하여 분석하고 있다.[13]

1980년대 중반 이전을 사회갈등이 잠복되고 억압된 시기로 규정하는 것은 그 분석 시기를 주로 1960~70년대에 국한하는 경우 상당한 설득력이 있다고 판단된다.[14] 주지하는 바와 같이 이 시기 동안 한국은 국가 주도의 급속한 경제성장을 이룩하였고, 이를 통해 전쟁의 폐허를 딛고 수출주도 산업국가로 새롭게 변신하기에 이른다. 물론 이러한 산업화 과정은 권위주의 체제의 지속과 민주화 운동에 대한 탄압을 대가로 하는 것이었으며, 이를 통해 경제성장을 근대화와 동일시하는 환원근대의 경향도 급속히 강화되었다.[15] 이 시기 동안 문화적 근대화나 정치적 민주화는 도외시된 채 단지 경제성장만이 제일의 목적으로 추구되었기 때문이다. 또한 분단체제를 배경으로 반공주의가 지배하면서 권위주의 체제에 대한 정치적 저항 역시 매우 어려운 상황이었다.

결국 당시 한국사회는 권위주의 정권하에서 사회적 저항과 갈등이 상당 부분 억압, 통제되고 있었다고 볼 수 있을 것이다. 급속한 산업화로 인해 도시와 농촌의 불균형 문제, 열악한 노동 환경 등 새로운 형태의 사회갈등 요인들이 등장하고 확대되고 있었지만 이러한 갈등 요인들이 직접적인 사회갈등으로 표출되기는 매우 어려운 상황이었다. 때문에 당시의 주된 사회갈등은 주로 재야를 중심으로 하는 민주화 운동과 관련된 정치적 갈등으로 표출되었다고 할 수 있다.

그러나 1980년대 이후 지속된 민주화 운동, 1987년 민주대항쟁 그리고 그 성과로 얻어진 정치적 민주화를 매개로 하여 그간 억압되었던 사회갈등이 대규모로 분출되기 시작한다. 1980년대 들어서도 한국의 고도성장은 지속되었지만 이와 동시에 폭압적인 군부 통치 역시 상당 기간 지속되었다. 이러한 조건 속에서 경제적 풍요와 민주주의 교육을 배경으로 시민들의 민주화 욕구는 강화되었으며, 마침내 1987년 민주대항쟁을 계기로 한국은 정치적 민주화의 경로를 걷게 된다. 그리고 이러한 정치적 민주화 속에서 그간 억압되었던 사회적 욕구들 역시 분출하기 시작한다. 특히 이 시기 노동운동의 성장과 투쟁이 대폭 강화되었다는 점에서 위의 도표에서 볼 수 있는 바와 같이 분배갈등이 당시 한국사회 갈등의 중심축으로 자리 잡았다고 평가해 볼 수도 있을 것이다. 물론 우리는 앞서 지적한 바와 같이 이러한 과정을 단절적 과정으로만 보아서는 안 될 것이다. 왜냐하면 이 시기 분출된 분배갈등은 대기업 위주로 진행된 그간의 산업화 과정과 그에 따른 노동자들의 희생을 그 배경으로 하고 있었기 때문이다.

2000년대 이후 현재의 단계는 위의 도표에서 지적되고 있는 바와 같이 복합갈등이 일상화되고 있는 상태로 볼 수 있다. 분배갈등, 인정갈등, 새로운 사회갈등이 동시에 일상적으로 분출되고 있기 때문이다. 이러한 상황 변화와 관련해서는 다음과 같은 몇 가지 사실들이 고려될 필요가 있다. 먼저 우리는 1990년대 이후 활성화되기 시작한 시민운동의 급속한 성장에 주목할 필요가 있다. 정치적 민주화와 현실 사회주의 체제의 몰락이라는 세계사적 사건을 배경으로 1990년대 들어 그간의 민중운동이 시민운동으로 전환되면서 각종 시민운동 단체들이 결성되기 시작하였으며, 환경이나 위험과 같은 탈물질적 가치들에 관한 시민들의 관심도 고조되었다. 그리고 이는 새로운 사회갈등이 한국사회의 주요한 갈등 축으로 부상하는 결과를 낳게 된다. 또한 이와 더불어 한국의 경제성장과 지구화를 배경으로 결혼 이주자, 외국인 노동자, 새터민 등이 급속히 증가하면서 소수자들의 인정 요구 역시 강화되었다. 단일민족 전통에 기초하여 폐쇄적인 문화를 유지해온 한국사회에서 이들의 등장은 새로운 사회정치적 통합의 과제를 던지고 있다. 또한 1997년 IMF 위기와 뒤이은 구조조정 과정에서 분배 갈등 역시 더욱 심화되어 왔다. IMF 위기 이후의 신자유주의적 개혁 과정은 1990년대 초반까지만 해도 성장하고 있던 중산층의 급속한 붕괴와 사회적 양극화를 심화시켜 왔기 때문이다.

결국 현재 한국사회의 복합갈등 국면은 산업화와 민주화 과정을 거치면서 누적되어 온 사회갈등 요인들이 지구화 및 정보화의 영향 속에서 새로운 형태로 변형되고 이러한 갈등 요인들이 새롭게 등장한 갈등 요인들과 중첩되고 있는 복잡한 상황으로 규정할 수 있을 것이다.

사실 한국사회 갈등구조의 변화 과정 전반에 대한 보다 구체적인 이해를 위해서는 정치사, 경제사, 문화사를 포함하여 한국의 근현대사 전반에 대한 종합적 이해가 요구될 수밖에 없을 것이다. 그러나 현재 우리가 목표로 하는 것은 한국사회 갈등 전반의 변화 추이에 대한 개략적인 이해이기 때문에 여기서는 한국사회 갈등의 특수성에 대한 이해를 위해서는 '이념갈등'과 '지역갈등' 요인에 각별히 주목할 필요가 있다는 사실만을 추가적으로 지적해 두고자 한다. 물론 앞서도 지적한 바와 같이 분단체제와 그로 인한 상시적 전쟁정치 상황은 한국사회 갈등 상황 전반에 지속적으로 영향을 미치고 있는 중요한 요소로 간주되어야 하겠지만, 여기서는 현재 한국 정치의 주요 전선을 규정하는 진보-보수, 산업화-민주화 세력 사이의 대립을 야기하는 근본 원인이라는 점을 중심으로 이념갈등과 지역갈등 요인에 주목해 보고자 한다.

먼저, 이념갈등은 한편으로는 모든 사회의 보편적 갈등 축을 형성하고 있다고 볼 수 있지만, 우리의 경우 이념갈등은 남북 분단이라는 특수한 상황과 밀접하게 결부되어 고유한 형태로 진행되고 있다고 보아야 한다. 일반적으로 이념갈등이란 자본주의 시장 및 국가의 역할과 관련된 좌파와 우파 사이의 갈등을 의미한다.[16] 대체로 좌파는 국가에 의한 시장 개입과 이를 통한 재분배를 선호하는 반면에 우파는 시장의 자율성을 옹호하고 국가의 역할을 최소화하고자 한다. 그러나 우리 사회에서 현재 이념갈등은 이러한 일반적인 대립 전선보다는 북한 및 미국에 대한 입장과 태도, 보다 구체적으로는 대북 정책에 대한 견해 차이에 의해서 더욱 큰 영향을 받고 있다.

2차 세계대전 이후 과거 독일이나 베트남 등 몇몇 분단국가의 사례들이 존재하기는 했지만 혹심한 내전을 거쳐 오늘날까지도 민족의 분단과 대립 상황이 지속되고 있는 것은 한반도가 유일한 사례라고 할 수 있다. 한국전쟁과 남과 북의 분단 상황은 대한민국 역사 전반에 지대한 영향을 미쳤으며, 이는 특히 이념갈등의 영역에서 대표적으로 나타나고 있다.

한국사회에서 최초의 본격적인 이념 대립은 1945년 해방 직후 자본주의 체제와 사회주의 체제 사이의 선택을 두고 극심하게 전개되기 시작하였다고 볼 수 있다. 우리가 잘 알고 있는 바와 같이 미군정, 대한민국 정부 수립, 한국전쟁 과정을 거치면서 이러한 이념갈등은 매우 폭력적인 형태로 전개되었다.

그러나 전후 한국사회는 사실상 반공 이데올로기의 전면적 지배하에 있었다고 볼 수 있다. 냉전 상황 속에서 진행된 남과 북 사이의 이념 대립과 체제 대립이 치열해지면서 남과 북 내부의 이념적 다양성과 갈등은 극단적으로 억압되고 단일한 이념이 남과 북에서 각각 지배권을 장악하게 되었던 것이다. 권위주의 정부는 공산주의와의 대결 상황 속에서 반공과 자유민주주의 수호를 제일의 국가 과제로 설정하기도 하였다. 물론 이러한 상황 속에서도 한국사회 내부에서 민주화 운동이 지속적으로 전개되었으나 그 과정은 좌우의 극단적인 이념 대결이라기보다는 자유민주주의적 가치의 실질화 방안을 둘러싼 갈등이었다고 평가할 수 있을 것이다.[17]

남과 북의 체제 대결 상황에서 이와 같이 이념적 선택의 폭이 축소되는 것은 한편으로는 불가피한 측면이 있었겠지만 다른 한편으로는 그로 인해 한국사회에서 반공주의가 정치적 반대 세력을 억압하는 기능을 수행해 온 것도 부정할 수 없는 사실이다.[18] 이 시기 분단 상황은 이념갈등은 물론이고 전반적으로 보아 한국사회 내부의 사회갈등 표출을 억압하고 구속하는 역할을 하였다고 평가해 볼 수 있을 것이다.

이후 민주화 운동을 계기로 하여 한국사회 내부에서는 전반적으로 이념과 사상의 자유가 확대되었다고 평가할 수 있지만, 김대중 정부의 대북 '햇볕정책' 추진을 계기로 하여 한국사회의 이념갈등은 소위 '남남갈등'이라는 새로운 형태로 분출되기 시작한다. 김대중 정부는 현실 사회주의 몰락과 북한의 심각한 경제난 등을 배경으로 삼아 한

반도 분단체제를 평화체제로 전환한다는 목적 아래 남북정상회담을 추진하고, 남북교류의 적극적인 확대를 추진하였다.

이에 대해 한국의 보수 세력은 북한 정권의 비민주성과 폭력성, 북한의 열악한 인권 상황, 정상회담 추진 과정에서의 문제점 등을 지적하면서 햇볕정책 추진에 극렬히 반대하게 된다. 그리고 뒤이은 북한의 도발과 핵무기 개발은 이러한 보수 세력의 반발을 더욱 강화하는 계기로 작용하였다. 반면에 한국의 진보 세력은 보수 세력의 문제 제기를 수구냉전 세력들의 저항으로 규정하면서 민족주의 정서 속에서 대북 포용정책에 대한 적극적인 지지를 표명한다.[19] 이러한 남남갈등의 내용적 핵심은 북한을 보는 근본 관점 및 그와 관련된 대북정책에 대한 입장 차이라고 할 수 있을 것이다.[20]

이후 햇볕정책을 계승한 참여정부 시기에도 한미동맹, 전시 작전권 전환, 대북지원, 북한인권 문제 등 다양한 사안들을 둘러싸고 이러한 남남갈등은 지속적으로 확대되어 왔다. 김대중·노무현 정부와는 달리 북한의 비핵화와 원칙 있는 남북관계를 강조했던 이명박 정부 시기에도 역시 천안함 폭침 사건과 남북관계 경색 등을 둘러싸고 구도가 역전된 상황 속에서 남남갈등은 여전히 지속되었다.

현재까지도 대북정책에 대한 입장은 한국사회의 진보-보수를 가르는 중요한 판단 축으로 기능할 정도로 정치적-이념적 갈등의 중심축을 형성하고 있다. 전 세계적 범위에서 냉전이 종결되고 극단적인 이념 대립이 완화되었음에도 불구하고 분단 상황으로 인한 이념갈등은 이와 같이 오늘날 한국사회에서 여전히 강력한 영향력을 행사하고 있는 것이다.

북한 문제를 핵심으로 하는 이러한 이념갈등은 한반도 분단 상황이라는 특수성으로 인해 일정 부분 불가피한 측면이 있기는 하지만, 현재 한국사회의 구조적 사회갈등 요인들이 정상적으로 표출되는 것을 억압하는 효과를 갖는 것으로 판단된다. 특히 이념갈등이 언론이나 정치권을 통해서 과도하게 증폭되고 있다는 지적을 생각해 볼 때, 현재 우리 사회의 이념갈등은 일상적인 구조적 사회갈등 요인들이 이슈화되고 해결되는 과정을 지연시키는 한 요인이라고 평가할 수 있을 것이다.[21]

분명 북한 문제는 이제까지 우리가 경험해 왔듯이 한국사회 전반에 중대한 영향을 미쳐 왔고, 현재도 그러하며, 앞으로도 역시 그러할 것으로 예상된다. 현재까지도 2010년 연평도 포격 사건을 통해서 우리가 경험했듯이 북한 문제는 우리 사회 내부의 모든 정치적 갈등들을 순식간에 삼켜 버릴 정도로 거대한 잠재력을 가지고 있는 것이 사실이며, 향후 북한의 급변사태나 한반도 통일과정은 우리 사회 내부에 예측하기 어려운 강력한 영향을 미치게 될 것이다.

현실 사회주의 체제의 몰락과 북한 체제의 근본적 낙후성으로 인해서 북한 체제에 대한 맹목적 추종에서 기인하는 이념갈등 요인이 전반적으로 줄어들고는 있지만, 대북정책을 둘러싼 이념갈등은 향후에도 역시 한국사회 갈등 및 통합에 영향을 미치는 주요 변수로 기능할 수밖에 없을 것이다.

둘째, 지역갈등의 경우 역시 한편으로는 모든 사회가 당면하고 있는 자연스러운 갈등 요인이라고 말할 수 있다. 모든 국가는 하위 지역 단위를 포함하게 마련이며 각 지역이 고유한 역사적 정체성과 이해관계를 가지는 만큼 어느 정도의 지역갈등이 발생하는 것은 자연스러운 현상이다.

그러나 우리의 경우 특히 영호남 지역주의는 여러 차례의 투표 결과를 통해서 이미 입증된 바와 같이 현실 정치에 막대한 영향을 미치고 있다는 점에서 특수한 위상을 갖는 것으로 볼 수 있다. 영호남 지역갈등의 원인에 대해서 다양한 역사적이고 지역적인 원인들이 지적되기도 하지만 현대 정치사 및 지역개발에서의 편차가 무엇보다 큰 영향을 미쳐 왔다고 할 수 있다.[22]

뿐만 아니라 우리 사회에서 지역갈등은 이념갈등과 일정한 상관관계를 나타내기도 한다. 예를 들어 2009년의 한 조사에서 '북한 정권과 대화와 타협이 가능하다고 생각하는가'라는 질문에 대해서 호남은 63.9%, 영남은 34.3%의 지지를 나타낸 바 있다. 이는 현재 우리 사회에서 남남갈등이 지역갈등과 중첩되는 현상을 잘 보여주고 있다고 할 수 있을 것이다.[23]

그간 국민의 정부와 참여정부 시기 호남에 세력 기반을 둔 정당이 두 차례에 걸쳐 집권함으로써 호남 배제가 어느 정도 해소된 측면이 있기는 하지만, 여전히 한국의 두 거대 정당은 강력한 지역 기반을 그 토대로 삼고 있다. 또한 이로 인해 현재 우리 국민들 역시 지역갈등을 시급히 해결되어야만 할 과제 중 하나로 인식하고 있다.[24]

이러한 지역갈등 요인 역시 한국사회의 구조적 사회갈등 요인들이 정상적으로 표출되는 것을 억압하는 효과를 갖는 것으로 보인다. 달리 표현하자면 한국사회의 구조적 사회갈등 요인들은 현재 조건 속에서 지역갈등을 매개로 하여 굴절되어 표출되고 있다고도 말할 수 있을 것이다. 어쨌든 지역 기반 정당들 사이의 경쟁으로 인해 분배나 인정과 관련된 정치적 이슈들이 정책적 차별성을 부각시키는 핵심 주제로 부상하지 못하고 있고, 새로운 사회갈등 요인들에 대한 적극적 관심과 정책적 차별성도 부족한 상황으로 판단된다.

지역 기반 정당들 사이의 반복적인 정권 교체, 새로운 사회갈등 요인들의 영향력 증대 등으로 인해 지역주의 문제는 향후 점차 완화될 것으로 보이지만, 한국사회 정치 구도 및 정당 구조의 근본적인 변화가 없는 한 지역갈등은 한국 정치에 미치는 현실적 영향력에서 여전히 최대변수 중 하나로 기능할 수밖에 없을 것이다.

냉전체제의 소멸과 북한의 쇠락, 지역갈등을 상쇄하는 다양한 사회적 갈등 요인들의 부상 등으로 인해 이념갈등과 지역갈등은 향후 어느 정도 완화될 것으로 예상된다. 그러나 적어도 통일 이전까지 북한 문제는, 연평도 포격 사건을 통해 우리가 경험한 바와 같이, 상황에 따라 한국사회의 모든 담론을 삼켜 버릴 거대한 잠재력을 유지할 것이다. 또한 지역주의에 기반을 둔 두 거대 정당 사이의 경쟁이 계속되는 한, 지역갈등 역시 한국의 현실 정치에 막강한 영향력을 행사할 수밖에 없을 것이다. 이는 현재 한국사회 갈등 전반에 대한 종합적 이해를 위해서는 이러한 두 요인에 대한 고려가 반드시 필요하다는 사실을 의미한다.

2. 한국사회의 갈등구조

이미 여러 논자들이 지적한 바와 같이 압축적 근대화 과정 속에서 누적되고 확대되어 온 한국사회 갈등 요인들은 현재 복잡한 상호작용 속에서 중층적인 갈등구조를 형성하고 있는 것으로 판단된다. 이로 인해 갈등 당사자들의 고통이 심각할 뿐 아니라 사회적으로도 갈등으로 인한 과도한 비용이 지출되고 있다는 지적도 제기되었다.[25] 또한 일반 국민들 역시 향후 국가가 해결해야 할 가장 핵심적인 과제로 '사회통합과 국민들 간 갈등해소'를 꼽고 있다.[26] 또한 이러한 상황 인식 속에서 지난 정부에서는 사회통합위원회가 그리고 현 정부에서는 국민대통합위원회가 구성되기도 하였다.

이와 더불어 한국사회 갈등에 관한 사회과학적 연구들 역시 활발히 진행되고 있다. 사회갈등에 대한 경험적 연구는 정치학, 사회학, 경제학, 행정학 등 여러 학문 분과에서 수행되고 있으며, 이에 대한 정책적 대안을 제시하기 위한 연구 역시 활발하다. 특히 갈등 영역별로 갈등의 양상, 추이를 분석하고 개별 사례들을 분석하는 연구들 그리고 갈등 조정을 위한 제도 및 절차를 설계하는 연구들이 주를 이루고 있다.

주요 연구로는 먼저 한국사회 전반의 갈등구조와 관련하여 한국정치학회와 한국사회학회가 공동으로 펴낸『한국사회의 새로운 갈등과 국민통합』(2007)을 들 수 있다.[27] 이 저술은 한국사회의 이념갈등, 정치적 갈등, 세대갈등, 양극화 문제에 대해 폭넓게 다루고 있다는 점에서 한국사회 전반의 갈등 양상을 잘 정리하고 있다고 평가할 수 있다. 그러나 사회갈등에 대한 규범적 기준 설정의 문제나 현대사회 갈등의 범주적 구별을 고려하지 않아 무시의 문제에서 비롯되는 소수자 갈등이나 새로운 사회갈등에 대한 고찰은 누락되어 있다.

또한 한국사회 전반을 고려하면서 사회갈등과 사회통합 문제를 지표화하고자 한 연구로 사회통합위원회의 보고서『한국 사회통합지표연구(Ⅱ)』(2011)를 들 수 있다.[28] 이 보고서는 계층갈등, 세대갈등, 지역갈등을 한국사회의 대표적 갈등 범주로 제시하면서, 한국사회 갈등 및 통합과 관련된 총체적 지표를 설정하고자 했다. 그러나 이 작업의 경우에도 역시 현대사회 갈등구조 전반에 대한 분석 범주의 결여로 인해 소수자 갈등이나 새로운 사회갈등에 대한 인식은 결여되어 있는 것으로 보인다.

이러한 종합적인 연구 이외에 한국사회 갈등구조 변화나 성격에 대한 연구들도 중요한 성과들이라고 할 수 있다. 먼저 한국사회 갈등의 복합적 성격에 대한 고찰로는 박길성이 제시한 "압축갈등사회" 개념이나 조대엽이 제시하고 있는 "복합갈등사회" 개념 등이 주목할 만하다.[29] 이들은 한국사회 내부의 민주화와 시민사회 활성화, 지구화를 통한 외적 조건의 변화 등을 전체적으로 고려하면서 오늘날 한국사회 갈등구조의 중층화 양상을 잘 보여주고 있다. 이 외에도 최근 한국사회에 대한 진단으로 제시되고 있는 기업사회 테제(김동춘)나 시장전체주의 테제(도정일) 등이 가지는 함의들에 대해서도 주목할 필요가 있다.[30]

또한 사회갈등 분야별 연구로는 먼저 1990년대 이후 시민사회 성장과 새로운 사회갈등 양상에 대한 연구들을 참조할 수 있다. 이들 연구들은 서구의 신(新)사회운동 등장 과정을 참조하여, 한국사회의 새로운 사회갈등 문제에 접근하고 있다. 또한 환경, 위험, 인권 등 분야별 갈등 양상에 대한 많은 경험적 연구들도 누적되어 있다. 다음으로 한국사회 양극화 전반의 문제와 관련해서는 김문조의『한국사회의 양극화』가 주목할 만하다.[31] 그는 한국사회 양극화 현상 전반에 대한 경험적 분석을 넘어 의식의 양극화에 주목하면서 최근 한국사회의 변화를 열망계급에서 절망계급으로의 전환으로 평가한다. 이 외에도 비정규직 및 실업의 증대에 대한 많은 경험적 연구들이 존재한다. 마지막으로 소수자 문제와 관련해서는『한국의 소수자, 실태와 전망』(2004)이 한국사회 소수자 전반의 실태를 보여주고 있으며, 박경태의『소수자와 한국사회』(2008)는 주로 이주 문제에 주목하면서 소수자 문제에 접근하고 있다.[32] 이 외에도 이주 노동자, 결혼 이주자, 탈북자, 성소수자 등에 대한 많은 실태 연구들이 존재하고 있다.

한편 한국사회 내의 고유한 갈등 양상이라고 할 수 있는 이념갈등(진보/보수 갈등과 남남갈등), 지역갈등 등의 문제에 대해서는 주로 정치학 분야에서 진행된 선행 연구들이 다수 존재한다.

그러나 사회갈등에 대한 이러한 기존의 경험 연구들은 첫째, 사회갈등 전반에 대한 이론적 범주화나 유형화 없이 경험적 고찰을 진행하거나, 둘째, 사회갈등에 대한 비판적 평가와 대안 제시를 위한 규범 설정의 필요성에 주목하고 있지 않다. 물론 그럼에도 불구하고 기존의 경험 연구 성과들이 현재 한국사회의 갈등 현황과 추이를 고민하기 위한 풍부한 자료를 제시하고 있다는 것만은 분명한 사실이다.

	배제	무시	물화
구조적 갈등 요인	분배갈등	인정갈등	새로운 사회갈등
현상 형태	계급/계층 갈등	소수자 갈등	공공갈등 (환경, 위험 등)
특수성 요인	이념갈등/지역갈등		

이제 이러한 상황을 고려하면서 아래에서는 먼저 다음과 같이 한국사회 갈등 전반에 대한 범주화를 시도해 보고자 한다. 거친 방식이기는 하겠지만 현재 한국사회의 중층적 갈등구조를 도표화해 본다면, 위와 같이 표현할 수 있을 것으로 생각된다. 물론 이에 대한 적절한 이해를 위해서는 첫째, 한국사회 갈등구조 변화에 대한 통시적 차원이 동시에 고려되어야만 하며, 둘째, 각각의 갈등 요인들 사이의 중첩 관계 및 상호작용 또한 동시에 고려되어야만 할 것이다.

위의 도표는 앞서 제시한 배제, 무시, 물화 개념에 기초하여 분배갈등, 인정갈등, 새로운 사회갈등을 현재 한국사회의 구조적 갈등 요인들로 범주화하고 있다. 이러한 범주화는 오늘날 발전되고 분화된 현대사회 전반의 공통적 갈등구조에 상응한다고 할 수 있을 것이다. 물론 이들 각각의 갈등 요인들은 우리 사회의 구체적 조건 속에서 특수한 형태로 발현될 수밖에 없을 것이다. 또한 도표의 하단에 이념갈등과 지역갈등을 다른 차원으로 구별하여 표시한 것 역시 한국사회 갈등이 가지는 특수한 맥락을 함께 고려하기 위한 것이라고 할 수 있다.

먼저 세 가지 구조적 갈등 요인들의 중층성을 역사적인 관점에서 그려 본다면, 기존의 분배갈등 요인들이 변형된 형태로 강화되는 상황 속에서 인정갈등 요인과 새로운 사회갈등 요인들이 새롭게 중첩되고 있는 형국으로 설명할 수 있을 것이다. 앞서 서술한 바와 같이 양극화로 상징되는 한국사회 분배갈등 요인은 이미 산업화 시기에 배태되어 현재 지구화 및 정보화를 배경으로 급속히 강화되고 있다. 이에 비해 인정갈등 요인과 새로운 사회갈등 요인은 개인화-다원화 추세의 강화, 이주의 증대, 시민사회의 부상 등을 배경으로 한국사회의 새로운 갈등 요인으로 등장했다고 볼 수 있다.

다음으로 세 가지 갈등 요인들의 관계와 관련해서는, 앞서 배제와 무시의 관계에 대한 고찰에서와 마찬가지로, 한국사회에서 분배갈등과 인정갈등은 강한 중첩관계를 가지고 있다. 객관적인 분석은 차치하더라도 우리는 이미 부와 명예가 중첩되고 빈곤과 무시가 중첩되면서 한국사회가 양극화되고 있다는 사실을 깊이 체감할 수밖에 없는 상황이다.[33] 현재 심화되고 있는 이러한 사회적 양극화는 교육을 매개로 한 빈곤의 대물림과 같은 새로운 형태의 신분 세습이 강화되는 상황을 고려할 때, 향후 한국사회 내부의 갈등을 더욱 격화시킬 수밖에 없을 것으로 보인다.[34] 뿐만 아니라 전 지구적인 이주의 증대를 배경으로 우리 사회 내부에 급속히 증가하고 있는 '타자'는 소수자의 포용 및 인정과 관련된 새로운 과제를 부여하고 있다.[35]

또한 '기업사회'나 '시장전체주의'로 표현되는 경쟁과 효율성 중심의 사회체제의 등장, 성장과 효율성 위주의 공공 정책 등은 우리 사회구성원들의 내면적 욕망이 왜곡되고 물화되는 상황을 초래하게 될 것이며, 사회적으로는 환경, 위험, 인권 등 삶의 질과 관련된 새로운 사회갈등 역시 야기하게 될 수밖에 없을 것이다.[36] 물론 경쟁과 효율성 위주의 사회 풍토가 분배와 인정을 둘러싼 경쟁과 갈등을 더욱 격화시킬 수밖에 없다는 점을 고려할 때, 새로운 사회갈등 요인들은 분배나 인정 갈등에도 역시 큰 영향을 줄 수밖에 없을 것이다.

그리고 앞서 지적한 바와 같이 이러한 세 가지 구조적 갈등 요인들은 현재 한국사회의 정치 지형을 매개로 굴절되어 표출될 수밖에 없다. 다원화되고 민주화된 현대사회에서 사회갈등은 불가피한 상황이라고 할 수 있으며, 민주주의 정치는 이러한 사회갈등이 표출되고 해소될 수 있는 장이라고 할 수 있다. 제도화된 민주주의 정치의 틀 속에서 사회갈등과 요구가 대표되고 해소되지 못할 때, 관련 당사자들은 정치적 무관심 상태에 빠지거나 거리로 나설 수밖에 없을 것이다. 그간 우리도 정치적 무관심이 확산되고 거리의 정치가 분출되는 이러한 상황을 반복적으로 경험해왔다.

이는 이념갈등과 지역갈등을 축으로 하는 현재의 정치 구도가 우리 사회의 구조적 갈등 요인들을 제대로 대표하지 못하고 있다는 사실을 보여주고 있다고 생각된다. 그리고 이런 점을 고려할 때, 구조적 사회갈등 요인들을 제대로 대표하고 민주적 절차를 통해 이를 해소할 수 있는 방향으로 현재의 정치구도를 개혁할 필요가 있을 것으로 판단된다. 이와 관련해서는 제도 정치의 틀 속에서 사회갈등 요인들이 적절히 표출되고 대표될 수 있어야만 한다는 일반적인 원칙만을 우선 언급해 두고자 한다.

지금까지 우리는 배제, 무시, 물화라는 개념을 핵심어로 삼아 한국사회 갈등구조 전반에 대한 상을 제시해 보고자 하였다. 이는 일차적으로는 오늘날 한국사회 내부 갈등의 중층성에 대한 명확한 이해를 목표로 하는 작업이었다고 할 수 있다.

그간 한국사회 갈등에 대한 다양한 연구들이 제시되어 왔지만, 앞서 살펴본 바와 같이 기존 연구들에서 한국사회 주요 갈등의 목록에 대한 선별은 불완전한 방식으로 이루어져 왔다. 이러한 상황을 고려하여 우리는 먼저 현대사회 부정의와 병리현상에 대한 진단을 목적으로 그간 비판이론 내부에서 진행되어 온 논의들에 대한 재구성을 기초로 삼아 현대사회 일반의 갈등 요인들에 대한 범주적 구별을 시도하였다. 그리고 이 범주들을 통해 한국사회의 구조적 갈등 요인들을 범주화하는 한편 한국사회의 특수한 맥락에 대한 고려를 위해 한국사회 갈등구조의 역사적 변화 과정을 살펴보고, 일반적인 범주로 포착하기 어려운 이념갈등 및 지역갈등 요인을 추가적으로 고려하였다.

이러한 접근 방식은 갈등 요인들에 대한 범주적 분류에 기여함은 물론 한국사회의 중층적 갈등구조 전반에 대한 상을 제시하는 데 도움을 줄 수 있을 것이다. 또한 배제, 무시, 물화 현상의 상호관계에 대한 고찰은 한국사회 갈등 요인들 사이의 중첩성과 상호관계를 해명하는 데도 일정 부분 기여할 수 있을 것이다.

물론 이러한 시론적 작업에는 많은 남겨진 과제들이 존재하는 것도 분명한 사실이다. 특히 이 작업은 개념적이고 이론적인 수준에서 한국사회 갈등에 접근하고 있는 만큼 각각의 사회갈등 실태 및 사회갈등 요인들 사이의 상호영향 관계에 대해서는 보다 경험적인 접근이 보완될 필요가 있다. 그러면 이제 이 장에서 제시된 한국사회 갈등의 전체적인 상을 염두에 두면서 다음 두 장에서는 한국사회 양극화와 시장화라는 문제를 중심으로 우리 사회의 구체적 갈등 양상에 한 걸음 더 다가가 보도록 하자.

6장

한국사회 양극화
/
배제와 무시의 일상화

한때 한국사회에 양극화라는 것이 과연 존재하는가에 대한 논란들이 있기도 하였지만, 현재는 양극화가 우리 사회의 가장 심각한 문제들 중 하나라는 점에 대해서 모종의 사회적 합의가 형성되어 있는 것으로 보인다.[1] 이러한 암묵적 합의는 지난 대선 과정에서 복지국가 건설과 경제민주화를 여야 모두의 핵심 화두로 부상하게 만들었으며, 현 정부 역시 중산층을 70%로 확대하고 국민통합을 강화하는 것을 중요한 국정과제로 삼고 있는 상황이기도 하다.

현재 한국사회 양극화는 단지 소득 양극화에 국한되지 않고 주거, 교육, 소비, 의식 등 시민들의 삶의 전 영역에 커다란 영향을 미치고 있다. 주거 공간이 분리되고, 출신 학교가 분리되고, 교우 관계가 분리되고, 취미가 분리되고, 결혼 배우자들이 분리된다는 것은 결국 우리 사회 내부에 극단적으로 분리된 두 집단, 두 사회가 형성된다는 것을 의미한다. 이와 같이 현재 한국사회 양극화는 단순한 경제적 불평등을 넘어서는 매우 다차원적이고 중층적인 현상이라고 할 수 있다.

물론 양극화 현상이 심각한 사회적 문제로 간주되는 일차적인 이유는 그것이 빈곤과 불안정, 사회적 배제와 무시의 확대를 동반하기 때문이다. 1997년 IMF 위기 이후 비정규직의 급속한 증대와 중산층의 몰락 등으로 인한 빈곤과 불안의 증대에 대해서는 사실 우리 사회 내부에서 그간 많은 논의가 진행되어 왔다고 할 수 있다.[2] 그러나 이러한 상황이 더욱 심각해 보이는 이유는 최근 들어 이러한 분리와 간극이 나는 물론이고 나의 자녀들조차 넘나들 수 없는 공고한 사회적 경계선으로 더욱 굳어지고 있는 것처럼 보이기 때문이다.

이로 인해 현재 한국사회 양극화는 경우에 따라 일종의 '신(新)신분사회'의 도래로 규정되기도 하며, 이는 부와 사회적 지위가 세습되는 전근대 사회로의 '퇴행'을 연상시키기도 한다.[3] 만일 이와 같이 현재의 양극화가 새로운 형태의 신분사회의 등장을 의미하게 된다면, 이는 한국사회 민주주의 체제 자체에 대한 근본적인 도전을 의미한다고 할 수밖에 없을 것이다. 왜냐하면 근대 민주주의 체제가 성립하기 위해서는 신분적 차별에서 벗어난 자유롭고 평등한 시민들의 존재가 반드시 필요하기 때문이다. 부모의 사회적 지위에 따라 자녀들의 사회적 신분이 결정되고 세습되는 사회를 우리는 과연 평등한 사회라고 말할 수 있을까?

물론 세계 경제의 중심지인 뉴욕 월가의 점령시위(Occupy Wall street) 이후 전 세계로 확산되었던 소위 99%의 저항을 고려한다면, 오늘날 양극화는 단지 한국사회의 고유한 현상이라고만 보기는 어려울 것이다. 그러나 OECD 국가들 중 최고의 자살률이라는 오명이 보여주는 바와 같이 극단적인 경쟁 요구, 복지제도의 미비, 모든 것을 개인의 책임으로 돌리는 사회적 풍토 등과 같은 한국사회의 고유한 맥락들로 인해 양극화로 인한 실질적 폐해는 우리 사회에서 더욱 가혹한 형태로 나타나고 있다.[4]

그러면 이제 현대사회의 불의와 관련하여 앞서 진행한 논의들, 특히 경제적 배제와 문화적 무시의 상호관계를 염두에 두면서 오늘날 한국사회의 양극화 문제에 대해 구체적으로 검토해 보도록 하자.

1. 한국사회 양극화의 실태

일반적으로 양극화(polarization)란 한 사회 내부에서 중간층이 소멸하고 소수의 상층과 다수의 하층이 분리되고 분열되는 현상을 의미한다. 그간 우리 사회에서도 20 대 80 사회, 99%의 저항, 격차사회 등의 개념을 매개로 하여 1997년 IMF 위기 이후 초래된 한국사회 양극화의 심각성에 대한 많은 지적들이 제기되어 왔다. 20 대 80 사회는 주로 신자유주의적 세계화가 초래한 불평등 문제를 지적하기 위해, 99%의 저항은 금융위기 당시 1%의 탐욕을 위한 99%의 절망이라는 구호를 매개로, 그리고 격차사회 개념은 주로 일본사회의 경제적 불평등 진단에 대한 담론을 원용하여 논의되어 왔다.[5]

양극화의 심화는 한 사회 내의 다수를 구성하고 있는 하층 구성원들의 직접적인 고통은 물론이고 해당 사회 전체의 통합과 존속 자체를 위협한다는 점에서 매우 심각한 문제라고 할 수밖에 없다. 양극화는 한 사회 내부의 균열과 갈등, 당사자들의 좌절감과 저항 그리고 결국에는 한 사회의 연대성과 민주주의 체제의 정당성 자체에 대한 위협 등 많은 부정적 효과를 수반할 수밖에 없다.

물론 이러한 주장에 대해서 누군가는 다음과 같은 근본적인 질문을 제기할 수도 있을 것이다. 양극화 현상이 존재한다는 사실을 우리가 인정한다고 하더라도 과연 그것이 문제가 되는 것일까? 그것은 도대체 왜 문제가 되어야만 하는 것일까? 나는 이러한 질문들이 한국사회 양극화와 정의 담론을 연결해 주는 고리가 될 수 있을 것이라고 생각한다. 다시 말해 한국사회 양극화가 문제가 되는 근본 이유는 그것이 바로 사회적 부정의로 규정될 수 있기 때문이라는 것이다.

만일 우리가 양극화를 단순히 능력 있고 부지런한 사람은 더 잘 살게 되고, 게으르고 무능력한 사람은 더 못 살게 된 결과라는 식으로 생각한다면, 한국사회 양극화는 어쩌면 불가피한 현상으로 혹은 자연스러운 현상으로 생각될 수 있을지도 모른다. 그러나 첫째, 아래에서 살펴보겠지만 오늘날 한국사회 양극화는 단지 개인의 책임으로 돌릴 수 있는 문제가 아니다.[6] IMF 경제위기나 산업구조의 변화 등은 단지 개인의 책임으로 돌릴 수 없는 구조적 문제들이기 때문이다. 쉽게 말해 산업구조의 변화나 구조조정 과정에서는 개인의 노력 여부와는 무관하게 많은 실업자들이 발생할 수밖에 없고 이는 결코 개인의 책임으로만 돌릴 수 있는 문제가 아니라는 것이다. 둘째, 오늘날 한국사회 양극화는 부와 빈곤의 대물림 현상에서 볼 수 있는 바와 같이 평등한 조건 속에서 이루어진 경쟁의 결과도 아니다. 사회적 지위의 세습은 근대적 평등 이념에 정면으로 위배되는 사회적 부정의로 볼 수밖에 없으며, 이런 점에서 현재 한국사회의 양극화를 개인들 사이의 공정한 경쟁의 결과로 보기도 어렵다.

사실 오늘날 한국사회의 양극화 현상은 그 어떤 현대적 정의론의 척도를 가지고도 정당화하기 어려운 것으로 보인다. 가령 정의에 관한 롤즈의 제2원칙을 기준으로 삼는다면, 한국사회의 양극화나 불평등이 정당화될 수 있는 것은 그것이 최소 수혜자에게 최대의 이익을 제공하는 경우라고 말할 수 있을 것이다.[7] 그러나 급속히 확대되는 빈곤층, 경제적 영역에서 철저히 배제되고 있는 청년 실업자들의 상황을 고려할 때, 현재 한국사회의 양극화는 이런 기준과는 정반대되는 현실을 보여주고 있다. 또한 왈저(Michael Walzer) 식의 다원적 평등을 기준으로 삼는다고 하더라도, 경제적 부와 교육적 지위, 사회적 인정 모두가 특정 계층에 의해 독점되고 있는 오늘날 우리 사회의 현실은 불의한 것으로 평가될 수밖에 없을 것이다.[8]

이와 같이 한국사회 양극화는 규범적으로 정당화될 수 없는 사회적 불의로 규정될 수 있을 뿐 아니라 실질적으로도 사회적 열패감의 확산, 공동체적 연대의 붕괴, 극단적인 저항과 일탈, 민주주의 체제에 대한 회의의 확산 등 많은 부정적 효과들을 양산하고 있다. 그리고 한국사회 양극화가 이와 같이 사회적 부정의로 규정될 수 있고 우리들 자신이 그러한 상황에 연루되어 있는 한에서, 우리는 이를 시정하기 위해 노력해야 할 넓은 의미에서의 '정치적 책임'을 결코 벗어날 수 없을 것이다.[9]

한국사회에서 양극화 담론은 1997년 IMF 위기를 매개로 대략 2000년대 중반부터 본격적으로 등장한 것으로 판단된다.[10] 많은 논자들이 지적하는 바와 같이 IMF 위기는 구조조정의 상시화, 비정규직의 증대 등으로 상징되는 한국사회 전반의 급격한 변화를 불러온 전환점이 되었다. 그리고 이러한 변화의 결과로 지적되고 있는 것이 바로 '한국사회 양극화' 현상이라고 할 수 있을 것이다.

현재 한국사회의 양극화는 소득, 주거, 교육, 의식 등 매우 다차원적인 형태로 나타나고 있다. 1997년 이후 고용 유연화와 비정규직의 증대로 인해 소득 불평등이 심화되고 있으며, 특히 부동산을 매개로 한 자산 소득에서의 불평등은 더욱 심각한 상황이다. 그리고 이는 강

남과 강북, 버블세븐 지역 등으로 상징되는 주거 지역의 양분화 현상으로 이어지고 있다. 또한 교육 영역에서는 대학의 서열화와 지방대 차별 풍토 속에서 소득 수준 및 거주 지역에 따른 대학 입학률의 양극화 역시 심화되고 있다. 그리고 이러한 다양한 사회적 양극화 현상들은 결국 현재 우리 사회 시민들의 의식 양극화로 압축되어 표현되고 있다.

한국사회 양극화 현상과 관련하여 가장 먼저 주목되어 온 부분은 경제적 '분배'의 양극화라고 할 수 있을 것이다. 사실 이에 대해서는 그간 매우 다양한 지표들을 통해 검토되고 논의되어 왔다. 경제적 양극화와 관련해서는 먼저 중산층 붕괴 실태가 언론을 통해 많이 주목되어 왔다. 중산층에 대한 정의 기준 자체에 차이가 있기는 하지만, 중위 소득 50~150%를 기준으로 할 때 한국의 중산층 규모는 1997년 58.7%에서 2004년 51.8%로 감소하였다.[11] 다른 조사를 참조하면 이후에도 역시 한국의 중산층 규모는 2003년 기준 61.2%에서 2011년 55.5%로 지속적으로 감소해 온 것으로 나타났다.[12] 물론 중산층의 이러한 몰락과 더불어 하위층의 규모 역시 가파르게 증가할 수밖에 없었다.

하지만 직접적인 소득만을 기준으로 삼는 이러한 지표들과 더불어 자산 소득을 함께 고려한다면, 현재 우리 사회의 경제적 양극화는 더욱 심각한 상황이다. 한 예로 1997년과 2005년을 비교할 때, 도시근로자 월평균 소득은 39%가 증가한 반면 땅값, 아파트값, 주식값은 각각 63%, 90%, 307%가 증가했다고 한다.[13] 또한 2005년 기준 땅값 상승으로 인한 불로소득 규모는 한 해 동안 1,400만 명의 노동자들에게 지급된 임금 총액 342조 원보다도 많은 346조 원이었다고 한다.[14] 사실 군이 이런 구체적인 통계 지표를 제시하지 않더라도 현재 일반 서민들에게 내 집 마련이 얼마나 어려운 상황인지, 또 그간 부동산 폭등으로 그리고 최근 들어서는 부동산 시장 침체로 얼마나 많은 사회문제들이 발생하고 있는지는 우리가 이미 익히 체감하고 있는 바다.

이러한 상황은 계층 귀속감에 대한 주관적 의식 조사 결과를 통해 더욱 명확하게 나타나고 있다. 한 조사에 따르면, 한국의 상위층, 중산층, 하위층은 1994년 기준 각각 11%, 70.7%, 18.3%에서 2005년 기준 각각 1%, 56%, 43%로 변화하였다.[15] 이는 체감적인 중산층 규모가 급감하는 것은 물론 하위층 규모는 더욱 빠른 속도로 증가하고 있음을 보여주고 있다. 또한 소득 및 자산을 중심으로 하는 이러한 양극화는 주거와 교육의 양극화로도 나타나고 있다.

먼저 주거 양극화 현상은 서울 내부의 주택 가격 차이는 물론 서울과 지방 간의 주택 가격 차이에서 분명히 확인되고 있다. 물론 한국의 주택 보급률은 이미 2002년을 기준으로 100%를 넘어섰지만, 2010년 기준 자가점유 비율은 전국 기준 54.2%, 특히 서울의 경우는 41.1%에 불과하다.[16] 이러한 상황에서 우리가 그간 익히 경험해 온 바와 같이 주택 가격은 급속하게 상승해 왔으며, 이로 인해 서울의 평균가격 아파트를 구입하기 위해서는 평균소득을 8년간 모두 저축해야 하며, 특히 강남의 아파트를 구입하는 데는 18년이 소요되는 상황이라고 한다.[17] 또한 수도권과 지방의 주택 가격 차이로 인해 지방에서 수도권으로 진입하는 것 자체가 불가능한 상황이기도 하다.

이는 주거지 자체가 철저히 분리되는 상황을 초래하고 있으며, 이로 인해 이웃들 간의 심각한 갈등까지 발생하고 있다. 서울의 경우 소위 버블세븐 지역은 일반인들이 진입하기 불가능한 지역으로 분리, 격리되어 가고 있으며, 신흥 아파트 단지와 구주택가가 인접해 있는 지역의 경우는 학교 배정 문제 등을 둘러싼 갈등이 일상화되고 있다. 또한 분양 아파트와 임대 아파트를 섞어 짓는 경우에는 옹벽과 철조망으로 상징되는 내부의 격리가 발생하기도 한다.

소득과 주거에서 발생하는 이러한 양극화는 교육 영역에도 역시 심각한 영향을 미치고 있다. 그런데 교육 영역에서의 양극화는 교육 자체가 가지는 공공적 성격과 현대사회에서 학력이 가지는 기능을 고려할 때 매우 심각한 문제라고 할 수 있다. 공교육의 이념에 비추어 볼 때, 오늘날 교육은 한 국가의 모든 성원들에게 평등하게 제공되어야 하는 가장 기본적인 가치라고 할 수 있다. 뿐만 아니라 현대사회에서 교육은 직업 선택과 경제적 소득에 영향을 미치는 핵심적 요인이기도 하다.

그럼에도 불구하고 현재 우리 사회에서는 서열화된 대학체제 아래 부모들의 사회경제적 지위가 학생들의 학습 효과에 직접적인 영향을 미치고 있다. 대한민국의 사교육 시장은 2013년 기준 전체 초중고 학생 중 사교육에 참여하는 비율이 68.8%, 이들이 지출하는 월평균 사교육비는 2014년 기준 24.2만 원에 이를 정도로 그 규모가 엄청난 상황이다.[18] 이러한 상황 속에서 고소득층과 저소득층은 사교육비 지출에서도 큰 차이를 보이고 있다.[19] 그리고 이는 곧바로 대학 진학률의 차이로 이어지게 된다.

서울대 진학률에 관한 한 조사를 보면, 2011년에 일반고 기준으로만 명당 서울대 입학생 수는 강남구와 서초구가 각각 173명과 150명인 반면 금천구와 구로구는 18명에 불과했다.[20] 물론 진학률의 차이는 서울과 지방 간 격차를 통해서도 확인될 수 있다. 2005년 기준 학생 1,000명 당 서울대, 연세대, 고려대에 대한 합격자 비율은 서울이 약 52명인 데 비해 충북 약 17명, 강원 약 22명에 불과했다.[21] 물론 소득이나 거주 지역 이외에 부모의 직업, 전업 주부 여부 등도 학생들의 대학 진학에 큰 영향을 미치고 있다.

이와 같이 수입, 주거, 교육 등 사회생활의 전 영역에서 발생하고 있는 이러한 양극화는 단지 자원 분배에서의 불평등이라는 문제를 넘어 일상생활 자체에서의 균열과 간극 그리고 그로 인한 문화적 무시의 확대를 수반할 수밖에 없다. 경제적 부와 학력이 한 인간을 평가하는 중심 척도로 기능하는 우리의 현실에서 빈곤한 사람들과 저학력자들은 열등한 인간으로 취급받기 십상이다. 빈곤에 무시가 그리고 무시에 빈곤이 더해지는 형국이다. 그리고 이는 다시 우리 사회 내부의 끊임없는 '구별 짓기'와 무한 경쟁을 낳고 있다. 한 마을에서 아파트촌과 빌라촌이 구별되고, 대학 간 서열화를 넘어 같은 대학의 본교와 분교, 학과 간 서열을 둘러싼 부질없는 비교와 비방이 횡행한다.

이와 같이 다양한 형태로 다양한 영역에서 발생하고 있는 한국사회 양극화 현상은 결국 의식의 양극화로 압축되어 표현되고 있다. 사회적 양극화가 부와 빈곤의 대물림으로 이어지고 사회적 이동성(mobility)이 급격히 떨어지면서, 개인의 노력을 통한 신분 상승에 대한 기대는 낮아지고 사회적 열패감은 더욱 확대된다. 1960~80년대 한국사회를 지배했던 자수성가의 신화가 사라지면서 다수의 열망계급은 절망계급으로 전환된다.[22] 그리고 교육 영역에서도 역시 더 이상 개천에서 용이 나지 않는다는 인식이 확대되고 있다.[23]

이러한 의식의 양극화 현상은 한편으로는 절망계급들의 사회적 열패감과 좌절감을 강화하고, 다른 한편으로는 우리 공동체의 기본질서 자체에 대한 회의와 의심도 강화하고 있는 것으로 보인다. 희망을 상실한 개인들이 그것을 자신의 책임으로 간주하는 경우는 내면적 좌절감이 강화되지만, 실패의 결과를 부당한 사회질서에서 찾는 경우 이는 사회적 저항을 야기하게 마련이다.

2. 한국사회 양극화의 원인

1997년 IMF 경제위기가 한국사회 양극화의 변곡점이라고 지적되는 데서 볼 수 있는 바와 같이 현재 한국사회 양극화의 일차적 원인은 한국의 경제 환경 자체의 변화에서 찾을 수 있을 것이다.

첫째, 1997년 이후 한국의 경제성장률 자체가 급속히 하락하고 있다. 1990년대 초반까지만 해도 9%를 상회하던 경제성장률은 2012년 기준 2%로 추락하였다. 이는 1960년대 이후 지속되어 온 한국경제의 고성장 추세가 저성장 추세로 전환되었음을 의미한다. 물론 이는 고도 성장기를 거쳐 온 오늘날의 한국사회 상황에서는 일정 부분 불가피한 요인이라고 할 수 있을 것이다. 둘째, 대기업 중심의 수출에 대한 한국경제의 의존도가 높아지는 상황에서 수출 증대가 고용 증대로 이어지지 못하고 있다. 대기업 중심의 수출 증대가 고용과 분배로 이어지던 기존의 순환 관계가 이제 더 이상 작동하지 않고 있다. 셋째, 정보화 흐름 속에서 한국의 산업 구조는 노동 투입형 산업 체제에서 기술 집약적 산업 체제로 전환되고 있다. 이로 인해 고학력과 숙련을 요구하는 전문직 일자리가 다소 증가하지만, 중간층의 일자리는 기계화 등의 영향으로 급속히 감소하고 있다. 넷째, 중국으로부터 노동 집약형 상품들의 수입이 급증하면서 관련 일자리들이 급속히 감소하고 있다. 다섯째, 기존의 근로자들이 자영업 영역으로 대규모로 방출되면서 영세 자영업 내부의 경쟁이 격화되고 이로 인해 폐업이 급증하고 있다.[24]

이러한 경제 환경의 변화를 배경으로 하여 주지하는 바와 같이 우리 사회 내부에서 비정규직과 실업은 급속히 증대되어 왔다. 통계청의 공식 자료를 기준으로 삼아도 전체 임금근로자 중 비정규직 비율은 2001년 26.8%에서 2003년 이후에는 계속 30% 중반대를 기록하고 있으며, 2011년에는 그 수가 대략 600만 명에 육박하였다.[25] 그러나 한국노동사회연구소의 판단에 따르면, 2012년 3월 기준 비정규직은 837만 명으로 임금노동자의 절반(48%)에 육박하고 있다.[26] 한편 실업률은 2012년 기준 3.2%였지만 청년 실업률은 그 두 배를 넘는 7.5%를 기록하고 있다. 그러나 취업준비생, 취업 자체를 포기한 경우 등을 고려할 때, 체감 실업률은 이러한 지표들이 보여주는 것보다 훨씬 더 심각한 상황으로 보인다.[27]

이와 같이 한국사회 양극화의 일차적인 원인을 경제 환경 자체의 변화에서 찾을 수 있겠지만, 주지하는 바와 같이 시장경제는 진공 상태에서 작동하는 것이 아니라 언제나 특정한 문화적 맥락을 매개로 작동할 수밖에 없다. 이는 우리 사회의 양극화 역시 고유한 사회문화적 맥락을 배경으로 혹은 매개로 하여 진행될 수밖에 없다는 것을 의미한다. 예를 들어 IMF 경제위기 여파 속에서 급증했던 노숙자들과 가정 해체 현상은 단순한 경제적 요인을 넘어 실업을 전적으로 개인의 책임으로 돌리는 사회적 풍토, 가부장적 문화 속에서 강요되는 가장의 역할에 대한 기대, 사회 안전망의 미비 등과 같은 조건들을 함께 고려하지 않고는 적절히 설명되기 어려울 것이다.

이러한 한국사회의 문화적 맥락과 관련하여 우리는 무엇보다 먼저 한국사회 특유의 문화적 인정-무시 질서에 주목할 필요가 있다. 일반적으로 문화적 인정-무시 질서는 한 사회 내부의 경제적 분배에 큰 영향을 미치는 동시에 분배 불평등으로 환원될 수 없는 고유한 사회적 부정의를 야기하기도 한다. 예를 들어 남성중심주의 사회에서 여성에 대한 문화적 무시와 편견은 여성들에게 할당되는 경제적 재화의 몫을 감소시킬 뿐 아니라 여성에 대한 편견에서 기인하는 각종 차별을 야기한다.[28] 마찬가지로 한국사회 양극화 현상과 관련해서도 경제적 조건의 변화와 더불어 문화적 인정-무시 질서가 중요한 영향을 미치고 있다. 먼저 학력 및 학벌에 대한 차별, 여성 및 소수자에 대한 편견 등에 주목하여 이에 대해 검토해 보도록 하자.

우리 사회에서는 학벌과 학력이 한 인간을 평가하는 대표적인 사회적 척도로 기능하고 있다. 소위 명문대학 출신들은 정치, 경제, 문화 등 사회 전반에서 주요한 요직들을 독점하고 있으며, 나아가 서울 소재 대학과 지방 대학 사이의 차별 역시 심각한 상황이다.[29] 뿐만 아니라 대학 졸업장을 취득하지 못한 고졸 이하 학력자들은 일종의 사회적 낙인의 대상이 되기도 한다. 그리고 서열화된 대학체제와 살인적인 입시 경쟁은 학벌과 학력 위주의 이러한 사회적 평가 기준을 더욱 강화하고 있다. 이러한 상황은 우리 사회에서 학벌과 학력을 기준으로 하는 강고한 인정-무시 질서가 형성되어 있음을 보여주고 있다.

학력 혹은 학벌 위주로 사람의 능력을 평가하는 이러한 문화는 우리 사회의 경우 조선시대 과거제도와도 연결될 만큼 그 뿌리가 깊은 것으로 보인다. 물론 과거제도에 기초한 관료선발 제도는 출신 가문과는 무관하게 한 개인의 능력만을 기준으로 해서 공정하게 관료를 선발한다는 점에서 일정 부분 선진적인 측면과 긍정적인 효과도 갖는 것으로 볼 수 있다. 신분이나 출신 가문에 따른 불평등한 대우를 방지하고 시정할 수 있을 것이기 때문이다. 그러나 지금과 같이 입시라는 단 한 번의 평가로 각자의 학벌이 정해지고 또 그 학벌을 중심으로 폐쇄적인 지배 엘리트 집단이 형성된다면, 이는 오히려 개인의 성과에 따른 공정한 평가조차 부정하는 정반대의 결과를 낳게 될 것이다. 개인의 능력과 무관하게 특정한 집단의 성원들에게 과도한 사회적 특권을 제공하는 결과를 낳기 때문이다.

현재 우리 사회에서 해외박사, 명문대학 출신, 서울 소재 대학 출신, 지방 대학 출신, 고졸자 등 촘촘하게 짜여 있는 학력 중심의 인정-무시 질서는 학력과 학벌에 따른 사회적 인정이나 무시를 넘어서 취업과 승진 등을 매개로 경제적 분배에도 역시 직접적인 영향을 미치고 있다.[30]

예를 들어 학력별로 비정규직 비율을 살펴보면, 2012년 3월 기준 중졸 이하 81%, 고졸 57.9%, 전문대졸 38.4%, 대졸 이상 25.7%로 커다란 차이를 보여주고 있다.[31] 정규직과 비정규직의 임금 차이가 거의 2배에 달하는 현실을 고려할 때, 이는 학력 간 소득 격차가 상당하다는 점을 보여준다. 또한 이러한 소득의 서열화는 수도권 대학과 지방 대학 사이의 격차에서도 나타난다. 통계에 따르면 수도권 대학과 지방 대학의 취업률 자체에서는 큰 차이가 없으며, 경우에 따라서는 지방 대학의 취업률이 높게 나타나기도 한다. 그러나 2010년 한국직업능력개발원 조사에 따르면 수도권 대학과 지방 대학의 연봉 비율은 1982년 기준 100 대 88.2에서 2002년 기준 100 대 85.1로 악화되었다.[32] 물론 우리 사회에서 학벌과 학력에 대한 차별은 이러한 단순한

소득 격차로 환원될 수 없는 다양한 사회적 차별과 무시를 야기하고 있기도 하다.[33]

또한 서울대 중심의 학벌주의가 낳은 폐해 역시 심각한 상황이며, 이는 우리 사회의 각종 요직에 대한 특정 대학 출신들의 점유 비율을 통해서 명확히 표현되고 있다. 『학벌사회』의 저자에 따르면, 공직 부문은 물론 민간 영역에서도 서울대 출신의 요직 독점은 매우 심각한 상황이다. 예를 들어 서울대 출신이 해방 이후 역대 장관 중 43%에 이르며, 2001년 인사 기준 검사장급 이상의 경우 75.6%, 2003년 기준 1급 공무원의 경우 48.2%에 이른다. 또한 민간 부문에서도 서울대 출신이 2003년 기준 10대 기업 대표이사의 43.6%, 1993년 기준 공기업 이사장과 사장이 각각 84%와 67%, 2002년 기준 한국 대학교수 4명 중 1명꼴에 이른다고 한다.[34] 미국이나 일본의 경우와 비교해 보아도, 서울대 출신의 요직 점유율은 비정상적으로 높은 상황이다.

이런 점들을 고려한다면, 현재 한국사회의 양극화는 학벌 및 학력과 관련된 우리 사회 내부의 인정-무시 질서와 밀접한 연관관계 속에서 작동하고 있다고 할 수 있을 것이다. 물론 이와 더불어 성별과 관련된 인정-무시 질서, 폐쇄적인 '우리' 의식을 배경으로 하는 이주자, 새터민 등에 대한 무시 역시 한국사회 양극화를 추동하는 중요한 기제로 작동하고 있다.

먼저 성별 분업에 대한 문화적 인식은 직장 내에서의 여성 차별은 물론이고 여성들을 주로 저임금의 돌봄 노동에 종사하게 하는 결과를 낳는다. 가사와 간병 등 돌봄 노동의 여성화는 해당 직종에 대한 사회적 평가절하를 야기하고, 여성들의 경제활동 참여에 장애가 되고 있다. 또한 '빈곤의 여성화'에 대한 고찰들이 보여주고 있는 바와 같이 IMF 위기 이후 여성 가구주의 빈곤 비율은 남성 가구주의 빈곤 비율의 2배를 넘는 43.8%의 비율을 보여주었으며, 여기에는 성차별적 문화와 분업 구조가 커다란 영향을 미치고 있다.[35] 또한 비정규직 비율에서도 2012년 3월 기준 남성 임금노동자 중 비정규직 비율은 39.1%이지만 여성의 경우에는 59.9%를 기록하고 있다.[36] 한편 외국인 노동자나 새터민들의 경우에는 타자에 대한 문화적 무시와 낙인이 이들의 취업 기회를 박탈하고, 해당 집단의 빈곤을 직접적으로 야기하는 원인이 되기도 한다.

이와 같이 우리 사회의 인정-무시 질서는 고유한 형태의 문화적 차별을 야기하는 요인인 동시에 분배 부정의에도 역시 직접적인 영향을 미치고 있다. 학력, 학벌, 성을 둘러싼 문화적 무시는 단순히 경제적 불평등으로 환원될 수 없는 고유한 사회적 불의를 야기한다. 이로 인한 사회적 낙인은 당사자의 내면에 치유할 수 없는 고유한 상처를 남기기 때문이다. 그러나 이와 동시에 앞서 살펴본 바와 같이 이러한 문화적 무시는 경제적 분배에도 역시 중요한 영향을 미치고 있다. 이는 한국사회 양극화의 실태나 원인에 대한 분석과 관련해서도 경제 영역의 구조적 변화와 더불어 사회적 인정-무시 관계가 반드시 고려될 수밖에 없다는 것을 의미한다.

3. 한국사회 양극화와 정의 담론

위에서 우리는 한국사회 양극화의 실태와 원인에 대해서 고찰해 보았으며, 이를 통해 현재 한국사회 양극화는 그 실태나 발생원인 모두에서 복합적이고 다차원적인 성격을 갖는다는 점을 확인할 수 있었다. 이제 이와 같이 한국사회 양극화를 일종의 사회적 부정의로 규정할 수 있다고 한다면, 그러한 부정의의 구체적 내용은 과연 무엇일까?

우선 우리는 한국사회 양극화를 일종의 '분배' 부정의로 규정할 수 있을 것이다. 앞서 살펴본 바와 같이 한국사회 양극화는 일차적으로 경제적 부와 소득의 불평등 혹은 정의롭지 못한 분배를 의미하기 때문이다. 그렇지만 한국사회 양극화 현상을 이와 같이 단지 분배라는 틀로만 접근하는 것은 제한성을 가질 수밖에 없다. 왜냐하면, 한국사회 양극화 현상에는 경제적 자원의 분배라는 틀로 포착되지 않는 문화적 요인들, 즉 인정-무시 질서가 동시에 작동하고 있기 때문이다. 뿐만 아니라 무시는 분배 정의의 틀로는 포착되지 않는 다양한 고통과 부정의, 낙인찍기와 차별 등을 동시에 유발하기도 한다.

이러한 점을 고려할 때 한국사회 양극화에서 나타나는 중층적인 부정의를 제대로 분석하기 위해서는 예를 들어 앞서 4장에서도 지적한 바와 같이 우선 두 차원에서, 즉 분배 불평등과 무시라는 차원에서 동시에 접근할 필요가 있을 것이라고 판단된다. 물론 이 두 차원은 밀접한 상호영향 관계를 가지고 있다. 일반적으로 빈곤은 무시를 낳고 무시는 빈곤을 낳게 마련이다. 그러나 그렇다고 해서 이 두 차원을 하

212

나로 환원할 수는 없다. 왜냐하면 그 두 차원은 서로 중첩되면서도 각각 고유한 독자성을 가지고 있기 때문이다.[37]

이는 정의론과 관련하여 분배 일원론이나 인정 일원론을 넘어서 양자를 모두 포섭할 수 있는 이차원적 정의 개념을 도입할 것을 요구하고 있는 것으로 보인다. 그러면 한국사회 양극화 현상을 구체적 대상으로 삼아 분배 일원론과 인정 일원론이 가지는 각각의 한계에 대해 좀 더 살펴보도록 하자.

한국사회 양극화 현상에 대한 앞선 고찰을 고려해 보면, 첫째, 분배 일원론은 한국사회 양극화에 영향을 미치고 있는 고유한 인정-무시 질서를 파악하는 데서 실패할 수밖에 없다. 앞서 지적한 바와 같이 한국사회 양극화에는 학력 및 학벌 그리고 성차에 대한 고유한 인정-무시 질서가 큰 영향을 미치고 있다. 문제는 이러한 요인들이 경제적 재화의 분배라는 틀만으로는 결코 파악될 수 없다는 데 있다. 문화적 인정과 무시는 분배나 재분배의 대상이 될 수 있는 물질적 재화가 아니기 때문이다. 둘째, 이는 결국 우리 사회에서 특수한 집단들, 예를 들어 여성이나 저학력자들이 겪고 있는 사회적 부정의의 내용이 무엇이며 그것이 발생하는 이유가 무엇인지를 해명할 수 없는 결과를 낳게 된다. 우리 사회의 고유한 인정-무시 질서를 고려하지 않고는 여성이나 저학력자들에게 빈곤이 집중되는 현상을 설명할 수 없을 뿐 아니라 문화적 무시와 편견으로 인한 그들의 구체적 고통 역시 제대로 설명할 수 없기 때문이다.[38]

이로 인해 분배 일원론적 접근은 결국 한국사회 양극화에 대한 대안 제시에서도 실패할 수밖에 없다. 사회적 양극화에 커다란 영향을 미치고 있는 인정-무시 질서는 그대로 둔 상태에서 경제적 재분배를 통해 분배 정의를 추구하는 것은 결국 실패할 수밖에 없기 때문이다. 왜냐하면, 첫째, 일정한 재분배를 한다고 하더라도 기존의 인정-무시 질서로 인해 특정한 집단은 다시금 열악한 상황에 처하게 되기가 쉬울 것이며, 둘째, 인정-무시 질서에서 기인하는 사회적 낙인과 편견으로 인한 고통은 여전히 존속될 것이고, 셋째, 최악의 경우에는 특정 집단에 대한 재분배 정책이 오히려 사회적 낙인을 강화할 수도 있기 때문이다.

다음으로 정의를 동등한 인정으로 규정하고 있는 인정 일원론의 경우는 먼저 한국사회 양극화의 원인 진단에서 심각한 한계를 갖는다. 왜냐하면 앞서 지적한 바와 같이 한국사회 양극화의 근본적인 원인은 다양한 경제적 상황의 변화에서 기인하고 있음에도 불구하고 인정 패러다임, 인정질서 개념을 통해서는 이러한 원인들이 전혀 분석되거나 접근될 수가 없기 때문이다. 물론 앞서 지적한 바와 같이 한국사회 양극화에 인정-무시 질서가 중요한 영향을 미치는 것은 부정할 수 없는 사실이지만 한국사회 인정질서가 한국사회 양극화의 유일한 원인은 결코 아니다.

예를 들어 특정한 집단, 학력, 직업에 대한 문화적 무시가 특정한 집단이나 개인의 빈곤을 야기한다고 할 수는 있지만, 이것만이 유일한 이유는 결코 아니다. IMF 위기나 최근의 금융위기는 인정질서 개념을 통해서는 결코 설명될 수가 없다. 앞서 지적한 경제적 요인들, 예를 들어 한국경제 상승률의 하락, 중국산 저가품의 유입, 고부가가치 산업의 성장 등을 생각해 보라. 물론 우리는 이러한 현상들이 인정질서 개념과 가지는 희미한 연관성을 추적해 볼 수는 있겠지만, 그 개념으로 이러한 전체 현상을 설명하려는 것은 무망한 노력으로 보인다.

이는 대안의 제시와 관련해서도 마찬가지다. 한국사회 양극화를 해소하는 데서 문화적 무시를 해소하고 이를 통해 문화적 부정의를 극복하는 것도 중요한 과제이지만, 이와 더불어 혹은 그에 앞서서 한국사회 양극화를 야기하는 경제구조적인 요인들에 대응하고 근본적 문제를 시정하려는 노력이 반드시 필요하기 때문이다.[39]

이상의 검토는 결국 현대사회 일반은 물론 한국사회 양극화에 대한 원인 분석과 대안 마련을 위해서도 분배 일원론이나 인정 일원론을 넘어서는 다차원적 정의 개념이 반드시 필요하다는 점을 다시 한 번 확인시켜 주고 있다. 이를 위해서는 앞서 4장에서 살펴본 바와 같이 경제적 배제와 문화적 무시를 포괄하는 다차원적 정의 개념을 확보하는 동시에 두 가지 사회적 불의의 독자성과 상호연관성을 해명할 수 있어야만 할 것이다.

7장

한국사회 시장화

/

삶의 물화와 저항

앞서

우리는 현대사회의 불의와 구별되는 고유한 병리현상이 존재하며, 이러한 병리현상이 삶의 물화에서 기인한다는 사실에 대해서 이미 살펴보았다. 삶의 물화는 개인들의 내면적 삶에 심각한 병리적 효과를 미치며 진정성의 이상을 질식시킨다. 또한 우리는 물화 현상이 그 원인과 효과 그리고 저항 주체의 측면에서 사회적 불의와 구별된다는 점에 대해서도 역시 검토하였다. 이제 이러한 검토를 기초로 하여 한국사회 시장화 문제를 살펴보도록 하자. 먼저 한국사회 시장화를 중심으로 삶의 물화로 인한 병리현상이 오늘날 한국사회의 일상적 삶에서 어떤 양상으로 나타나고 있으며 또 그 결과는 무엇인지에 대해서 구체적으로 고찰해 볼 것이다. 나아가 이러한 상황에 대한 정확한 진단과 비판적 인식을 위해 물화 비판 담론의 복원이 필요하다는 점을 강조할 것이다.

1. 한국사회 시장화와 물화 비판

먼저 물화 비판이 우리 사회에 대한 비판의 한 축으로 요구받게 된 배경에 대해서 생각해 보도록 하자. 한국사회의 경우 물화 비판이 그 시의성을 획득하게 된 것은 비교적 최근에 들어서라고 판단된다. 물론 그간 자본주의 사회에서 발생하는 물화 현상 자체가 우리 사회에 존재하지 않았다거나 그에 대한 논의가 전무했다고 할 수는 없을 것이다. 그러나 그간 사회비판의 주류는 어디까지나 정치적 민주화 문제나 사회정의, 특히 분배 정의에 대한 요구를 중심으로 진행되었다고 보는 편이 합당할 것이다.

우리 사회에서 급속한 산업화가 진행되기 시작한 1960~70년대에는 주로 농촌 문제나 도시빈민 문제가, 그리고 1980년대에는 열악한 노동자의 현실이 주요한 사회문제로 인식되었으며, 이러한 현실에 대한 비판과 저항을 억압하는 비민주적 정치구조와 권력에 대한 비판이 동시에 진행되어 왔다.[1] 물론 1970년대 이후 산업사회 비판의 맥락에서 현대사회의 소외 현상에 대한 서구의 논의들이 일부 소개되기도 하였지만 사회비판 전반을 고려한다면 경제적 불평등 문제에 대한 비판과 민주화 요구가 주류를 이루고 있었다고 할 수 있을 것이다.[2]

이후 1987년의 민주대항쟁과 정치 민주화, 현실 사회주의 몰락 등을 계기로 하여 1990년대에 들어 한국사회에서는 민중운동과 구별되는 시민운동의 흐름이 급속히 활성화되기 시작하였다. 그리고 이는 사회운동의 이슈를 보다 다양하게 만드는 결과를 낳게 된다.[3] 새로운 시민운동은 경제정의 문제와 더불어 시민들의 일상생활에 밀착한 새로운 정치적-사회적 이슈들을 제기하기 시작하였으며, 그 결과 환경, 교육, 사생활, 위험 등 다양한 생활정치의 이슈들이 우리 사회에 본격적으로 등장하기 시작한다. 이를 반영하여 이론적인 논의 차원에서도 시민사회 이론, 참여민주주의 이론, 각종 포스트주의 등 다양한 사회 비판이론들이 주목받게 된다.

이후 가속화되는 지구화 과정 속에서 1997년 IMF 경제위기는 다시 한 번 우리 사회의 급격한 변화를 초래하게 된다.[4] 기업 내 구조조정의 상시화와 급속한 노동 유연화로 인해서 비정규직이 증대하고 두터웠던 우리 사회의 중산층은 급속하게 몰락하게 된다. 이는 한편으로는 소득 양극화와 같은 심각한 경제적 부정의를 확대하였으며, 다른 한편으로는 생존을 위한 경쟁 이데올로기가 우리 사회를 전면적으로 포섭하는 결과를 낳게 된다. 지구적 차원에서 경쟁 이데올로기가 확산되는 것을 배경으로 우리 사회 역시 기업의 효율성을 모든 삶의 척도로 삼는 일종의 '기업사회'로 변모하게 된다.[5] 물론 자본주의 사회에서 언제나 기업의 영향력이 막강했던 것은 사실이지만 기업사회 테제는 이제 그 영향력이 우리 사회 전반을 포획하게 되는 새로운 단계로 진입하였음을 지적하고 있다. 이러한 상황은 대기업이 급속히 성장하고 지구적 차원의 경쟁이 강화되면서 민주 정부의 주도권이 상실되고, 대기업과 시장 세력이 사회생활 전반에 대한 주도권을 획득하게 되었음을 의미한다.

물화 비판은 이러한 우리 사회의 변화, 특히 오늘날 한국사회의 시장화를 배경으로 하여 그 시의성을 획득하게 된 것으로 보인다. 물론 이러한 한국사회 시장화의 근본 뿌리는 '환원근대론'이 주장하는 바와 같이 이미 1960~70년대에 진행된 돌진적 산업화에서 찾을 수 있을 것이다. 이미 그 시기부터 근대화가 곧바로 경제성장과 동일시되면서 성장과 효율성 논리가 한국사회를 지배하기 시작했다고 볼 수도 있기 때문이다.[6] 그럼에도 불구하고 이 시기의 경제성장이 주로 국가의 주도하에서 진행되었고, 전면적인 사회의 시장화가 진행되었다고 보기는 어렵다는 점에서 최근 진행되고 있는 한국사회 시장화의 경우와는 구별될 수 있을 것이다.

뿐만 아니라 물화 비판이 정치적 핵심 의제로 등장하기 위해서는 먼저 일정한 정도의 경제성장과 정치적 민주화가 전제된 상태에서 경쟁과 효율성 논리의 전면화가 이루어져야만 한다는 점도 고려될 필요가 있다. 왜냐하면 절대적 빈곤이나 명백한 비민주적 억압이 상존하는 상황에서는 이에 대한 극복이 우선적인 정치적 과제가 될 수밖에 없기 때문이다. 현재 우리 사회는 일정한 정치적 민주화 이후에 기업 사회로의 진입을 통해 경쟁과 효율성 논리가 전면화되고 있다는 점에서 이러한 상황적 조건에 부응한다고 볼 수 있다.

한편 그간 우리 사회에서는 교육행정정보체계(NEIS) 구축 반대 운동, 광우병 관련 촛불시위 등과 같이 정치적 민주화나 분배 정의 문제와는 상이한 형태의 새로운 사회운동들이 이미 진행된 바 있으며 주지하듯이 이러한 운동들은 엄청난 사회적 동원력과 파급효과를 발휘하였다. 뿐만 아니라 대학의 기업화에 대한 반감, 한 고려대 재학생의 자퇴 사건 등에서 볼 수 있는 바와 같이 경쟁과 효율성 논리의 전면화에 대한 일상적 저항 역시 다양한 형태로 표출되고 있다.[7]

222

결국 이는 현재 우리 사회에서 정치 민주화나 사회정의 요구와는 범주적으로 구별되는 삶의 물화에 대한 비판이 중요한 사회적 화두로 등장하고 있음을 보여준다고 하겠다. 경쟁과 효율성의 논리가 시민들의 자유로운 삶을 침탈하는 상황이 강화되면서 이에 대한 다양한 형태의 저항 역시 강화되고 있으며, 이러한 사회적 변화를 배경으로 삶의 물화에 대한 비판은 오늘날 우리 사회에서도 시급한 과제로 부상하고 있다.

그러나 이러한 상황에도 불구하고 사회적 부정의에 대한 담론과 비교해 볼 때, 물화 비판에 관한 이론적 담론은 상당히 위축되어 있다. 물론 한편으로 '기업사회'나 '시장전체주의'와 같은 한국사회에 대한 최근의 진단들은 한국사회 시장화를 직접적으로 문제 삼은 바 있다.[8] 또한 최근의 소설, 예를 들어 박범신의 『비즈니스』의 경우는 한국사회의 시장화가 가져온 욕망의 왜곡과 삶의 파국을 문학적으로 형상화하기도 하였다.[9] 그럼에도 불구하고 이러한 작업들이 이론적인 차원에서 물화 현상에 대한 본격적인 성찰로 이어지지는 못하고 있다. 양극화의 심화를 고리로 분배 정의에 관한 담론들이 활성화되고 소수자 문제의 부상을 계기로 인정 담론에 대한 관심이 확산되고 있는 데 비해서 물화 비판에 대한 관심은 아직 미미한 상황이다. 1980년대 이후 마르크스나 루카치의 물화 개념이 소개되었고, 물화 개념에 대한 서구의 최근 논의들도 일부 소개되고는 있지만, 물화 비판이 한국사회에서 가지는 실천적 의미에 대한 본격적인 논의는 진행되지 못하고 있다.[10]

2. 한국사회 시장화의 결과

앞서 삶의 물화와 관련해서 이미 설명한 바와 같이 물화의 효과는 인간의 내적 욕망은 물론 사회관계 전반에 대해서 전면적이고도 근본적인 영향력을 발휘한다. 이제 아래에서는 먼저 오늘날 한국사회 시장화가 우리의 일상적 삶에 어떤 영향을 미치고 있는지를 먼저 고찰한후, 다음으로 이러한 물화 효과가 사회갈등과 관련해서는 어떤 결과를 낳고 있는지에 대해 살펴보도록 하자.

1) 삶의 황폐화와 속물화

앞서 언급한 바와 같이 삶의 물화는 개인의 욕망을 물화시킬 뿐 아니라 다양한 삶의 영역에서 인간의 자율성과 존엄성을 위협하게 된다. 현재 우리 사회에서도 왜곡된 욕망에 의한 개인의 자유에 대한 억압은 일상화되고 있다. 모든 욕망은 상품 소비의 형태로 재단되고 개인들은 자신의 고유하고 진실한 삶의 목적을 추구하기보다는 사회적 생존을 위해 이를 일상적으로 억압하게 된다. 이는 결국 자아를 약화시키고 그 내용을 공허하게 만들 뿐이다. 김영하의 『퀴즈쇼』의 한 젊은 화자는 오늘날 청년 세대의 특징을 수많은 기대들 속에서 결국 "아무것도 원하지 않는 사람들이 되어"버린 것이라고 말한다.[11]

　이러한 삶의 물화 현상은 가정과 학교, 나아가서는 일터에서도 확산되고 있으며, 이로 인해 자율적이고 민주적인 사회관계는 심각하게 훼손되고 있다. 개인의 고유성과 자율성의 핵심인 연애와 결혼이 시장화되고, 어린이에 대한 양육 과정에까지 경쟁 논리가 침투하고 있다. 획일적인 무한경쟁을 강요하는 이러한 현실 속에서 자녀에 대한 부모의 사랑은 자신의 자녀가 생존경쟁에서 승리할 수 있도록 극단적인 자기희생을 통해 후원하는 것이 될 수밖에 없을 것이다. 그러나 자식을 위해 주부매춘까지 선택했던 『비즈니스』의 여주인공에게 더 이상 아들, 나아가서는 남편 역시 그리움의 대상도 사랑하는 존재도 아닐 수밖에 없다.[12] 물화된 욕망은 결국 원초적 사랑까지도 파괴할 수밖에 없는 법이다.

교육에서는 과도한 입시경쟁이 전면화되고 있으며 대학의 취업학원화 현상도 이미 일상화되고 있다. 일터에서 배제된 사람들은 잉여상품으로, 쓸모없는 존재로 간주되고 일터 내부에서도 개인은 상시적 구조조정의 위협 속에서 일회용품 취급을 받고 있다. 결국 우리 사회는 평범한 사람들이 평범한 삶을 살아갈 수 없게 되어 버린 냉혹한 '프로'의 세계가 되어 버렸으며, 평범하게 노력하며 살아가는 사람들을 기다리는 것은 자아 상실과 '퇴출'일 뿐이다.[13] 이러한 상황 속에서 사회 성원들은 사적인 공간은 물론 공적인 공간에서도 고립된 이기적 개인으로 파편화되며 이러한 사회적 상황 전반에 대한 민주적 통제력을 상실할 수밖에 없게 된다.[14]

이렇게 우리 시대의 문학 작품들 속에서 오늘날 한국사회의 시장화가 낳는 병리현상들에 대한 다양한 형상화가 이루어지고 있을 뿐 아니라 사회학자들 역시 이러한 상황에 주목하고 있다. 예를 들어 김홍중의 『마음의 사회학』은 우리 사회 성원들의 이와 같은 내면의 변화를 진정성의 상실과 삶의 속물화로 읽어 내고 있다.[15] 저자에 따르면, 경쟁과 생존의 논리를 넘어 진정한 자아실현을 지향하는 진정성의 에토스가 1980년대 이후 민주화 운동 과정에서 형성되어 소위 386세대의 세대의식의 핵심을 구성하였으며, 이는 1990년대 이후 문학과 문화의 영역에서 더욱 심화되어 우리 사회의 중요한 가치로 내면화된다.[16]

이 시기의 지배적인 마음의 레짐에는 살아남는다는 것, 즉 생존경쟁에서 승리한다는 것을 부끄럽게 여길 줄 아는 감수성이 살아 있었다. 그리고 진정한 자아와 좋은 사회에 대한 열망이 결합하면서 1980년대 민주화 과정 속에서 이러한 마음의 레짐은 사회 전체의 구조적 변동을 야기하는 가치 체계로서 기능하게 된다. 당시 청년 세대들은 한국사회의 경제성장을 배경으로 비로소 삶의 의미와 진정한 나를 추구할 수 있는 여유를 가질 수 있었으며, 이와 동시에 민중에 대한 부채의식을 바탕으로 좋은 사회에 대한 열망을 분출하게 되었다는 것이다.[17]

그러나 이러한 진정성의 가치는 1997년 IMF 외환위기 이후 한국사회가 총체적 구조조정의 국면에 진입하면서부터 급격히 퇴조한다.[18] 외환위기 이후 한국사회는 생존경쟁이 지배하는 사회로 급격히 변모하였기 때문이다. 물론 IMF 위기를 계기로 한국사회의 시장화가 전면화된다는 지적은 김동춘의 경우 역시 마찬가지다. 김동춘에 따르면, 한국사회는 1997년 외환위기를 기점으로 본격적인 기업사회로 진입한다.[19] 외환위기를 계기로 정부를 기업처럼 운영하자는 주장은 물론 CEO 대통령, CEO 총장, CEO 장관, CEO 시장이라는 말들이 유행하기 시작한다. 그리고 이에 따라 민영화의 미명하에 공적 영역들이 사적 영역들로 포획되기 시작한다. 우수한 인재들 역시 대기업으로 집중되기 시작하고, 마침내 삼성의 사회적 신뢰도가 1위가 되기에 이른다.[20]

한국사회 변화에 관한 김홍중의 진단 역시 이와 궤를 같이 하지만, 그는 한국인들의 마음, 즉 내면으로 더 깊은 시선을 돌린다. 그리고 이를 통해서 그는 이러한 사회 변화가 결국 삶의 속물화로 귀결되었다고 진단하게 된다. 그는 오늘날 범람하는 자기계발서의 핵심에서 스놉(속물)이 되라는 명령을 읽어 낸다.[21] 모든 자기계발서는 결국 최종적으로 세속적 성공이나 공격적 생존을 위해 속물이 될 것을 명령하고 있다는 것이다. '부자 되세요'라는 문구가 횡행하는 상황에서 이제 속물이 되는 것은 더 이상 부끄러운 일도 부도덕한 일도 아니며, 오히려 자신의 본능에 충실하고자 하는 솔직한 행위일 뿐이다. 그리고 그 대가는 언제나 사회적 성공과 안락한 생활이다. 물화된 삶 속에서 욕망은 획일화되고, 삶은 그러한 획일적 욕망을 실현하기 위한 도구에 지나지 않는다. 그러나 그 결과는 결국 앞서 살펴본 『비즈니스』의 여주인공이 맞이하는 파국일 뿐이다.

무한경쟁을 강요하는 한국사회의 시장화는 사회 성원들의 욕망 자체를 속물화하고, 획일화하며, 이로 인해 각각의 개인들의 내면은 황폐화되고 있다. 각각의 개인들은 자신이 진정으로 원하는 바가 무엇인지를 망각한 채, 속물화된 욕망의 경쟁 구도 속에 포획된다. 그리고 이러한 상황 속에서 진정성으로서의 자유라는 이상은 질식할 수밖에 없을 것이다. 따라서 삶의 물화를 강요하는 이러한 상황은 결국 자유로운 삶에 대한 요구를 지향하는 사회적 저항을 촉발할 수밖에 없다.

2) 새로운 사회갈등의 분출

경쟁과 효율성 논리의 지배로 인한 삶의 물화는 현재 우리 사회에서
도 사회적 불의에 대한 저항과는 구별되는 새로운 사회갈등을 유발하
고 있다. 그리고 이러한 사회갈등은 앞서 지적한 바와 같이 오늘날 한
국사회 갈등의 중요한 한 축을 형성하고 있다.

'새로운' 사회갈등이란 그 명칭 자체에서 확인할 수 있는 바와 같이
기존의 사회갈등 요인에 비해 비교적 최근에 발생하고 있는 갈등 형
태라고 볼 수 있으며, 그 내용에서도 과거의 사회갈등과는 큰 차별성
을 가지고 있다고 할 수 있다. 예를 들어 산업화 이후 대표적인 사회
갈등이라고 할 수 있는 분배갈등은 주로 경제적 자원의 불평등 분배
와 그에 대한 저항을 그 내용으로 하고 있으며, 인정갈등의 경우는 주
로 문화적 지위상의 불평등과 종속 그리고 그에 대한 저항을 그 내용
으로 하고 있다. 물론 이러한 원칙적인 구별에도 불구하고 앞서 지적
한 바와 같이 구체적인 사회갈등 상황에서는 이러한 두 요인들이 복
합적으로 작용하는 것이 일반적이라고 할 수 있다. 또한 이러한 사회
갈등은 그 내용적 차별성에도 불구하고 특정한 개인이나 집단에 대한
차별을 시정하는 것을 그 목표로 하고 있으며, 그런 점에서 '공정으로
서의 정의'(justice as fairness) 혹은 '동등한 참여'(parity of participation)
를 그 주된 목표로 한다고 볼 수 있다.[22]

반면에 새로운 사회갈등의 주제는 특정한 개인이나 집단에 대한

차별의 문제보다는 공동체 전체의 가치관, 삶의 지향 또는 목표와 밀접하게 연관되어 있다. 이는 환경, 교육, 인권, 사생활, 평화, 안전 등과 같은 새로운 사회갈등의 이슈들에서 공통적으로 발견되는 특징이다. 이러한 이슈들은 특정한 개인이나 집단에 대한 억압이나 차별의 경우와는 달리 모든 사회 성원들의 삶의 방식이나 목표와 관련된다는 특징을 가지고 있다고 할 수 있다.

이러한 성격으로 인해서 새로운 사회갈등의 '주체'들 역시 기존의 갈등의 경우와는 구별될 수밖에 없다. 기존의 갈등의 경우 저항의 주체는 주로 경제적 자원이나 문화적 인정을 박탈당하거나 결여하고 있는 개인이나 특정 집단이었다. 반면에 새로운 사회갈등의 경우 저항의 당사자는 삶의 가치나 목적이 훼손된다고 생각하는 시민 일반이 될 수밖에 없다. 물론 원칙적으로는 이와 같이 시민 일반이 새로운 사회갈등의 주체가 될 수 있지만, 현실적으로는 교육받은 중산층이나 대학생들이 새로운 사회갈등의 두드러진 주체로 등장하기도 한다.[23]

새로운 사회갈등이 가지는 이러한 일반적 특징들을 해명하는 데는 신(新)사회운동에 대한 기존의 논의들이 도움을 줄 수 있다. 예를 들어 한 연구는 기존 연구들을 참조하면서 구사회운동과 신사회운동 사이의 차이점을 다음과 같은 도표를 통해서 다각도로 비교하고 있다.[24] 이에 따르면 구사회운동과 신사회운동은 운동의 쟁점, 주체, 조직, 방법 등에서 근본적인 차이를 보여주고 있다.

앞서 언급한 바와 같이 하버마스 역시 새로운 사회운동의 흐름을 염두에 두면서 그의 '생활세계 식민화 테제'를 제시하였으며, 이에 따르면 새로운 사회운동은 돈과 권력을 매체로 하는 경제 및 행정 체계

	구사회운동(노동운동)	신사회운동
사회적 위치	제도정치에 포섭	제도정치에 저항, 시민사회
운동 쟁점	경제적·계급적 불평등의 완화, 집단적·물질적 이익, 복지	환경, 여성, 평화, 인권, 인종, 소수자, 대안적·공동체적 삶
운동 주체	노동자 계급	신중간계급, 전문직, 자유직 등
운동 이념 (가치)	성장주의, 물질주의	탈물질주의, 탈권위주의, 풀뿌리 민주주의
운동 조직	수직적, 위계적 조직	수평적 네트워크 조직
운동 방법	관례적 행동	비관례적, 급진적 행동

의 논리가 일상 세계를 침식해 들어오는 과정에 대한 저항으로 해석된다. 새로운 사회운동과 새로운 사회갈등이 발생하게 되는 근본 원인은 성장과 효율성 위주의 시장 및 행정 논리가 시민들의 합의를 중핵으로 하는 일상적 삶의 질서를 침해하는 데 있다는 것이다.[25]

이러한 기존 고찰들은 새로운 사회갈등의 특징과 근본적인 발생 원인을 이해하는 데 중요한 단서를 제공하고 있다. 이에 따르면, 새로운 사회갈등의 경우 그 주체가 특정한 계급이나 집단으로 환원될 수 없으며, 쟁점 자체도 시민들의 새로운 감수성 및 가치관의 등장과 관련되어 있고, 저항의 조직과 방식은 수평적이고 네트워크적인 형태를 보여주고 있다. 예를 들어 기존 노동운동의 경우는 이슈 자체가 경제적 자원의 분배 문제일 뿐 아니라 그 운동의 형태도 조직적이고 위계적인 형태를 가지고 있다. 그러나 새로운 사회갈등의 이슈들은 그 성격상 저항 주체가 특정한 계급이나 집단으로 제한되지 않고, 다양한 집단과 개인들이 네트워크 형태로 자율적으로 참여하는 경향이 있다고 할 수 있다. 물론 이러한 변화의 배경에는 위험사회의 등장, 소비사회의 부상, 정보화의 진전 등과 같은 거시적 사회 변화가 놓여 있다.[26]

이제 새로운 사회갈등의 발생과 관련하여 일반적인 맥락에서 진행되어 온 기존의 논의들을 넘어서 한국사회의 맥락에 대해 생각해 보도록 하자. 먼저 우리 사회에서 이러한 새로운 사회갈등 요인들이 등장하게 된 것은 앞서 밝힌 바와 같이 시민들의 가치관과 감수성의 변화 그리고 정치적 민주화와 시민사회의 성장 등을 그 배경으로 한다고 할 수 있을 것이다. 새로운 사회갈등의 등장은 단순한 물질적, 경제적 욕구를 넘어서는 새로운 가치관, 즉 탈물질주의(postmaterialism) 가치관의 등장을 전제하고 있다.[27] 경제적 궁핍이 주된 문제가 되는 상황에서 환경이나 평화와 같은 가치들에 대한 관심이 본격적으로 주제화되기는 힘들 수밖에 없기 때문이다. 다음으로 이러한 이슈들이 등장하기 위해서는 절차적 차원의 민주주의 확립과 시민사회의 성장 역시 필요하다. 명백한 정치적 억압이 존재하거나 이러한 이슈들을 공론화할 수 있는 시민사회가 부재한 상황에서는 이러한 형태의 사회갈등 자체가 발생할 여지가 없기 때문이다.

우리 사회의 경우에는 특히 1990년대 이후 이러한 세 가지 조건들이 본격적으로 구비된 것으로 보인다. 예를 들어 세계가치관조사 자료를 시기별로 비교 분석한 결과에 따르면, 한국의 탈물질주의자 비율이 1980년대 후반 들어 매우 높게 나타나고 있음을 확인할 수 있다.[28] 또한 우리 사회에서도 젊은 층에서 탈물질주의자 비중이 높고, 그들의 정치적 참여가 보다 활발하다는 분석들도 수차례 제시된 바 있다.[29] 한편 1989년 경제정의실천시민연합, 1993년 환경운동연합, 1994년 참여민주사회와 인권을 위한 시민연대 등 한국의 대표적인 시민운동 단체들이 결성되고, 여타 시민운동 단체들의 수도 급속히 증가하기 시작하였다. 그리고 이러한 양적 증가와 더불어 2000년 총선에서의 '낙천·낙선 운동' 사례에서 대표적으로 볼 수 있는 바와 같이 한국 시민사회의 발언권 역시 급속히 확대되었다.[30] 이러한 상황 속에서 특히 IMF 위기를 계기로 하여 한국사회의 시장화가 더욱 가속화되었고 그 결과 우리 사회에서도 새로운 사회갈등이 급속히 분출하고 있다.

결국 새로운 사회갈등이 우리 사회 갈등의 핵심 축으로 본격적으로 등장한 시기는 1990년대 이후라고 할 수 있다. 물론 환경갈등 사례에서 볼 수 있는 바와 같이 새로운 사회갈등 이슈들이 1990년대 이전에는 아예 존재하지 않았다고까지 말할 수는 없겠지만, 환경운동 역시 그것이 본격적으로 확대되는 시기는 1990년 이후라고 말할 수 있을 것이다.[31] 그리고 지금까지 한국사회에서 새로운 사회갈등은 주로 대규모 국책사업과 관련된 '공공갈등'(public conflict)의 형태로 표출되어 왔다. 일반적으로 공공갈등이란 공공정책의 수립 및 집행과 관련하여 정부나 지방자치 단체가 당사자가 되는 갈등이라고 말할 수 있다.[32] 물론 공공갈등 전체가 여기서 말하는 새로운 사회갈등에 속한다거나 공공갈등이 곧 새로운 사회갈등이라고 말할 수는 없을 것이다. 왜냐하면 공공갈등 중에는 공항이나 항만 등 공공기관의 지역 유치를 둘러싼 갈등과 같이 이해갈등의 성격이 강한 경우들 역시 많이 존재하기 때문이다.

때문에 새로운 사회갈등은 공공갈등 중에서도 주로 가치갈등이 쟁점이 되는 경우라고 말할 수 있을 것이다.[33] 물론 이것이 가치갈등이 이해갈등과 전혀 무관하다는 주장을 함축하지는 않는다. 단지 공공갈등이 여기서 말하는 새로운 사회갈등으로 규정되기 위해서는 단순한 이해갈등을 넘어 삶의 질과 관련된 가치의 문제가 주제화되어야 한다는 것이다. 일반적으로 대규모 국책사업들은 사업의 규모가 크고 그것이 미치는 영향 또한 막대하기 때문에 복잡한 사회갈등 상황을 유발하는 경향이 있다. 특히 새로운 사회갈등과 관련해서는 이러한 대규모 국책사업들이 환경과 안전은 물론 일상적인 시민들의 삶에도 커다란 영향을 미치기 때문에 중요한 갈등 요인이 되고 있다.

한국사회의 새로운 사회갈등 요인들 중에서도 가장 대표적인 것은 환경갈등이라고 할 수 있을 것이다. 예를 들어 시화호 개발을 둘러싼 갈등은 이미 1993년에 시작되었고, 이후 국책사업을 둘러싼 환경갈등은 1996년 경인운하 건설, 1997년 영월 동강댐 건설, 1998년 새만금 간척사업, 2001년에는 한탄강 댐 건설 및 경부고속철도 천성산 구간, 서울외곽순환도로 사패산터널 그리고 2007년 4대강 살리기로 이어진다.[34] 이와 같이 환경갈등은 한국의 새로운 사회갈등 이슈들 중 시기적으로 볼 때도 앞서 있고 발생 건수에서도 압도적인 다수를 차지하고 있다. 예를 들어 2000년 이후 발생한 13개의 주요 국책사업 갈등 사례를 분석한 한 연구에 따르면, 전체 갈등 사례 중 환경갈등 사례로 분류된 것이 8건에 이르고 있다.[35]

다음으로 안전과 관련된 이슈 역시 새로운 사회갈등의 쟁점으로 부상되었다. 안전과 관련해서는 먼저 2003년 부안 방폐장 건설을 둘러싸고 극심한 갈등이 발생하였으며, 2008년에는 미국산 쇠고기의 안전성 문제를 둘러싸고 장기간에 걸친 대규모 시위가 발생한 바 있다. 사실 우리 사회에서 방폐장 건설을 둘러싼 갈등은 부안 사태 이전에도 여러 차례에 걸쳐 논란이 되어 왔다. 이미 1988년에 동해안 지역의 3개 후보지가 선정되었지만 지역주민들의 반발로 인해 무산되었고, 1990년에는 방폐장 건설에 반대하는 '안면도 사태'가 발생하여 주무 장관이 해임되기도 하였다. 이후에도 1994년부터 굴업도에 방폐장 건설을 추진하다 활성단층이 발견됨으로써 백지화된 바 있다. 이러한 실패 경험을 교훈으로 정부는 입지 선정 방식을 변경하였고, 2003년 부안군 위도가 방폐장 유치 후보지로 선정된다.

그러나 이러한 결정 이후 장기간에 걸친 주민들의 촛불시위, 차량시위, 해상시위가 지속되었다. 이 과정에서 저항이 격렬해지고 주변 고속도로가 점거되는 등 시위 양상은 더욱 과격해진다. 이에 정부는 대규모 지역개발 사업을 약속하고 주민들과의 대화를 모색하였으나 이후에도 군수 폭행 사태, 학생들의 등교 거부 등이 이어졌다. 이후 정부와 지역주민들 사이의 협의와 협의 결렬이 지속되었고 결국 부안 지역 방폐장 건설은 백지화되기에 이른다. 약 7개월 간 진행된 충돌 결과 주민과 경찰관 700명이 부상당하고 주민 358명이 형사처벌을 받았다.[36]

물론 이 사안에는 낙후지역 개발, 정부 지원, 지역주민 내부 갈등 및 지방 정부와 주민 간 갈등과 같은 여러 요인들이 복합적으로 작용하고 있지만, 그 근저에는 핵폐기물이 불러올 수 있는 재앙적인 위험에 대한 두려움이 작용하고 있다고 보아야만 할 것이다. 정부의 다양한 보상 대책들에도 불구하고 핵폐기물이 불러올 수 있는 예측 불가능한 위험성에 대한 우려가 근본적으로 해소될 수 없었던 것이다.

2008년 미국산 쇠고기 수입 문제를 둘러싸고 진행된 촛불시위는 한국사회를 뒤흔들었다. 2008년 4월 한미 쇠고기 2차 협상이 타결된 후 5월부터 미국산 쇠고기 수입에 대한 반대시위가 시작된다. 초기에는 미국산 쇠고기 수입이 학교급식으로 이어질 것을 우려하는 여고생들이 주축이 된 문화적 축제 형태의 시위가 새롭게 등장하였다. 이후 시위가 이어지면서 쟁점과 규모가 확대되고, 유명 연예인들까지 동참하기에 이른다. 이후 시위는 경찰과 시위대 간의 무력 충돌로 이어지고 5월 31일에는 5만 명 이상의 시민이 시청 앞에 모여 시위를 하고 이는 가두시위로 이어진다. 이후 6월 10일에는 6.10항쟁 기념일과 겹쳐지면서 시위대 규모가 경찰 추산 10만 명, 주최 측 추산 50만 명으로까지 확대된다. 그 결과 정부는 결국 미국과 추가협상을 진행하고, 대통령은 대국민 사과를 하는 상황이 이어지게 된다.[37]

많은 논자들은 촛불시위가 기존의 사회갈등 혹은 시위 양상과 여러 측면에서 차별성을 갖는다는 점을 지적하기도 했다. 먼저 기존의 여러 분석들은 촛불시위가 운동 방식이나 참여 주체의 측면에서 기존의 경우들과 가지는 차별성에 주목했다. 시민운동 단체나 야당의 동원 노력과 무관하게 다양한 계층의 시민들이 자발적으로 참여하였다는 점에서 그리고 축제와 비슷한 형태의 시위 형태가 등장하였다는 점에서 촛불시위는 새로운 현상으로 볼 수 있다는 것이다. 또한 시위

주체의 다양성과 관련하여 기존의 시민 개념과 구별되는 무정형적 다중(multitude) 개념이 새롭게 주목받기도 하였다.[38]

그러나 이와 더불어 촛불시위는 먹거리와 관련된 안전, 위험의 문제를 제기하였다는 점에서 쟁점 그 자체에서도 역시 커다란 차별성을 갖는다고 할 수 있다.[39] 그리고 이러한 이슈는 기존의 연대 방식과 구별되는 불안과 공포의 연대를 통해 거대한 동원 능력을 발휘하였다.[40] 이런 점에서 보자면, 촛불시위는 일상적 위험을 새로운 사회갈등의 핵심 이슈들 중 하나로 부각시켰던 사건이라고 볼 수 있을 것이다. 물론 앞서 방폐장 유치갈등이 그러했던 바와 마찬가지로 촛불시위 역시 한 가지 이유로 환원될 수 없는 복합적인 요인들, 예를 들어 정부에 대한 불만, 미국에 대한 저자세 외교, 방송 보도 내용, 초기조치 미흡 등이 작용한 결과로 보아야만 할 것이다. 그럼에도 불구하고 갈등의 핵심 쟁점 자체가 먹거리의 안정성과 관련된 문제였다는 점에서 우리는 이러한 갈등이 가지는 의미에 주목할 필요가 있을 것이다. 과학기술의 발달과 더불어 예측 불가능한 위험이 증가하고 그러한 위험이 일상화되고 있는 상황을 고려할 때, 안전과 위험을 쟁점으로 하는 새로운 사회갈등은 언제든 우리 사회에서 촉발될 수 있다는 것이다.

이와 더불어 1997년 전자주민카드 도입, 2003년 교육행정정보체계(NEIS) 구축과 관련하여 개인정보 및 사생활 보호 문제 역시 새로운 사회갈등의 이슈로 등장한 바 있다. 정부는 이미 1995년 정보화사업의 일환으로 의료보험증, 운전면허증 등 다른 증명을 통합하고 주민등록증의 위조와 변조를 방지하기 위해서 전자주민카드를 도입하는 주민등록법 개정을 추진하였다. 이후 1997년에는 주민등록법 개정안이 국회에서 통과되고 일부 지역에서 시범적으로 실시되기도 하였지만, 이러한 시도는 결국 개인정보 침해를 우려하는 시민사회의 반대에 부딪쳐 결국 1999년 전면 백지화된다.[41] 이후 기존 주민등록증은 현행 플라스틱 주민등록증으로 교체된다.

그러나 이후에도 주민등록증의 위조와 변조 가능성, 개인정보 도용 가능성 등을 예방하기 위해 정부는 2010년 7월 전자주민증 도입을 위한 주민등록법 개정안을 입법 예고하였다. 그러나 이러한 시도 역시 시민사회 단체들의 개인정보 유출 가능성에 대한 우려와 반대에 부딪치게 된다. 이번에도 시민, 인권, 의료 단체들은 개인정보의 유출 및 자의적인 개인정보 활용가능성, 예산 낭비를 이유로 전자주민증 도입을 반대했으며, 결국 정부의 전자주민증 도입 계획은 역시 좌절되었다.

한편 2003년 참여정부 시기에는 정부의 교육행정정보체계(NEIS) 구축을 둘러싸고 개인정보, 사생활 보호를 쟁점으로 하는 대규모 사회갈등이 발생하였다. 물론 교육행정정보체계 구축은 이미 국민의 정부 시기 전자정부 11대 중점과제 중 하나로 추진되었던 사업이었다. 그러나 2001년 교육행정정보체계가 1차적으로 개통된 이후 전교조를 중심으로 하는 시민사회 단체들의 본격적인 반대운동이 시작되었다. 반대 입장의 중심 논거는 학생과 학부모의 개인정보가 무분별하게 한 곳에 집중 관리될 경우 개인 인권 침해가 야기될 수 있다는 것이었다.

먼저 전교조를 중심으로 2002년 9월 교육행정정보체계 도입을 반대하는 인증 거부 투쟁이 시작되었고 이후 교육행정정보체계를 시행하려는 정부와 반대 시민단체들 사이의 대결이 지속되고 사회적인 논란도 확산되었다. 2003년 5월에는 교육행정정보체계가 개인 사생활 및 인권 침해 소지가 있다는 내용의 국가인권위원회 권고 결정이 내려지고 이에 따라 정부와 반대 시민단체 사이의 협상과 대립이 계속된다. 결국 국무총리실 산하에 교육정보화위원회가 구성되고 관련 당사자들 사이의 협의를 통해 교육행정정보체계는 2006년에 이르러서야 본격 개통되게 된다.[42]

이와 같이 그간 우리 사회에서 주로 환경, 안전, 사생활과 같은 이슈들이 대규모 국책사업과 관련된 새로운 사회갈등의 소재로 등장하였지만, 사실 새로운 사회갈등 이슈가 반드시 이러한 소재들로만 국한되는 것은 아니다. 예를 들어 대학의 시장화에 대한 반발, 다양한 대안공동체들의 등장에서 볼 수 있는 바와 같이 성장 위주의 사회시스템 자체에 대한 불만과 소규모 저항 역시 일상화되고 있다. 이는 시민들의 감성과 가치관의 변화 자체가 새로운 사회갈등의 폭넓은 문화적 배경과 잠재력을 형성하고 있다는 사실을 보여준다. 결국 성장과 효율성 위주의 사회 흐름이 강화되고 공공정책이 이러한 기조 아래 시행되는 경우 광범위한 영역에서 다양한 이슈를 매개로 하여 새로운 사회갈등이 분출할 가능성이 상존한다고 할 수 있을 것이다.

3. 물화 비판의 과제

지금까지 우리는 1990년대 이후 한국사회의 시장화가 전면화되어 왔으며 그로 인해 한편으로는 사회 성원들의 내면이 황폐화되고 있고, 다른 한편으로는 이러한 병리적 삶의 방식에 대한 사회적 저항과 그로 인한 갈등 역시 지속되고 있다는 사실에 대해서 살펴보았다. 오늘날 한국사회에서 삶의 물화는 개인들의 내면적 삶에 심각한 병리적인 효과를 미치고 있다. 무한경쟁의 압력 속에서 삶의 속물화는 내적 욕망의 획일화와 삶의 도구화를 야기하며 이는 결국 진정성의 이상을 질식시키고 있기 때문이다. 이로 인해 삶의 물화는 이에 대한 내면적 저항을 추동할 수밖에 없으며, 이는 결국 앞서 우리가 살펴본 바와 같이 성장과 효율성만을 지향하는 공공정책에 대한 거대한 사회적 저항과 갈등으로 이어지고 있다.

　돌진적 근대화에서 기원하는 경제성장 위주의 한국사회 시스템은 결국 오늘날 기업사회의 도래와 시장전체주의로 귀결되고 있다. 물론 우리는 이러한 체제의 구축이 단지 시장 논리에 의해서만 추동되는 것은 아니라는 사실, 즉 국가의 적극적인 개입을 매개로 진행되었다는 사실 역시 간과해서는 안 될 것이다. 앞서 살펴본 바와 같이 한국사회의 새로운 사회갈등 역시 근본적으로는 성장과 효율성 위주의 사회시스템에 대한 반발에서 기인한다고 할 수 있지만, 구체적인 맥락에서는 언제나 국가 권력의 일방적이고 비민주적인 정책 추진에 대한 반발 역시 주된 요인으로 기능하고 있는 것이 부정할 수 없는 사실이다. 결국 오늘날 한국사회 시장화는 시장 세력과 국가 권력이라는 두 축이 결합하면서 가속화되고 있고, 이에 대한 저항 역시 시장과 권력 양자에 대한 거부를 동시에 함축하고 있는 것으로 보인다.

이러한 상황에 대한 정확한 진단과 비판적 인식을 위해서는 물화 비판 담론을 복원하고 현재의 요구에 따라 그러한 비판 전략을 재구성할 필요가 있다. 사회적 불의에 대한 정의 담론을 넘어 근원적인 병리현상에 대한 비판을 감당할 수 있는 물화 비판의 역할이 강조될 필요가 있다는 것이다.

특히 삶의 물화 효과가 가지는 근본적인 성격과 전면적인 효과를 고려한다면, 물화 비판은 오늘날 한국사회의 문제들에 대한 정확한 진단을 위한 우선적인 토대를 제공할 수 있을 것이다. 우리를 속박하고 있는 근본적인 욕망 구도에 대한 인식 없이는 사회적 불의에 대한 정확한 진단이나 대안의 모색 역시 어려울 것이기 때문이다. 이와 관련해서는 이미 2장에서 사회적 불의에 대한 비판과 병리현상에 대한 비판 사이의 공조의 필요성에 대해 언급한 바 있다. 그러나 이러한 원칙적인 공조의 필요성을 넘어서 우리는 오늘날 한국사회의 맥락에서 사회적 불의와 병리현상이 불가분하게 중첩되고 있는 현실에 보다 유념할 필요가 있다.

1997년 IMF 위기를 변곡점으로 하여 혹은 이미 세계화 담론을 매개로 하여 한국사회에서 신자유주의적 개혁과 시장화의 물결이 강화되어 왔다. 물론 이러한 사회의 시장화와 기업화의 뿌리는 앞서 지적한 바와 같이 이미 돌진적 근대화 과정에 그 뿌리를 두고 있다는 사실도 기억해야 한다. 그리고 이로 인한 삶의 물화는 우리 사회 내부에

온존하는 위계적 인정 질서와 결합하면서 무한경쟁의 논리를 더욱 강화하고 있다. 조선의 과거제도로까지 소급되어 작동하고 있는 뿌리 깊은 학벌주의와 출세지상주의가 시장화와 결합할 때, 경쟁의 논리는 더욱 강화될 수밖에 없을 것이다. 그리고 이와 같은 무한경쟁의 양상과 모든 것을 개인의 책임으로 돌리는 신자유주의 문화가 결합될 때, 경제적 배제와 불평등은 각자가 책임질 수밖에 없는 불가피한 결과로 정당화될 수밖에 없다. 이제 물화 비판은 바로 이러한 우리 사회의 구체적 맥락들에 주목하면서 오늘날 병리적 삶을 야기하는 원인과 그 결과들에 대한 전면적인 진단과 비판을 제시할 것을 요구받고 있다.

8장

실천적 과제들
/
'정치'와 민주주의

지금까지 우리는 현대사회 나아가서는 한국사회의 구조적 불의와 병리현상에 대한 종합적 해명을 시도해 보았다. 이를 위해 먼저 1장과 2장에서는 오늘날 요구되는 사회비판의 이념을 동등한 자유로 규정하고, 방법론적 측면에서 그간 대립해 온 규범적 사회비판과 현시적 사회비판 사이의 공조를 제안하였다. 이러한 공조는 탈현대 논쟁과 그 연장선에서 진행되고 있는 두 가지 사회비판 모델 사이의 대립을 넘어설 것을 제안하고 있다. 3장과 4장에서는 이러한 방향에서 프랑크푸르트학파에서 제시되어 온 시대진단을 비판적으로 검토하면서 현대사회의 구조적 불의와 병리현상에 대한 분석 틀을 제시하고자 했다.

이어서 5장에서는 이러한 분석 틀에 입각하여 시선을 우리 사회로 돌려 한국사회 갈등의 역사와 구조를 검토하였다. 이를 통해 우리는 한국사회 내부에 현대사회 일반의 구조적 갈등 요인과 더불어 남북 분단이나 근현대 정치사에서 기인하는 고유한 갈등 요인들이 중첩되고 있음을 확인할 수 있었다. 6장과 7장에서는 한국사회의 양극화와 시장화라는 구조적 불의와 병리현상에 대해 좀 더 구체적인 접근을 시도해 보았다. 그리고 이러한 구체적 검토를 통해 한국사회 갈등에 대한 분석을 위해서도 다차원적 정의론의 도입과 물화 비판의 복원이 불가피하다는 사실을 확인해 보았다.

올바른 대안은 올바른 진단의 기초 위에서 비로소 가능할 수 있다는 점에서 지금까지의 작업은 실천적 대안 모색을 위한 필수적인 작업이라고 할 수 있을 것이다. 이제 마지막으로 오늘날 우리 사회 성원들의 동등한 자유 실현을 억압하고 있는 사회적 불의와 병리현상을 극복하기 위한 민주적 실천의 방향에 대해서 생각해 보고자 한다.

1. 한국사회 갈등과 '정치'

분단 상황하에서도 그간 이룩한 고도성장과 치열했던 민주화 과정으로 인해 한편으로 한국사회는 근대화 과정에 성공했다는 평가를 받고 있다. 양화 가능한 많은 경제지표들이나 제도적인 기본권 보장의 수준들만을 고려한다면, 해방 이후 그간 우리 사회가 성취한 발전상은 사실상 그 누구도 부인하기 어려운 수준이라고 해야 할 것이다. 그러나 그간의 급속한 사회 변동과 발전 과정은 다양한 형태의 사회적 불의와 병리현상들을 누적시켜 왔고, 그 결과 현재 우리 사회 내부에는 복잡한 사회갈등 요인들이 존재하고 있다. 현재 우리 사회는 현대 사회 일반의 구조적 사회갈등 축들이 분단체제 아래 고유한 사회갈등 양상들과 결합하면서 복합적이고 압축적인 갈등사회 국면으로 진입하고 있는 것으로 판단된다.

1987년 민주항쟁 이후 한국사회는 군부 권위주의 체제를 벗어나 민주화의 경로에 접어들었으며, 이후 여러 차례에 걸쳐 민주적 정권 교체를 경험하기도 하였다. 그러나 최초의 수평적인 평화적 정권 교체라고 할 수 있는 국민의 정부의 출범은 1997년의 IMF 위기 상황 속에서 진행되었고, 이러한 상황으로 인해 당시 정부는 신자유주의적 개혁에 박차를 가하게 된다. 회고해 보자면, 국민의 정부와 참여정부는 자의든 타의든 지구화의 물결이 급속히 가속화되는 과정 속에서 한국사회의 신자유주의적 개혁의 물꼬를 트고 그 큰 방향을 잡는 역할을 한 것으로 보인다.[1] 이후 민주화 세력에 대한 실망과 경제성장에 대한 기대를 기반으로 집권한 이명박 정부 시기 동안에는 대기업 위주의 경제 정책이 추진되면서 신자유주의적 사회 변동의 흐름이 더욱 가속화되어 왔다고 할 수 있을 것이다.

1990년 사회주의권의 몰락 이후 전 세계적 범위에서 더욱 가속화된 신자유주의적 세계화 과정은 한편에서는 자유진영의 위대한 승리로, 이데올로기가 지배하던 '역사의 종언'으로 찬양되었고, 다른 한편에서는 '대안은 없다'(TINA)라는 패배의식 속에서 불가피한 현실로 간주되어 왔다. 이러한 와중에서 가속적 지구화는 기존의 삶을 지배해 오던 국민국가 단위의 틀(frame)들을 붕괴시키면서 새로운 복합적 사회갈등들을 산출하게 된다.[2]

급속한 지구화로 인해 국민국가 단위에서 대응하기 어려운 다양한 새로운 도전들이 제기되었으며, 지구화의 원심력은 국민국가 단위의 사회통합을 점점 더 어렵게 만들고 있다. 전 지구적 차원에서 가속화된 경쟁은 경쟁에서 탈락한 자들에 대한 경제적 배제(排除)를 도처에서 심화시켰고, 시장 논리의 전면적 지배는 사회 전반에서 삶의 물화(物化)를 강화하였으며, 국경을 가로지르는 대규모 이주는 배타적인 문화적 질서들로 인해 소수자들에 대한 무시(無視)의 문제를 급속하게 확산시키고 있다.

우리 사회 역시 이러한 전 지구적 흐름 속에서 다양한 복합적 사회갈등이 구조적으로 심화되고 있으며, 이로 인해 사회적 통합 능력과 연대는 급속히 훼손되고 있다. 2008년의 금융위기 이후 더욱 가속화되고 있는 중산층의 붕괴와 빈곤층의 확대는 경제적 불평등을 심화시키고 있으며, 시장 중심의 경쟁과 효율성 논리의 강화는 사회 전반에서 삶의 물화를 야기하고, 왜곡된 문화 질서는 다양한 소수자에 대한 무시를 초래하고 있다. 또한 이러한 기층적인 사회적 삶의 조건에서 나타나는 구조적 변화 양상들이 지역갈등, 이념갈등 등 우리 사회의 고유한 기존 갈등구조들과 결합되면서, 우리 사회는 오늘날 '압축 갈등' 사회의 양상을 드러내고 있다.[3]

먼저 경제적 불평등의 경우 현재 많은 논자들이 양극화에 대해 지적하는 바와 같이 관련 갈등은 점차로 강화될 가능성이 큰 것으로 보인다.[4] IMF 위기 이후 중산층 파괴로 인한 양극화의 심화는 현재 매우 심각한 상황이다. 경제성장률 전반의 저하, 실업률 증가, 구조조정의 상시화, 비정규직 확대, 소규모 자영업자의 과도한 비중 등을 고려할 때, 한국사회의 양극화 추세는 당분간 더욱 강화될 수밖에 없을 것이다.

산업의 고도화는 투자대비 일자리 창출 효과를 지속적으로 감소시키고 있으며, 한국 기업의 해외진출로 인한 일자리 유출도 심각한 상황이다. 이로 인해 사실상의 실업자는 급속히 확대되고 있으며, 학교 졸업 후 일자리를 찾지 못하는 청년 실업 상황은 더욱 심각한 지경이다. 이런 상황들은 이제 노동 문제의 성격을 착취에서 배제로 전환시키고 있는 것처럼 보인다. 더 이상 정규적으로 관리되고 착취될 필요도 없는 사회계층의 확산이 경제활동으로부터 배제된 새로운 극빈층을 양산하고 있는 것이다.[5]

경제적 배제의 이러한 확대 추세는 향후 우리 사회 내부에서 분배 관련 갈등을 더욱 심화시킬 수밖에 없을 것이다. 특히 사회 안전망과 복지 제도가 아직은 미비한 우리의 현실을 고려할 때, 경제적 배제는 당사자들에게 곧바로 생존의 문제가 될 수밖에 없는 것이 우리의 현실이다. 그간 미비한 국가의 복지 기능을 한국의 가족 제도가 대리하면서 일부 충격을 완화시켜 왔지만, 이러한 상황이 지속되는 경우 이는 오히려 우리 사회에서 가족 해체의 문제를 더욱 촉진할 수도 있을 것이다. 비정규직 노동자나 청년 실업자 등이 당장 기존 노조의 형태로 조직화되기 어려운 만큼 현재 이들이 자신들의 요구를 정상적으로 표출하기는 어려운 상황이다. 이러한 요인들로 인해 단기적으로는 정치적 부담이 일부 감소될 수도 있지만, 억눌린 요구들이 결국은 폭발적 형태로 분출될 수 있다는 점을 고려할 때, 경제적 배제와 관련된 갈등은 현재 그리고 향후 우리 사회에 대한 최대의 위협 요소로 지적될 수 있을 것이다.

생활세계의 왜곡된 문화적 가치평가에서 기인하는 문화적 무시로 인한 사회갈등 역시 향후 보다 확대될 것으로 판단된다. 먼저 외부적 요인을 고려해 보면, 세계화로 인한 다양한 형태의 이주의 확산이 문화적 무시로 인한 사회갈등을 강화하게 될 것이다. 외국인 노동자 문제와 결혼이주자 문제가 현재 우리가 직면하고 있는 대표적인 문제들이라고 할 수 있다. 저출산과 노동력 부족, 3D 업종에 대한 기피 현상으로 인해 외국인 노동자가 증가하고 있으며, 결혼이주자 역시 급속히 증가하고 있다. 그럼에도 불구하고 우리 사회에는 여전히 인종차별적 정서, 순혈주의 의식 등이 강고하게 남아 있다. 이는 문화적 무시와 관련된 사회갈등을 불가피하게 확산시킬 수밖에 없을 것이다.

이러한 외생적 요인 이외에도 우리 사회 내에는 다양한 문화적 차별의식이 잔존하고 있다. 여성에 대한 전통적인 차별과 더불어 학벌사회의 문제를 대표적인 사례로 들 수 있을 것이다. 유교적이고 가부장적인 문화 전통으로 인해 우리 사회에서는 여전히 여성들이 가사 노동을 전담하는 경우가 많고 일자리도 특정한 저임금 직종에 주로 집중되어 있다. 또한 김상봉의 지적과 같이 현재 우리 사회에서는 학벌이 일종의 새로운 계급을 형성하는 기제로 작동하고 있다.[6] 팽배한 경쟁 논리가 뿌리 깊은 학벌의식과 결합하면서 만들어 내고 있는 사회적 폐해와 교육의 파행은 이미 우리 모두가 익히 체험하고 있는 바다.

마지막으로 사회적 삶의 물화로 인한 사회갈등은 현재 가장 두드러지게 나타나는 우리 사회의 사회갈등 축 중 하나로 판단된다. 삶의 물화에서 기인하는 새로운 사회갈등은 전통적인 분배갈등과는 달리 환경, 인권, 교육, 안전 등 주로 삶의 질과 관련된 사회갈등으로 표출되고 있다. 돈과 권력의 논리가 생활세계를 침식해 들어오게 되면서, 생활세계 내부의 의사소통 과정은 왜곡되거나 생략되며, 이로 인해 관련 당사자들은 이러한 침탈을 정의롭지 못한 것으로 체감하고 이에 대해 저항하게 된다.

오늘날 한국사회는 "기업사회"라는 진단이 지적하고 있는 바와 같이 기업 중심의 경쟁과 효율성 논리에 의해서 전면적으로 지배되고 있는 것으로 보인다.[7] 입시 교육은 극단적인 경쟁을 강요하고 있으며, 기업의 대학 인수는 대학의 기업화를 강화하고 있다. 뿐만 아니라 경쟁과 효율성 위주의 국가정책 추진 역시 각종 사회갈등을 유발하고 있다. 이미 교육행정정보체계(NEIS) 구축과 관련해서는 개인정보 보호가 사회적 저항의 주제로 등장하였으며, 2008년 한국사회를 뒤흔들었던 촛불시위는 안전을 사회갈등의 핵심 이슈로 부각시킨 바 있다. 또한 앞서 살펴본 바와 같이 삶의 물화는 사회 구성원들의 내적 욕망 자체를 왜곡시킬 수밖에 없으며, 이로 인해 오늘날 한국사회는 그 내면에서 물화된 욕망의 체제에 포획되고 있는지도 모른다.[8]

삶의 물화가 산출하는 효과와 이에 대한 저항은 계층과 성별을 넘어 전 사회적인 범위에서 발생한다. 한국사회의 민주화와 시민들의 참여의식의 고조를 배경으로 하여 현재 새로운 사회갈등 이슈들은 엄청난 동원력을 현시하면서 우리 사회의 핵심적인 사회갈등 축으로 부상하고 있다. 신자유주의적 세계화 추세 속에서 강화되는 경쟁과 효율성 논리의 지배, 기업사회로의 진입 추세 등을 고려할 때, 삶의 물화와 관련된 우리 사회의 갈등 역시 향후 더욱 강화될 수밖에 없을 것이다.

앞서 언급한 바와 같이 이러한 사회갈등의 세 축은 일반적으로 중첩되어 나타나면서 서로를 강화한다. 물화된 욕망 구도 속에서 가속화되고 있는 경쟁사회 속에서 경제적 배제와 문화적 무시가 중첩되면서 취약 계층들은 가난에 문화적 무시까지 더해지는 매우 열악한 상황에 직면하게 되는 것이다. 개인의 경쟁력과 책임만을 강요하는 신자유주의적 문화 풍토가 이에 대한 사회적 저항을 억눌러 왔지만, 경제민주화나 복지국가 건설이 2012년 대선 국면에서 핵심 이슈들로 부상한 데서 볼 수 있는 바와 같이, 우리 사회의 구조적 불의와 병리 현상에 대한 잠재적 불만과 비판은 더 이상 억누르기 어려운 상황에 도달해 있다.

배제, 물화, 무시에 대한 모든 사회적 저항이 목표로 하는 것은 결국 사회적 삶의 전반적 영역에서 자신들의 진정한 요구를 동등한 자격을 가지고 표출하고 정상적인 사회생활에 대한 참여를 통해서 스스로의 자율적인 삶을 향유하는 것에 다름 아니다. 그리고 이와 같은 사회적 요구들이 표출될 수 있는 공간이 바로 넓은 의미의 정치공간이다. 그런데 문제는 우리 사회의 경우 제도적인 정치공간의 왜곡이 이러한 사회갈등들을 순치시키지 못하고 오히려 더욱 강화하는 한 요인이 되고 있는 것처럼 보인다는 점이다.

우리 사회의 통합과 연대는 주요한 사회갈등들이 민주적 의사소통을 통해 제도적으로 논의되고 해결될 때 비로소 가능할 수 있을 것이다. 이를 위해서는 먼저 사회적 불의와 병리현상으로 인해 고통받는 당사자들의 적극적인 저항과 이의 제기가 자유롭게 표출될 수 있어야만 하며, 이러한 요구들이 제도 정치의 핵심 이슈로서 절차적 정의에 입각하여 논의되고 해결되어야만 한다. 그러나 현재 우리 사회의 정치적 논의 구조 및 기존 정당 구조는 이러한 근본적인 사회적 요구들을 효과적으로 수용하지 못하고 있다. 먼저 기존 거대 정당들은 특정한 계층에 대한 대표성이 약하기 때문에 경제적 불평등 문제로 인한 사회정치적 요구가 제대로 대변되지 못하고 있다.[9] 기존의 거대 정당들은 경제적 불평등, 특히 배제의 문제를 정치적으로 이슈화하거나 이에 대응하는 데서 뚜렷한 정책적 차별성을 드러내지 못하고 있으며, 취약한 진보 정당들 역시 이러한 문제에 관해 영향력 있는 대표 기능을 발휘하지 못하고 있다. 또한 인정갈등이나 새로운 사회갈등과 관련해서는 아직 기존 정당들이 이러한 문제들이 가지는 정치적 폭발력이나 특성을 제대로 인식하지 못하고 있는 것으로 판단된다.

이런 상황들로 인해서 우리 사회의 구조적 변동에서 기인하는 심층적 갈등이 제도 정치권 내에서 제대로 다루어지지 못하고, 오히려 지역갈등이나 이념갈등과 같이 비교적 현상적인 차원의 사회갈등들만이 정치적으로 주제화되고 있다.[10] 물론 이는 앞서 지적한 바와 같이 분단 상황이나 한국의 현대 정치사와 같은 우리 사회의 특수한 맥락과 깊이 연관되어 있는 문제라고 할 수 있다. 그러나 이러한 특수성을 인정한다고 하더라도 현재 이러한 요인들로 인해 우리 사회 내부의 구조적 사회갈등이 은폐되고 있으며, 이로 인해 구조적 사회갈등 요인들이 적절히 정치적으로 대표되거나 중심적 논의 대상으로 다루어지지 못하고 있는 것은 심각한 문제라고 할 수 있다. 제도적으로 대표되지 못하는 욕구는 정치적 무관심을 야기하고 결국은 거리의 정치를 통해 분출되게 마련이다. 현대사회의 변화가 강화하고 있는 구조적 사회갈등들, 시민들의 생활에서 체감되는 요구들이 시민사회의 공론장 내에서 중심적으로 논의되고, 기존 정당 정치구조가 이러한 요구들을 효율적으로 반영하고 대안을 제시하는 과정을 통해서만 우리 사회의 통합과 연대가 창출될 수 있다는 점을 고려할 때, 현재 우리 사회는 보다 근본적인 정치사회적 변화를 필요로 하는 시기라고 판단된다.

물론 여기서 말하는 '정치'는 단순히 지배 권력 획득을 목적으로 하는 제도적 정치 행위에 국한되지 않는다. 정치란 시민들의 자율성 회복을 위한 모든 영역에서의 사회적 저항과 참여를 포괄하며, 정치의 궁극적인 목적은 사회생활의 전 영역에서 동등한 자유를 실현하는 데 있다. 민주주의의 근본이념이 주권재민이라고 할 때 이는 바로 동등한 자유의 실현을 의미하고 있는 것이다.

오늘날 동등한 자유의 실현을 위해서는 무엇보다 먼저 사회정의가 실현되어야만 하며, 나아가서는 민주사회의 구성원들이 물화된 삶의 양식을 벗어나 자신만의 진정한 욕구를 추구하는 행복한 삶을 향유해야만 한다. 사회정의의 핵심은 사회 성원 누구나가 동등한 자율성을 실현하기 위한 사회적 조건을 보장하는 데 있으며, 이를 위해서는 정의로운 인정과 분배가 필요하다. 뿐만 아니라 사회 구성원들은 그들의 욕망과 사회관계를 물화하는 경쟁과 효율성 논리의 강박에서 벗어나 진정한 삶의 요구에 따라 자신의 삶을 영위하며, 나아가서는 타인과 물화되지 않은 공존과 연대의 관계를 회복해야만 할 것이다. 그리고 이 모든 과제들의 해결은 여전히 넓은 의미에서의 정치공간 속에서만 비로소 가능할 수밖에 없다.

2. 한국 민주주의 발전의 방향과 과제

현재 우리 사회의 구조적 사회갈등 축을 규정하고 있는 사회적 불의와 병리현상들을 시정하고 해소하기 위해서는 우리 사회의 민주주의 제도와 역량을 보다 심화하고 그 영역을 전면적으로 확대하는 것이 필요하다. 이를 위해서는 민주주의 고유의 이념에 충실하게 보다 많은 시민의 참여를 통해 진정한 자기지배를 실현해 나가야 하며, 정치적인 영역을 넘어 경제생활과 문화생활 영역에서도 민주주의 질서를 적극적으로 확장해 나가야만 할 것이다.

그러나 이에 대해 논의하기 전에 먼저 '왜 아직도 민주주의인가?' 하는 물음에 대해 간단히 생각해 보도록 하자. 한편으로 오늘날 우리는 모두 민주주의자인 것처럼 보인다. 사회주의 몰락 이후 역사의 종언이 선언된 지 오래고 아직도 자본주의적 민주주의 이외의 대안은 가시화되고 있지 않기 때문이다. 그러나 텅 빈 기표로서의 민주주의가 지배하는 이러한 상황 속에서 다른 한편으로 민주주의에 대한 증오나 회의 역시 증가일로에 있는 것으로 보인다.[11] 이는 우리의 경우에도 마찬가지다. 민주화 이후 민주주의가 그 방향을 상실해 버린 한국사회에서도 민주주의에 대한 증오 혹은 회의가 급속히 확산되고 있는 것으로 보이기 때문이다. 민주주의에 대한 이러한 증오와 실망은 이중의 모습으로 표출되고 있다.

한편에는 민주화 이후 민주주의의 과잉에 대한 우려가 있다. 민주화로 인해 개인들의 무절제한 욕망들이 표출되고, 이로 인해 국가의 통합 능력이 위축되고 있다는 것이다. 민주화 이후 소위 포퓰리즘(populism)에 대한 우려는 이미 일상화되고 있다. 이기적인 개인들의 공짜 복지 요구에 대한 우려, 학생인권조례로 상징되는 인권의 과잉 상황 등 절제 없이 표출되는 개인들의 욕구가 한국사회 민주주의의 핵심 문제로 지목되곤 한다.[12] 반면에 또 다른 한편에는 민주주의에 대한 좌파들의 조소가 있다. 이들은 오늘날 민주주의란 현재의 모순을 은폐하는 이데올로기에 불과하다고 말한다.[13] 비대해진 기성 정당들이 소수 자본가들의 이익만을 반영하고 있는 상황에서 이들 사이의 선택만을 강요받으며 동원되는 방식의 선거 정치만으로는 그 어떤 문제도 해결될 수 없으며, 따라서 오늘날 대의제나 민주적 합의에 매몰되는 것은 진정한 민중의 이익이나 요구를 억압하고 은폐하는 것에 불과하다는 것이다.

그러나 민주주의에 대한 이러한 증오나 조소는 결코 정당화될 수 없으며 오늘날에도 여전히 민주주의는 우리의 유력한 무기다. 왜냐하면, 민주주의의 심장에는 여전히 자유와 평등의 이상이 자리 잡고 있고 평등과 정의는 여전히 몫 없는 자들, 배제된 자들의 요구를 담아 낼 수 있는 유일한 언어이기 때문이다. 먼저 민주주의의 과잉에 대한 우려는 그러한 우려가 현존하는 엄청난 불의에 대한 문제의식이나 비판의식을 전혀 담아 내지 못하고 있으며, 절제 없이 이기적 욕망에 흔들리는 개인에 대한 비판은 결국 이기적 개인과 합리적 엘리트 사이의 위계적 구별로 이어지게 된다는 점에서 근본적인 한계를 갖는다. 결국 이는 사회적 불의가 엄청나게 확대되고 있는 상황에서 오히려 평등주의를 비난하는 것이나 마찬가지라고 할 수 있다.[14] 또한 민주주의에 대한 일부 좌파들의 조소 역시 민주주의가 여전히 가지고 있는 잠재력은 간과한 채, 방향성 없는 폭력적 저항이나 근거 없는 메시아주의에 호소한다는 점에서 설득력이 없기는 마찬가지다.

물론 현존하는 대의민주주의가 배제된 자들의 목소리를 대표하지 않고, 기존의 지배 체제를 정당화한다는 사실을 부정할 수는 없을 것이다. 그러나 이와 동시에 우리는 이러한 배제와 지배를 비판할 수 있는 것도 민주주의라는 규범과 이상을 통해서만 비로소 가능하다는 사실 역시 기억해야만 한다. 자기지배를 근본이념으로 하는 민주주의는 모든 사회 성원들의 동등한 참여와 이를 위한 정의와 평등을 요구하고 있기 때문이다. 민주주의는 그것이 모든 당사자들의 참여와 민주적 절차에 따른 합의를 지향한다는 점에서 일견 무당파적인 것으로 그래서 억압받는 자들의 요구를 무시하는 것으로 보일 수도 있다. 그러나 지배와 억압이 존재하는 현실 속에서 이러한 무당파성은 언제나 현실적으로 존재하는 지배와 억압에 대한 거부로 표출될 수밖에 없다. 불의한 현실 속에서 정의는 언제나 불의를 겪는 사람들의 요구를 반영하게 마련이다.

현재 우리의 민주주의는 결코 완성된 민주주의가 아니며 따라서 많은 제한성을 가지고 있다는 것은 분명하다. 또한 지금까지 살펴본 바와 같이 오늘날 우리 사회가 진정한 사회정의나 행복한 삶을 위한 기초적 여건들을 심각하게 파괴하고 있는 것도 부정할 수 없는 현실이다. 그간의 사회발전에도 불구하고 오늘날 우리 사회의 구조적 부정의와 병리현상이 더욱 심화됨으로써 한국 민주주의에 대한 많은 실망과 회의가 등장하고 있다. 그럼에도 불구하고 민주주의는 먼저 하나의 이념으로서 그리고 현재 우리에게 주어진 정치적 조건으로서 여전히 유효하며 그런 한에서 민주주의는 여전히 우리에게 '미완의 기획'으로 남아 있다.

주권재민이라는 민주주의의 이념은 여전히 인간의 자유 실현을 위한 핵심적 구성요소이며, 사회정의 실현을 위한 핵심적 조건이기도 하다. 우리가 비이성적 지배나 억압적 지배에 동의할 수 없는 한에서 자기지배의 이념은 자유로운 사회적 삶을 위한 유일한 선택이다. 또한 최소한의 정치적 자유와 다양성 그리고 민주적 의사결정 절차를 무시하는 사회변혁은 현재의 조건에서 그 어떤 방식으로도 정당화될 수 없다는 점에서 최소한의 민주주의는 이미 우리에게는 불가피한 정치적 현실이자 조건이다. 따라서 현재 우리에게 필요한 것은 민주주의 너머를 모색하는 것이 아니라 현재의 민주주의를 개선하고 발전시켜 나가기 위한 노력이라고 할 수 있을 것이다.

그렇다면 과연 오늘 우리에게 요구되는 것은 어떤 민주주의인가? 먼저, 우리가 요구하는 민주주의는 무엇보다 민주주의 본래의 이념에 충실한 민주주의여야만 한다. 앞서 살펴본 바와 같이 민주주의의 근본이념은 자기지배와 자기실현에 있으며, 우리가 요구하는 민주주의는 이러한 이념이 충실하게 실현되는 민주주의다. 이를 위해서는 정치적 의사결정 과정에 대한 보다 많은 참여를 통해 자기지배의 이념이 실질적으로 구현되어야만 하며, 보다 넓은 사회생활 영역에서 동등한 참여와 민주적 자기지배가 보장되어야만 한다.[15]

현재의 민주주의는 시민들에게 막대한 영향을 미치는 수많은 중요한 의사결정 과정에서 당사자들을 배제하고 있는 상황이라고 말할 수밖에 없다. 국가의 중요한 의사결정은 막후에서 소수의 기술 관료들과 정치인들에 의해 독점적으로 이루어지고 있으며, 경제생활 영역에서도 투자, 구조조정, 기업 이전 등과 같은 중요한 결정들이 소수의 투자자 및 소유자들에 의해 철저히 독점되고 있다. 문화생활에서도 예를 들어 교육 정책과 같이 수많은 시민들의 삶에 직접적인 영향을 미치는 정책들에 대한 결정 권한이 소수의 교육 관료들에 의해 독점되고 있다. 정치를 비롯하여 사회생활 전반에서 관련된 당사자들이 그들과 밀접하게 관련된 중요한 의사결정 과정에서 배제되고 있는 이러한 상황은 민주적 자기지배의 이념을 부정하는 것에 다름 아니며, 그런 한에서 오늘날 민주주의 개선을 위한 핵심적 과제는 시민들의 적극적인 참여를 통해 사회생활의 전 영역에서 진정한 자기지배의 이념을 구현하는 데 있다고 할 수 있다.

그렇다면 오늘 우리 사회에서 진정한 민주주의를 구현하기 위한 핵심적 과제들은 무엇인가? 사회개혁의 방향은 언제나 주어진 현실에 대한 적확한 진단에 기초해서만 가능할 수 있다. 이런 점에서 모든 사회비판의 출발점은 현존하는 사회적 부정의와 차별, 지배와 억압에 대한 인식이라고 할 수 있을 것이다. 형식적인 평등이나 최소한의 민주주의 절차만을 강조하면서 현존하는 지배와 억압을 간과하거나 무시하는 것은 결국 현존하는 사회적 불의를 은폐하는 것에 지나지 않는다.

이미 살펴본 바와 같이 오늘날 심화되고 있는 경제적 배제와 문화적 무시는 민주적 자기지배와 자기실현을 불가능하게 만드는 주요한 사회적 부정의라고 할 수 있으며, 따라서 이를 해결하는 것이야말로 우리 사회의 민주주의 실현을 위한 필수적 과제라고 할 수 있다. 경제적 배제와 문화적 무시는 특정한 집단이 경제생활과 문화생활 영역에 동등한 자격을 가지고 참여할 수 없게 만들 뿐 아니라 그들이 정치적 목소리를 내는 것조차도 불가능하게 만든다. 최소한의 생계를 걱정해야 하는 사람들, 사회적 낙인으로 인해 무시를 받는 사람들이 정치적 공론의 장에 적극적으로 참여하여 동등한 목소리를 내는 것은 사실상 불가능하기 때문이다. 또한 삶의 물화 역시 앞서 살펴본 바와 같이 시민들의 욕망을 왜곡시키고 그들을 개인화-파편화함으로써 진정한 자기실현은 물론 결국에는 민주적 자기지배의 가능성까지 질식시키게 된다. 이미 강조한 바와 같이 현실 속에서 배제, 무시, 물화는 일반적으로 서로 중첩될 뿐 아니라 서로를 강화하는 경향이 있다.

결국 현재 우리 사회 내부에서 무엇보다 시급한 과제는 이러한 우리 사회의 근본적이고 구조적인 문제들을 정확히 인식하고 이를 해결하기 위해 노력하는 일이다. 그리고 이러한 노력은 포괄적인 정치의 장 속에서 민주주의의 심화와 확장이라는 방향에서 진행되어야 할 것이다. 정치적 영역에서 보다 적극적인 참여는 물론 제도적인 정치 영역을 넘어서 사회생활 전반에서 민주적 삶의 방식이 구현될 때에만, 배제, 무시, 물화의 문제 역시 근본적으로 해결될 수 있을 것이다. 그리고 이를 위한 실천적 관건은 정확한 시대 인식에 기초하여 배제당하고 무시당하고 물화된 삶으로 고통받는 이들 사이의 민주적 연대를 우리가 과연 어떻게 형성할 수 있는가 하는 것이 될 것이다.

여기서는 우리 사회의 사회적 불의와 병리현상에 주목하는 다층적 시대진단이 요구하는 민주적 연대의 기본 원칙들에 대해서만 간략히 생각해 보도록 하자. 현대사회의 불의와 병리현상에 대한 다층적 시대진단은 무엇보다 먼저 오늘날 우리 사회의 갈등 양상이 다층화되고 있음을 보여주고 있다. 이러한 상황 인식은 오늘날에는 더 이상 특정한 계급이나 특정한 문화적 정체성 혹은 특정한 사회적 이슈를 중심으로 하는 환원주의적 연대가 불가능하게 되었다는 사실을 함축하고 있다. 각각 독자적인 원인과 양상을 가지고 있는 사회적 불의와 병리현상에 대한 저항과 문제 제기들이 동시에 분출되고 있다는 점에서 가장 우선적으로 강조되어야 하는 것은 낡은 사회 인식의 틀을 벗어나 사회갈등의 복합성과 다층성 자체를 적극적으로 수용하는 것이다.

물론 사회갈등 영역의 이러한 다층화와 더불어 단일한 갈등 영역 내부에서도 역시 하나로 환원되기 어려운 다양한 사회정치적 요구들이 병존하고 있다. 예를 들어 정규직 노동자와 비정규직 노동자가 제기하고 있는 경제적 평등에 대한 요구의 내용과 수준이 다를 수밖에 없고, 여성의 문화적 인정 요구와 학벌 체제를 반대하는 요구의 내용이 다를 수밖에 없고, 사생활 보호에 대한 요구와 안전에 대한 요구역시 그 성격이 다를 수밖에 없다. 이와 같이 사회갈등이 다양한 영역과 내용에서 분화되는 상황 속에서는 더 이상 우리 사회 내부의 단일한 모순, 혹은 핵심적 모순을 상정하거나 그를 감당할 거대 주체를 상정할 수 없을 것이다.

따라서 오늘날 우리가 지향해야 할 민주적 연대는 무엇보다 먼저 차이를 수용하는 탈(脫)중심의 연대 혹은 네트워크 형태의 연대일 수밖에 없다. 이는 다양한 주체들의 차이 나는 요구들 사이의 공존을 지향한다. 그러나 여기서 제시하는 다층적 시대진단이 강조하고 있는 차이는 결코 무한히 분산되는 차이나 개별성이 결코 아니다. 왜냐하면 앞서 살펴본 바와 같이 오늘날 사회적 불의와 병리현상이 낳은 효과들은 서로 중첩되어 나타나기 마련이며, 이에 대한 저항 역시 결국에는 동등한 자유의 실현이라는 단일한 규범적 이념을 지향하고 있기 때문이다. 이런 점에서 다층적 시대진단은 사회갈등의 다원화를 강조할 뿐 아니라 동시에 차이 나는 존재들 사이의 민주적 연대의 가능성과 필요성을 동시에 주장한다.

결국 오늘날 우리에게 주어진 정치적 과제는 우리 사회의 사회적 불의와 병리현상을 면밀히 분석하고 동등한 자유의 실현이라는 목표 아래 차이 나는 존재들의 민주적 연대를 형성해 내는 일이다. 그리고 이를 위해서는 무엇보다 먼저 모든 것을 개인의 책임으로 돌리는 이데올로기적 왜곡을 극복하고 타자의 고통에 대한 감수성에 기초하여 스스로의 정치적 책임을 자각하는 주체들이 형성될 수 있어야만 할 것이다.

1장 현대사회 비판의 이념

1 한나 아렌트, 『인간의 조건』, 이진우·태정호 옮김, 한길사, 1996.

2 호네트는 노동 패러다임의 몰락 이후 비판의 정당화 문제와 관련하여 '내재적 초월'을 모색하는 네 가지 시도들이 등장하고 있다고 지적한다. 이 시도들은 각 각 카스토리아디스, 마르쿠제, 하버마스, 푸코의 입장을 통해서 표명되고 있다. 낸시 프레이저·악셀 호네트, 『분배냐, 인정이냐?』, 김원식·문성훈 옮김, 사월 의책, 2014, pp. 359-364.

3 물론 아펠과 하버마스는 규범의 최종적 정당화 가능성과 관련하여서는 커다란 입장의 차이를 가지고 있다. 아펠이 규범의 최종 근거에 대한 선험적 정당화가 가능하다고 주장하는 반면에 하버마스는 최종 근거를 설정하려는 이러한 시 도에 반대하면서 현재 우리의 삶의 양식이 가지는 불가피성에 호소하는 방식 의 규범 정당화를 그 대안으로 제시하고 있기 때문이다. 이에 대해서는 발터 레 제-쉐퍼, 『칼-오토 아펠과 현대철학』, 권용혁 옮김, 울산대학교출판부, 1992, p. 105 이하 참조.

4 이에 대해서는 이 책의 2장에서 좀 더 자세히 설명하고 있다.

5 T. H. Marshall, "The Development of Citizenship on the End of Nineteenth Century", in T. H. Marshall, Tom Bottmore, *Citizenship and Social Class*, Pluto Press, 1992, p. 8 이하 참조.

6 강영안, 『주체는 죽었는가』, 문예출판사, 2001 참조.

7 소극적 자유와 적극적 자유 개념의 구별에 대해서는 이사야 벌린, 『자유론』, 박 동천 옮김, 아카넷, 2006, p. 343 이하 참조.

8 같은 책, p. 346 이하 참조.

9 Axel Honneth, *Das Recht der Freiheit*, Suhrkamp, 2011, p. 48.

10 소극적 자유에서 적극적 자유로의 이러한 발전 경로는 제국주의 침탈을 경험

한 아시아 국가들에서는 거꾸로 나타날 수도 있을 것이다. 왜냐하면 식민지 해방 투쟁에서 일차적으로 요구되는 자유는 개인의 소극적 자유라기보다는 민족의 자주, 즉 자기지배일 수밖에 없을 것이며, 이는 위의 구별에 따르면 적극적 자유에 해당되기 때문이다. 이에 대해서는 문지영, 『자유』, 책세상, 2009, p. 100 이하 참조.

11 이사야 벌린, 『자유론』, p. 360.

12 찰스 테일러, 『불안한 현대사회』, 송영배 옮김, 이학사, 2001, p. 42.

13 Axel Honneth, *Das Recht der Freiheit*, p. 60 이하 참조.

14 찰스 테일러, 『불안한 현대사회』, p. 42 이하 참조.

15 문성학, 「칸트 도덕철학의 자율적 자유 개념의 루소적 기원」, 대한철학회 편, 『철학연구』 제116집, 2010 참조.

16 하영석, 「칸트에 있어 인격성의 근거로서의 自由」, 한국철학회 편, 『철학』 제33집, 1990.

17 찰스 테일러, 『불안한 현대사회』, p. 44 이하.

18 이사야 벌린, 『자유론』 참조.

19 북한의 주체사상에서 등장하는 자주성 개념은 적극적 자유의 개념이 오용되는 대표적 사례를 보여준다고 하겠다. 자기 운명의 주인이 되고자 하는 인간의 본질적 특성으로 등장한 자주성 개념이 결국에는 수령의 지배를 정당화하는 논리로 귀착되고 있기 때문이다. 북한의 주체사상은 인민 대중의 자주성과 이익을 당이 대변하고 당의 자주성과 이익을 수령이 대변한다는 논리에서 출발하지만 결국에는 수령이 모든 것을 결정하고 지배한다는 결론을 제시한다.

20 "내가 나의 주인이라는 생각에는 이미 나를 나 자신으로부터 분리하는 암시가 묻어 있다. 인간성 내부에 한편으로는 초월적 지배적 통제를 행하는 측면이 있고 다른 편에는 욕망과 열정의 덩어리가 있어서 후자가 전자에 의하여 훈육되고 치유되어야 한다고 보는 입장은 적극적 자유의 개념에 담겨 있는 암시로부터 그다지 멀리 떨어진 것은 아니다." 이사야 벌린, 『자유론』, p. 366.

21 Raymond Guess and Martin Hollis, "Freedom as an Ideal", *Proceedings of the Aristotelian Society*, Supplementary Volumes, vol. 69, 1995, p. 90 이하. 게스는 개

인과 사회적 행위자, 예를 들어 국가 사이의 관계에 대한 특정한 이해 방식만
이 벌린이 우려하는 전체주의를 함축한다고 말한다.

22 소극적 자유 개념의 한계에 대한 비판에 대해서는 사이토 준이치, 『자유란 무
엇인가』, 이혜진 외 옮김, 한울, 2011, 2장 '소극적 자유에 대한 비판' 참조.

23 하버마스는 근대적 합리화 과정에서 전통에 대한 반성은 윤리적-정치적 담론
과 도덕적 담론으로 분화되어 나가게 되며, 이들 각각은 자기실현 및 자기결
정의 이상과 밀접히 연관되어 있다고 말한다. 위르겐 하버마스, 『사실성과 타
당성』, 한상진·박영도 옮김, 나남, 2000, p. 135 이하 참조.

24 진정성에 기초한 자기실현은 이중의 방향성을 내포하고 있다. 한편으로 진정
성에 기초한 자기 자신 되기는 자신의 고유한 삶의 역사를 성찰하는 '자기발
견'을 의미하지만, 다른 한편으로 이는 미래 지향적인 측면에서 보자면 고유한
'자기창조' 작업을 의미하기 때문이다. 진정성으로서의 자유는 이런 의미에서
자기발견과 자기창조 작업의 변증법적 역동성을 내포하고 있는 것으로 보인
다. 페라라는 진정성 이념 내에 존재하는 이러한 갈등을 진정성에 대한 적대적
(antagonistic) 이해 방식과 통합적(integrative) 이해 방식으로 대비하기도 한다.
니체로 대표되는 진정성에 대한 적대적 이해 방식은 기존의 모든 가치에 대립
하는 '자기창조'를 옹호하는 반면에 루소나 헤르더로 대표되는 통합적 이해 방
식에서는 기존의 가치들이 '자기발견'을 위한 자원으로 이해되고 있다는 것이
다. Alessandro Ferrara, *Reflective Authenticity*, Routledge, 1998, p. 55 이하 참조.

25 김용민은 근대적 개체성(개인성)의 의미를 독립성, 자율성, 주체성으로 구별하
면서 오늘날에도 개인의 독립성(소극적 자유)을 강조하는 신자유주의, 자율성
이념에 기초하여 정의로운 민주주의를 강조하는 롤즈와 하버마스의 입장, 니
체적인 삶의 주권성을 강조하는 포스트모던 사상가들 사이의 대립이 전개되
고 있다고 말하기도 한다. 김용민, 「근대정치와 개체성」, 한국정치학회 편, 『정
치학이해의 길잡이』 1권 '정치사상', 법문사, 2008, p. 67.

26 자유 개념에 대한 이러한 현대적 재구성 시도들에 영향을 미친 핵심적인 요인
은 근대적 주체의 탈선험화 및 다원화 과정이라고 볼 수 있다. Axel Honneth,
Das Recht der Freiheit, p. 68 이하 참조.

27 호네트에 따르면 진정성으로서의 자유의 이상은 개인주의적 모델과 집단주의적 모델로 나누어 생각해 볼 수 있으며, 개인주의적 진정성 모델에 따르는 예로는 개인의 자유 실현을 위해 국가의 역할을 강조한 밀의 경우를 들 수 있고, 개인에 앞서는 집단적 연대성을 강조한 예로는 아렌트나 샌델 식의 자유주의적 공화주의를 들 수 있다. 같은 책, p. 74 이하 참조.

28 니체와 하이데거 철학의 관계 그리고 하이데거 철학이 나치즘과 가지는 관계에 대해서는 위르겐 하버마스, 『현대성의 철학적 담론』, 이진우 옮김, 문예출판사, 1994, (특히) p. 188 이하 참조.

29 Charles Taylor and Amy Gutmann, *Multiculturalism and "The Politics of Recognition"*, Princeton University Press, 1992, p. 28 이하 참조.

30 Maeve Cooke은 진정성 이념과 자율성 이념을 중심으로 테일러와 하버마스 사이의 논쟁을 정리·평가하기도 한다. Maeve Cooke, "Authenticity and Autonomy: Taylor, Habermas, and the Politics of Recognition", *Political Theory*, vol. 25, no. 2, 1997.

31 막스 호르크하이머·테오도르 아도르노, 『계몽의 변증법』, 김유동 외 옮김, 문예출판사, 1995.

32 테일러는 현대의 개인주의를 진정성의 이상이 왜곡되어 발현된 형태로 이해하며, 그런 한에서 현대적 개인주의에 대한 그의 비판과 우려는 주관주의적으로 이해된 진정성에 대한 비판으로 이해할 수 있을 것이다. 이에 대해서는 찰스 테일러, 『불안한 현대사회』, 2장, 6장 참조.

33 김원식, 「근대적 '주체' 개념의 비판과 재구성: 주체의 자기 관계와 상호주관성」, 한국해석학회 편, 『해석학연구』 제9집, 2002 참조.

34 예를 들어 페라라는 정체성이나 자기실현 개념 자체가 상호주관성 혹은 상호인정 개념을 전제하고 있다는 사실을 강조하면서 진정성과 상호주관성 개념을 연결시키고 있다. Alessandro Ferrara, *Reflective Authenticity*, p. 13 이하 참조.

35 최근 퀜틴 스키너(Quentin Skinner)나 필립 페팃(Philip Pettit)과 같은 신로마 공화주의자들이 주장하는 '비지배'(nondomination)로서의 자유 개념 역시 소극적 자유와 적극적 자유 사이의 대립을 해소해 보려는 한 시도로 볼 수 있다. 먼저

비지배로서의 자유는 행위에 대한 직접적인 간섭의 부재를 넘어 자의적 권력의 잠재적 개입 가능성에 대해서도 역시 반대한다는 점에서 소극적 자유 개념과 구별된다. 다음으로 비지배로서의 자유는 자율성 혹은 자기지배 그 자체를 목적으로 보기보다는 자유 실현을 위한 수단으로 본다는 점에서 적극적 자유 개념과도 구별된다. 이런 점에서 신로마 공화주의자들은 비지배로서의 자유를 자유주의와 공동체주의 사이의 대립을 넘어설 수 있는 제3의 자유 개념으로 제시하고 있다. 이에 대해서는 필립 페팃, 『신공화주의』, 곽준혁 옮김, 나남, 2012와 세실 라보르도 외, 『공화주의와 정치이론』, 곽준혁 외 옮김, 까치, 2009, 제1부의 1, 4, 5장을 참조하라.

36 위르겐 하버마스, 『사실성과 타당성』, p. 122 이하 참조.

37 Alessandro Ferrara, *Reflective Authenticity*, p. 5.

38 같은 책, 3장, 4장 참조.

39 자율성 이념과 진정성 이념의 환원불가능성을 전제로 양자의 상호보완성을 입증하려는 시도로는 다음 논문을 참조하라. Carlos Thiebaut, "The logic of autonomy and the logic of authenticity: a two-tiered conception of moral subjectivity", *Philosophy & Social Criticism*, vol. 23, no. 3, 1997.

40 김홍중, 『마음의 사회학』, 문학동네, 2009, p. 37.

41 Carlos Thiebaut, "The logic of autonomy and the logic of authenticity", p. 103.

42 병리현상이라는 개념이 가지는 사회철학적 의미와 그것이 함축하는 방법론적 문제들에 대한 논의로는 악셀 호네트, 『정의의 타자』, 문성훈 외 옮김, 나남, 2009의 제1부 중 '사회적 병리현상' 부분을 참조하라.

2장 현대사회 비판의 전략

1 각각이 제시하는 규범적 원칙과 그에 대한 정당화 작업에 대해서는 존 롤즈, 『사회정의론』, 황경식 옮김, 서광사, 1985; 위르겐 하버마스, 『담론윤리의 해명』, 이진우 옮김, 문예출판사, 1997; 낸시 프레이저, 『지구화 시대의 정의』, 김원식

옮김, 그린비, 2010 참조.

2 현시적 사회비판이라는 용어는 언어의 세계현시(world-disclose, welterschließen) 기능에 착안하여 만들어 낸 것이다. 이 책에서 나는 현시란 용어를 주로 대상이나 사태 나아가서는 욕망이나 요구에 대한 의미화나 가치부여 과정과 관련된 맥락에서 사용하고자 한다. 이와 관련된 용례들을 찾아보자면 우선 하버마스가 하이데거나 데리다의 입장에 대해 언어의 세계현시 기능만을 강조하여 철학을 문학화한다고 비판한 바 있다(위르겐 하버마스, 『현대성의 철학적 담론』, 여섯째, 일곱째 강의). 호네트는 『계몽의 변증법』에 대한 새로운 독해를 모색하면서 현시적 비판(erschließende Kritik)이라는 개념을 사용하고 있다(악셀 호네트, 『정의의 타자』, p. 87).

3 데리다와 푸코의 입장을 언어의 세계현시 기능과 관련하여 논의한 예로는 James Bohman, "Two Versions of Linguistic Turn: Habermas and Poststructualism", *Habermas and The Unfinished Project of Modernity*, ed. Maurizio Passerin d'Entrèves and Seyla Benhabib, Cambridge: Polity Press, 1996 참조.

4 도승연, 「후기 푸코의 윤리적 문제설정에 있어서의 자유와 비판의 의미」, 사회와철학연구회 편, 『사회와 철학』 제13집, 2007, p. 114.

5 물론 이 경우 진정성은 고정되어 존재하는 그 어떤 정체성이라기보다는 자기 창조를 통해서 실현되어야만 하는 이상으로 이해되어야 할 것이다. 1장의 주석 24 참조.

6 이에 대해서는 김원식, 「의사소통 이성과 해석학적 상상력」, 사회와철학연구회 편, 『철학과 합리성』, 이학사, 2002 참조.

7 위르겐 하버마스, 『현대성의 철학적 담론』 참조. 특히 하버마스는 니체, 하이데거, 푸코, 데리다 등의 모든 비판이 주체중심적 이성 개념을 그 대상으로 하고 있음을 지적하고 있다. 같은 책, p. 79.

8 미국과 영국이 이라크 침공을 감행하고 승리를 선언한 직후인 2003년 5월 31일, 독일과 프랑스의 유력 일간지들에는 데리다와 하버마스가 함께 서명한 공동 선언문이 게재되었다. 공동 선언의 내용에 대해서는 위르겐 하버마스 외, 『테러 시대의 철학』, 김은주 외 옮김, 문학과지성사, 2004 중 "우리의 혁신: 전쟁

이후, 유럽의 재탄생" 참조.

9 대표적 사례로는 장 프랑수아 리오타르, 『포스트모던의 조건』, 이삼출 옮김, 민음사, 1992 참조.

10 하버마스는 언어적 전회의 갈래들을 후기구조주의 이성 비판의 원천을 제공하는 비트겐슈타인과 하이데거의 경향, 콰인과 데이빗슨으로 대표되는 경험주의적 경향, 아펠, 퍼트남, 더밋으로 대표되는 제3의 입장으로 구별하기도 한다. 위르겐 하버마스, 『진리와 정당화』, 윤형식 옮김, 나남, 2008, p. 110 이하 참조.

11 언어와 의사소통 행위에 대한 상세한 설명은 위르겐 하버마스, 『의사소통행위이론 1』, 장춘익 옮김, 나남, 2006, Ⅲ '제1중간고찰'; 김원식, 「하버마스의 행위이론」, 한국해석학회 편, 『해석학연구』 제14집, 2004 참조.

12 하이데거의 언어 이해는 이런 견해를 명시적으로 대변하고 있다고 할 수 있을 것이다. 그에게 있어 존재의 의미와 존재의 진리는 동일한 것이다. 오토 페겔러, 『하이데거 사유의 길』, 이기상·이말숙 옮김, 문예출판사, 1993, p. 100 이하 참조.

13 위르겐 하버마스, 『진리와 정당화』, p. 165 참조.

14 진리 후보자라는 표현에 대해서는 James Bohman, "Two Versions of Linguistic Turn: Habermas and Poststructualism" 참조.

15 "부르디외는 장을 기존 행위자들의 관계를 변형하거나 유지하려는 것을 목표로 하는 힘의 대결의 공간으로 본다. 즉 장은 행위자들(또는 위치들) 간에 권력과 위신을 추구하는 투쟁의 공간이다." 현택수, 「피에르 부르디외의 사회이론」, 비판사회학회 편, 『경제와 사회』 제32권, 1996, p. 94.

16 정치적인 것의 개념과 본성에 대해서는 샹탈 무페, 『정치적인 것의 귀환』, 이보경 옮김, 후마니타스, 2007, 특히 p. 82 이하, p. 221 이하 참조.

17 분배가 사회적 의미부여, 가치부여 방식과 관련되어 있다는 논점에 대해서는 마이클 왈저, 『정의와 다원적 평등』, 정원섭 외 옮김, 철학과현실사, 1999, p. 34 이하 참조. 그에 따르면 "모든 분배는 해당 가치의 사회적 의미에 따라 정의로울 수도 있고, 그렇지 못할 수도 있다."(같은 책, p. 39)

18 새로운 정치적 요구와 해석 틀의 등장 과정과 의미에 대한 논의는 Nancy Fraser, *Unruly Practices*, Polity Press, 1989, 8장 'Struggle over Needs' 참조.

19 이에 대해서는 낸시 프레이저, 『지구화 시대의 정의』, p. 113 이하 참조.

20 물론 현시적 사회비판 전략을 일관되게 고수하는 입장에서는 '추상적 정의' 담론이 없이도 내재적인 사회비판이 가능하다는 주장을 제기할 수 있을 것이다. 예를 들어 Warnke는 왈저의 입장을 둘러싼 논의를 소개하면서 해석학적인 방식의 내재적인 사회비판이 가능하다고 주장한다. Georgia Warnke, "Social Interpretation and Political Theory", *Hermeneutics and Critical Theory in Ethics and Politics*, ed. Michael Kelly, The MIT Press, 1990, p. 217 이하 참조.

21 예를 들어 일부 지역에서 행해지고 있는 여성 할례의 경우나 명예 살인 등을 생각해 볼 수 있을 것이다. 다문화주의와 여성주의 사이의 갈등 해결을 위한 시도로는 최현덕, 「다문화주의와 여성주의 사이의 갈등에 전제되어 있는 문화 개념에 관하여」, 사회와철학연구회 편, 『사회와 철학』 제20집, 2010 참조.

22 낸시 프레이저, 『지구화 시대의 정의』 참조.

23 IMF 이후 한국사회에서 경쟁 논리의 확산이 가져온 부정적인 심리적 결과에 대한 논의로는 김태형, 『불안증폭사회』, 위즈덤하우스, 2010 참조.

24 물화 현상이 사회비판에 대해 가지는 이와 같은 함축에 대해서는 악셀 호네트, 『물화』, 강병호 옮김, 나남, 2006, p. 101 이하; 서도식, 「사물화 비판의 두 모델」, 한국철학사상연구회 편, 『시대와 철학』 제21권 2호, 2010, p. 220 이하 참조.

25 호네트는 사회적 병리현상에 대한 치유적 자기비판의 양식으로서 현시적 사회비판이 활용될 수 있다고 말한다. 그리고 그 역시 James Bohman의 작업에서 도움을 받았음을 밝히고 있다. 악셀 호네트, 『정의의 타자』, p. 97 이하, 각주 16 참조. 그러나 그는 정의 담론과 현시적 비판 사이의 관계에 대해서는 명확히 언급하지 않고 있다.

26 여기서 시험대라는 의미는 매우 제한적일 수밖에 없을 것이다. 왜냐하면 어떤 삶이 더 바람직한 삶인가에 대해서 정의 담론이 평가하거나 확정할 수는 없을 것이기 때문이다. 정의 담론은 다만 특정한 삶의 이상이 정의의 원칙을 훼손

하는지 여부를 검사하는 역할 정도를 수행할 수 있을 뿐이다. 이런 점에서 보다 나은 삶의 이상에 대한 논의는 관련된 당사자들이 보다 개방적인 민주적 대화를 통해서 논의를 지속해 나갈 문제라고 보아야 할 것이다.

3장 프랑크푸르트학파의 시대진단

1 프랑크푸르트학파의 역사와 이념에 대한 간략한 소개는 연구모임 사회비판과 대안 엮음, 『프랑크푸르트학파의 테제들』, 사월의책, 2012, 편집자 서문 참조.

2 그러한 상이 구체적으로 무엇인가 하는 것은 이 책의 5장에서 설명되고 있다.

3 1930년대에 진행된 학제 간 연구 기획의 방향에 대해서는 빌렘 반 라이엔, 『비판으로서의 철학』, 이상화 옮김, 서광사, 2000, p. 50 이하 설명 참조.

4 베버의 합리화 이론이 루카치의 물화 이론으로 수용되는 과정과 1세대 비판이론가들의 견해가 루카치의 입장과 갈라지는 지점이 어디인지에 대해서는 애리 브랜트, 『이성의 힘』, 김원식 옮김, 동과서, 2000, pp. 21-24 참조.

5 Paul Piccone, "General Introduction", *The Essential Frankfurt Reader*, eds. A. Arato et al, Continuum, 1982, p. XV.

6 이러한 현실 진단은 국가자본주의론, 문화산업론, 초자아의 파괴에 관한 정신분석학적 이해 등을 그 기초로 삼고 있다. 국가자본주의론은 개별 자본가들 사이의 경쟁이 국가의 관료적 통제에 의해 대체되었다는 진단을, 문화산업론은 대중매체에 의해 사회 성원들이 자발적으로 스스로를 통제하게 된다는 진단을, 사회심리학적 작업은 개인이 스스로에 대한 인지적, 도덕적 통제능력을 상실하게 되었다는 진단을 내리고 있다. 이러한 작업들을 토대로 삼아 이제 사회는 총체적인 억압적 질서로 파악되기 시작한다. 이에 대해서는 Axel Honneth, *The Critique of Power*, tr. K. Baynes, The MIT Press, 1991, p. 72 이하 참조.

7 막스 호르크하이머·테오도르 아도르노, 『계몽의 변증법』, p. 31.

8 H. Schnädelbach, "Philosophieren nach Heidegger und Adorno", *Zur Rehabilitierung des animal rationale*, Suhrkamp, 1992, p. 315.

9 막스 호르크하이머·테오도르 아도르노,『계몽의 변증법』, p. 29.

10 위르겐 하버마스,『새로운 불투명성』, 이진우·박미애 옮김, 문예출판사, 1995, p. 201.

11 호네트에 따르면 과학 그 자체를 도구적 행위의 산물로 보는 이러한 견해는 『계몽의 변증법』이 가지고 있는 편협한 구도로부터 생겨난다. "과학은 자연에 대한 인간의 지배와 사회적 물화를 초래하는 문명화 과정에 참여한다. (…) 어떠한 과학적 객관화도 이러한 좁은 틀을 벗어나지 못한다. 왜냐하면 단지 과학에 대한 특정한 해석이 아니라, 과학 그 자체가 구조적으로 통제 지향적 행위의 조건에 결박되어 있기 때문이다. 자연과학, 사회과학, 인문과학 사이에 존재할 수도 있는 모든 차이는 무의미해진다.『계몽의 변증법』은 그 저자들로 하여금 이러한 조야한 과학에 대한 정의에 빠져들도록 직접적으로 강요한다." (Axel Honneth, *The Critique of Power*, p. 60)

12 수행적 모순은 발화된 내용이 그러한 발화가 가능하기 위한 조건 자체를 부정하는 경우에 나타난다. 예를 들어 '나는 모든 논증은 불가능하다는 사실을 논증하겠다'라고 말하는 경우 논증을 제시하겠다는 화자의 의도 자체는 그의 주장(모든 논증은 불가능하다)에 의해서 부정될 수밖에 없다. 이에 대해서는 김원식,「이성 비판의 가능성과 한계: '수행적 모순' 개념을 중심으로」, 한국해석학회 편,『해석학연구』제12집, 2003 참조.

13 이에 대해서는 김원식,「의사소통 이성과 해석학적 상상력」, pp. 52-61 참조.

14 하버마스에 따르면 이는 서구에서 발전되어 온 '민주주의적이고-입헌국가적인 전통'이 가지는 잠재력을 올바로 평가하지 못하고 현실을 도구적 지배 과정의 전면화로만 해석하는 그들의 현실 진단과 밀접하게 관련되어 있다(비판이론의 전통에 대한 하버마스의 이해와 비판에 대해서는 위르겐 하버마스,『새로운 불투명성』, pp. 189-202 참조).

15 Axel Honneth, *The Critique of Power*, p. 69.

16 이에 대해서는 김원식,「하버마스의 행위 이론」, 한국해석학회 편,『해석학연구』제14집, 2004 참조.

17 이에 대해서는 위르겐 하버마스,『의사소통행위이론 1』, p. 423, 표 14 참조.

18 이에 대한 상세한 분석은 김원식, 「하버마스의 행위 이론」, p. 254 이하 참조.

19 베버는 종교사적인 탈주술화의 과정을 복합적 합리성 개념을 통해 분석했지만, 결국 사회적 합리화를 해명하는 곳에서는 단지 목적합리성에 대한 제한된 이해에 의존하고 있다. 위르겐 하버마스, 『의사소통행위이론 1』, pp. 239~40.

20 하버마스 역시 노동 계급을 보편적인 거대 주체로서, 혁명의 주체로서 상정하는 시도에 대해서는 회의적이다. 노동 계급이 보편적이고 실질적인 저항의 주체가 될 수 있다는 신념에 대해서는 비판이론 1세대와 마찬가지로 하버마스 역시 거부하고 있다. 하버마스가 시민사회 운동이나 공론장이 가지는 비판적 잠재력에 주목하고 있는 것은 이런 점에서 볼 때 자연스러운 일이다. 위르겐 하버마스, 『사실성과 타당성』, 제8장 참조.

21 하버마스는 체계와 생활세계라는 구별이 독립적인 사회적 영역을 지시하는 개념이 아니라고 강조해서 말한다. 체계와 생활세계라는 구별은 애초에 사회를 분석하기 위한 두 관점으로서 도입된 것이다. "나는 우선 사회통합(Sozialintegration)과 체계통합(Systemintegration)을 사회적인 통합(gesellschaftliche Intergration)이 가지고 있는 분석적으로 분리될 수 있는 측면들로 소개했다. 이러한 관점에서 질서 개념이 도입되었고, 사회(Gesellschaft)를 먼저 '사회적으로(sozial) 통합된 집단들이 이루어 내는 체계적으로 안정된 행위연관'으로 정의한다는 점에서 그러한 질서 개념 역시 마찬가지로 단지 분석적으로만 분리되는 동일한 대상이 가지는 측면들을 나타낸다."(J. Habermas, "Entgegnung", *Kommunikatives Handeln*, hg. Axel Honneth und Hans Joas, Suhrkamp, 1986, p. 379)

22 위르겐 하버마스, 『의사소통행위이론 2』, p. 272 이하 참조.

23 같은 책, p. 601.

24 같은 곳.

25 이에 대해서는 같은 책, Ⅷ의 3. 참조.

26 W. E. Forbath, "Short-Circuit: A Critique of Habermas's Understanding of Law, Politics, and Economic Life", *Habermas on Law and Democracy: Critical Exchanges*, ed. Michel Rosenfeld and Andrew Arato, University of California Press, 1998. Forbath는 R. Unger의 작업에 기대어 시장경제의 자율성에 대한 하버마

스의 잘못된 이해가 민주주의에 대한 제한적 이해를 초래하고 있음을 지적하고 있다.

27 존 시톤, 『하버마스와 현대사회』, 김원식 옮김, 동과서, 2007, 7장 참조.

28 Axel Honneth, "Einleitung", Axel Honneth (hg.), *Befreiung aus der Mündigkeit*, Campus Verlag, 2002, p. 7.

29 유연사회가 인간성에 미치는 파괴적 효과에 대해서는 리처드 세넷, 『신자유주의와 인간성의 파괴』, 조용 옮김, 문예출판사, 2002 참조. 세넷은 조직의 비연속적 개혁, 생산의 유연 전문화, 중앙 집중이 없는 힘의 결집을 오늘날 유연성을 추구하는 체계의 세 가지 요소라고 말한다(같은 책, p. 62 이하 참조).

30 Axel Honneth, "Einleitung", Axel Honneth (hg.), *Befreiung aus der Mündigkeit*, p. 9.

31 C. Offe, *Strukturprobleme des kapitalistischen Staates*, Suhrkamp, 1972; J. Habermas, *Legitimationsprobleme im Spätkapitalismus*, Suhrkamp, 1973.

32 M. Hartman, "Widersprühe, Ambivalenyen, Paradoxien-Begriffliche Wandlungen in der neueren Gesellschaftstheorie", *Befreiung aus der Mündigkeit*, p. 226.

33 같은 글, p. 244 이하 참조.

34 Axel Honneth, "Organisierte Selbstverwirkichung. Paradoxien der Individualisierung", *Befreiung aus der Mündigkeit* 참조.

35 앤서니 기든스, 『현대성과 자아정체성』, 권기돈 옮김, 새물결, 2001.

36 D. Bell, *The Cultural Contradictions of Capitalist*, Basic Books, 1976; 울리히 벡, 『위험사회: 새로운 근대성을 향하여』, 홍성태 옮김, 새물결, 1997.

37 S. Eisenstadt, *Paradoxes of Democracy*, Woodrow Wilson Center Press, 1999.

38 하르트만은 이 외에도 *Contradiction of the Welfare State*(Offe, 1984), *Moderne und Ambivalenz*(Bauman, 1991/1992), *Dialektik der Kommunikationsgesellschaft* (Münch, 1991), *Unversöhente Moderne*(Schluchter, 1996), *Die Antinomien der Moderne*(Eisenstadt, 1998) 등의 저작들을 자본주의적 근대화의 역설들을 다룬 저작들로 제시하고 있다("Widersprühe, Ambivalenyen, Paradoxien-Begriffliche Wandlungen in der neueren Gesellschaftstheorie", p. 222).

39 세계화의 역설을 인도주의 정책을 중심으로 다룬 글로는 V. Heins, "Globalisierung und soziales Leid. Bedingungen und Grenzen humanitärer Politik", *Befreiung aus der Mündigkeit* 참조.

40 A. Giddens, *The Consequences of Modernity*, Stanford University Press, 1990, p. 59, 그림 1 참조.

41 앤서니 기든스, 『현대사회의 성, 사랑, 에로티시즘』, 배은경·황정미 옮김, 새물결, 2001.

42 인정이론적 관점에서 물화 문제를 새롭게 다루고 있는 호네트의 『물화』의 경우도 인정 망각의 다차원성을 지적하는 데에는 그 의의가 있지만, 물화의 사회적 근원을 밝히지는 못하는 제한성을 드러내고 있다. 호네트는 물화에 대한 루카치의 설명이 경제적 환원주의의 오류를 범한다고 지적하면서 상호주관적 물화나 자기물화의 다양한 사례들을 제시할 뿐, 그러한 현상들의 사회적 기원에 대해서는 명확하고 체계적인 설명을 제시하지 못하고 있다.

43 Nancy Fraser, "From Redistribution to Recognition? Dilemmas of Justice in a 'Post-Socialist' Age", *New Left Review* 212, 1995, p. 69. 이와 관련해서는 이상환, 「사회정의와 정치적인 것의 차원」, 사회와철학연구회 편, 『사회와 철학』 제12집, 2006, p. 133 이하 참조.

44 이에 대해서는 문성훈, 「하버마스에서 호네트로: 프랑크푸르트학파 사회비판 모델의 인정이론적 전환」, 『철학연구』 제73집, 2006, p. 146 이하 참조.

45 문성훈은 『인정의 시대』(사월의책, 2014)에서 인정이론에 기초하여 현대사회 변동 속에 내재된 5대 인정 요구를 종합적으로 체계화한 바 있다.

4장 현대사회 부정의와 병리현상

1 신자유주의 문화 및 이데올로기에 대한 비판적 분석으로는 Richard Sennett, *The Culture of the New Capitalism*, Yale University Press, 2006[국역본: 리처드 세넷, 『뉴캐피털리즘: 표류하는 개인과 소멸하는 열정』, 유병선 옮김, 위즈덤하우스,

2009] 참조.

2 다원적 평등을 옹호하는 왈저는 특정한 가치가 다른 영역의 가치들을 침탈하는 '전제'를 막는 것을 중요한 과제로 삼고 있으며, 자본주의 및 화폐의 특수한 전제에 대항하는 것이 오늘날 평등주의 정치의 중요한 과제가 되고 있다고 지적한다. 이는 화폐 매체를 통한 생활세계 식민화와 그에 대한 저항을 다른 방식으로 주제화하고 있는 경우라고 할 수 있을 것이다. 마이클 왈저,『정의와 다원적 평등』, p. 52 이하, p. 479 참조.

3 호네트는 체계와 생활세계의 긴장이 아니라 인정관계의 왜곡과 훼손이 시대 진단적 분석의 중심이 되어야 한다고 주장한다. 악셀 호네트,『정의의 타자』, p. 125.

4 아이리스 영은 여성과 같은 소수자 집단들이 겪고 있는 사회적 부정의를 전면적으로 분석하기 위해서는 정의에 관한 분배 패러다임을 넘어서 지배와 억압의 개념을 도입할 필요가 있다고 역설한다. Iris Marion Young, *Justice and the Politics of Difference*, Princeton University Press, 1990 참조.

5 이에 관해서는 지그문트 바우만,『쓰레기가 되는 삶들』, 정일준 옮김, 새물결, 2008 참조. 바우만은 "가장 분명하고 폭발적 잠재력을 가지고 있는 자본주의 경제의 기능상의 문제는, 현재 전 지구적 국면에서 볼 때, 착취로부터 배제로 변화하고 있다. 오늘날 사회적 양극화, 심화되는 불평등, 인간적 빈곤, 불행, 모욕감의 점증하는 확산 등과 관련된 가장 분명한 사례들의 근저에 놓여 있는 문제는 150여 년 전에 마르크스가 제시했던 착취라기보다는 배제라고 할 수 있다."고 지적한다(Zygmunt Bauman, *Identity*, Cambridge: Polity Press, 2004, p. 41).

6 이에 대해서는 호네트의 인정 일원론에 대한 프레이저의 비판, 특히 낸시 프레이저·악셀 호네트,『분배냐, 인정이냐?』, 1장을 참조하라.

7 하버마스는 한 곳에서 복지국가적 타협의 기초로서 자본주의적 경제성장에 이해관계를 갖는 중심부와 그 이외의 주변부 사이에 전선이 생겨난다고 언급하기도 한다. 위르겐 하버마스,『의사소통행위이론 2』, p. 602.

8 낸시 프레이저·악셀 호네트,『분배냐, 인정이냐?』, p. 98.

9 이에 대해서는 김원식,「생활세계 식민화론의 재구성: 배제, 물화, 무시」, 사회

와철학연구회 편,『사회와 철학』제18집, 2009, p. 105 이하 참조.

10 박영도는 체계의 동학을 설명하기 위해 현실 분석의 차원에서 마르크스의 사
   회적 노동 범주를 도입하여 하버마스의 사회이론을 보완할 필요성이 있다고
   주장한다. 현대사회의 현실 분석을 위해서는 마르크스의 통찰에 의거하여 체
   계 내에 존재하는 지배구조에 주목해야 한다는 것이다. 박영도,『비판의 변증
   법』, 새물결, 2011, pp. 613-615.

11 낸시 프레이저에 따르면 기존의 정의 담론들은 케인스주의적-베스트팔렌적
   틀의 지배하에 놓여 있었다고 볼 수 있다. 이러한 틀은 정의 담론을 국민국가
   단위의 분배 문제로 제약하는 효과를 갖는다. 낸시 프레이저,『지구화 시대의
   정의』, p. 29 이하 참조.

12 Iris Marion Young, *Justice and the Politics of Difference*, p. 19.

13 영은 이 외에도 분배 패러다임에 구속되어 논의를 진행하는 인물들로 W. G.
   Runciman, Bruce Ackerman, William Galston 등을 꼽고 있으며, 자유주의적 논
   의를 비판하는 David Miller도 여전히 분배 패러다임에 구속되어 있고, 마르크
   스주의자인 Edward Nell과 Onora O'Neill, Kai Nielsen 역시 분배 중심의 정의
   관을 전제로 논의를 진행하고 있다고 지적한다(같은 책, pp. 16-17).

14 존 롤즈,『정의론』, 황경식 옮김, 이학사, 2003; 로널드 드워킨,『자유주의적 평
   등』, 염수균 옮김, 한길사, 2005; 칼 마르크스 · 프리드리히 엥겔스,『공산당 선
   언』, 이진우 옮김, 책세상, 2002.

15 자유주의적 입장에서 영의 비판에 응답하는 시도로는 Roger Paden, "Democracy
   and distribution", *Social Theory and Practice*, vol. 24, no. 3 참조. 그에 따르면, 영은
   분배 패러다임과 자유주의를 동일시하면서 자유주의에 대한 근본적 비판을
   시도하고 있지만 그녀의 논의는 현행 자유주의가 가지는 일부 한계를 보여줄
   뿐 자유주의 그 자체를 거부할 것을 요구하지는 않는다.

16 Iris Marion Young, *Justice and the Politics of Difference*, p. 23.

17 같은 책, p. 4.

18 같은 책, p. 25.

19 같은 책, p. 31.

20 다문화주의와 인정 정치의 관계에 대해서는 Charles Taylor and Amy Gutmann, *Multicuturalism and "the Politics of Recognition"* 참조.

21 호네트는 노동운동의 역사에 대한 연구와 관련하여 Edward P. Thomson, *Customs in Common: Studies in Traditional Popular Culture*, New Press, 1993; Barrington Moore, *Injustice: The Social Basis of Obedience and Revolt*, M. E. Sharpe, 1978을 언급하고 있다. 낸시 프레이저·악셀 호네트, 『분배냐, 인정이냐?』, p. 191.

22 이에 관해서는 악셀 호네트, 『인정투쟁』, 문성훈·이현재 옮김, 사월의책, 2011.

23 낸시 프레이저·악셀 호네트, 『분배냐, 인정이냐?』, p. 227.

24 호네트는 오늘날에도 여전히 자본주의 노동시장에 대해 체계이론적 관점을 넘어 사회통합적 관점에서 접근할 필요성을 강조하고 있다. 악셀 호네트, 「노동과 인정」, 강병호 옮김, 참여사회연구소 편, 『시민과 사회』 15호, 2009 참조.

25 한국의 상황에서 노동운동을 인정투쟁으로 해석하려는 시도로는 문성훈, 「노동운동의 이념적 자기반성을 위하여: 1987년 노동자 대투쟁은 인정투쟁이다!」, 『시대와 철학』 16권 3호, 2005 참조.

26 이러한 지적으로는 Rainer Forst, "First Things First: Redistribution, Recognition and Justification", *European Journal of Political Theory*, vol. 6, no. 3, 2007, p. 297.

27 인정 질서 차원에서의 접근으로는 현대 자본주의 동학이 설명되기 어렵다는 지적에 대해서는 Christopher F. Zurn, "Recognition, Redistribution, and Democracy: Dilemmas of Honneth's Critical Social Theory", *European Journal of Philosophy*, vol. 13, no. 1, 2005, p. 115 이하 참조. 그는 또한 인정 질서 차원의 처방만으로는 이러한 문제들에 대한 구체적 해결책을 제시하기도 어렵다고 주장한다.

28 낸시 프레이저·악셀 호네트, 『분배냐, 인정이냐?』, pp. 71-72.

29 이는 문화적, 집단적 차이에 대한 인정 요구가 특수한 정체성 요구나 자기실현 요구에 기초해서가 아니라 참여적 평등이라는 원리에 기초해서만 정당화될 수 있다는 사실을 함축한다.

30 이는 정치적 차원을 무시하고 있다는 논평자들의 의견을 수용한 결과라

고 할 수 있다. 이러한 논평의 한 예로는 Leonard C. Feldman, "Redistribution, Recognition, and the State: The Irreducibly Political Dimension of Injustice", *Political Theory*, vol. 30, no. 3, 2002 참조.

31 프레이저의 '대표'(representation)라는 개념은 내쉬(Kate Nash)가 지적하는 바와 같이 애매한 두 가지 의미를 가지고 있다(낸시 프레이저, 『지구화 시대의 정의』, p. 238 이하 참조). 이 개념은 민주적 대의라는 직접적인 의미와 함께 틀의 설정을 통해 정의의 당사자로 포섭되고 표현된다는 상징적인 의미 역시 담고 있다. 때문에 번역과 관련하여 이행남은 이 용어를 '대의/표현'으로 옮긴 바 있고, 백미연은 '대표'를 사용하였다(『뉴레프트리뷰』, 길, 2009, p. 442의 옮긴이 주와 백미연, 「글로벌 시대 정의의 범위」, 『21세기 정치학회보』 제19집 2호, 2009, p. 54, 각주 7 참조). 필자가 보기에는 우리말의 대표라는 개념을 통해 이 두 의미를 모두 담아내는 데 큰 무리가 없다고 판단된다. 관련하여 'misrepresentation'은 '대표 불능'으로 옮겼다.

32 여기서 말하는 삶의 물화는 자아와 타인에 대한 물화를 의미할 뿐 자연에 대한 물화 혹은 도구화의 문제와는 아무 관련이 없다. 자연에 대한 물화 혹은 도구화가 자연의 자율성과 존엄성을 훼손한다고 보기는 어렵기 때문에 그러한 현상이 삶의 물화의 범주에 포함되기는 어려울 것으로 판단된다. 만일 우리가 자연에 대한 물화 혹은 도구화의 문제를 다룬다고 하더라도 우리가 자연 자체가 가지는 종교적이거나 형이상학적 가치를 가정하지 않는다면 이는 결국 그러한 행위가 인간에게 미치는 영향과 관련하여 간접적으로 논의될 수밖에 없을 것이다. 이러한 논점에 대해서는 J. Habermas, "A Reply to My Critics", *Habermas Critical Debates*, ed. John B. Thomson and David Held, Cambridge: The MIT Press, 1982, p. 248 참조.

33 여기서 욕망은 이성적 욕구까지도 포괄하는 넓은 의미에서 인간 욕망 전체를 의미한다.

34 호네트는 물화를 자기물화, 타인에 대한 물화, 객관세계에 대한 물화로 구별하고 있지만, 여기서 핵심은 타인에 대한 물화와 자기물화라고 주장한다. 객관세계에 대한 물화는 인간이 그것에 부여하는 가치나 의미와 관련하여 단지

간접적으로만 논의될 수 있기 때문이다. 악셀 호네트, 『물화』, pp. 77-79.

35 개인화 과정과 사회화 과정의 동시성 및 상호의존관계에 대해서는 위르겐 하버마스, 『탈형이상학적 사유』, 이진우 옮김, 문예출판사, 2000, 3장 2절 '사회화를 통한 개인화' 참조.

36 물화 현상에 대한 다양한 최근의 접근 방식들에 대해서는 악셀 호네트, 『물화』, pp. 20-22 참조.

37 에리히 프롬, 『자유에서의 도피』, 이상두 옮김, 범우사, 1995, p. 155 참조.

38 이에 대해서는 악셀 호네트, 『물화』, p. 19 이하 참조.

39 상품의 물신성에 대한 논의는 칼 마르크스, 『자본 I-1』, 김영민 옮김, 이론과실천, 1987, p. 89 이하 참조.

40 게오르그 루카치, 『역사와 계급의식』, 박정호 · 조만호 옮김, 거름, 1986, 제4장 '사물화와 프롤레타리아트의 의식' 참조.

41 악셀 호네트, 『물화』, p. 97 참조.

42 이러한 지적에 대해서는 위르겐 하버마스, 『현대성의 철학적 담론』, p. 144.

43 이러한 평가에 대해서는 Axel Honneth, *The Critique of Power*, 1991, p. 61 참조.

44 생활세계 식민화 테제에 대한 설명과 평가에 대해서는 연구모임 사회비판과 대안, 『프랑크푸르트학파의 테제들』, 6장 참조.

45 하버마스에 따르면 도덕은 개인의 행복이나 실존적 문제와는 무관하며 단지 정의로운 권리와 의무의 문제에 국한될 뿐이다. 문화적 맥락에 구속되는 윤리적 실존적 자기이해의 문제는 당사자들이 다룰 문제일 뿐 철학의 문제가 아니다. 위르겐 하버마스, 『담론윤리의 해명』, 이진우 옮김, 문예출판사, 1997, p. 216, 224 참조.

46 이에 대해서는 위르겐 하버마스, 『현대성의 철학적 담론』; 김원식, 「의사소통 이성과 해석학적 상상력」 참조.

47 물론 우리는 이 외에도 인종 학살이나 인신 매매 등과 같은 현상에서 문화 혹은 이데올로기가 물화의 한 원인으로 기능할 수 있다는 사실도 기억해야 할 것이다. 악셀 호네트, 『물화』, p. 97 이하 참조.

5장 한국사회 갈등

1 마이클 샌델, 『정의란 무엇인가』, 이창신 옮김, 김영사, 2010; 울리히 벡, 『위험사회』, 홍성태 옮김, 새물결, 2006; 한병철, 『피로사회』, 김태환 옮김, 문학과지성사, 2012.

2 클라우스 오페, 「오늘날 정치적 '진보'란 무엇인가?」, 고지현 옮김, 연구모임 사회비판과대안 편, 『베스텐트 한국판 2013/1』, 사월의책, 2013.

3 김덕영, 『환원근대』, 길, 2014, p. 37 이하.

4 김덕영, 『환원근대』, pp. 38-42.

5 김상준, 「중층근대성」, 『한국사회학』 제41집 4호, 2007.

6 김상준, 『맹자의 땀, 성왕의 피』, 아카넷, 2011; 『유교의 정치적 무의식』, 글항아리, 2014 참조.

7 김덕영은 분화, 개인화, 합리화를 근대의 핵심으로 규정한다. 김덕영, 『환원근대』, p. 59 이하.

8 여기서는 한국의 근대화 과정의 출발이나 기원을 둘러싼 내재적 발전론, 식민지 근대론 등에 대해서는 논의하지 않는다. 이를 둘러싼 논쟁에는 상이한 근대 개념은 물론 학문 분야들(역사학, 경제학, 사회학, 정치학) 사이의 복잡한 갈등이 뒤얽혀 있는 것으로 보이기 때문이다. 예를 들어 식민지 근대화론은 경제사학자들이, 내재적 발전론은 역사학자들이 주도하고 있고, 정치학자들은 해방 이후 근대국가 수립에 주목하는가 하면, 사회학자들은 1960년대 이후를 본격적 근대화의 기점으로 잡기도 한다. 여기서는 다만 이러한 기존의 논의들이 근대라는 시간대를 어떻게 설정하는가, 무엇을 근대성의 핵심으로 볼 것인가 하는 관점에서 매우 제한적인 견해를 전제로 하고 있다는 점만을 지적해 두고자 한다. 왜냐하면 이러한 기존의 입장들이 전반적으로 서구적 근대를 모델로 삼아 그 논의를 진행하고 있는 것으로 보이기 때문이다.

9 김덕영, 『환원근대』, p. 333 이하.

10 이에 대해서는 이승환, 『아시아적 가치』, 전통과현대, 1999; 『유교담론의 지형학』, 푸른숲, 2004, 8, 9장 참조.

11 예를 들어 김상준의 경우 유교 정치의 이상, 교육제도와 관료제도, 공론, 복지 등 다양한 소재들을 통해 유교의 비판성과 민주성을 강조하고 있지만, 유교 전통 아래에서 자유롭고 독립적인 사적 개인이 과연 존재할 여지가 있었는지 에 대해서는 의문이다. 그리고 이것이 유교적 민본이 본격적인 민주로 이행하 지 못한 근본적인 원인이 아닐까 추정해 본다.

12 백낙청, 『흔들리는 분단체제』, 창작과비평사, 1998; 김동춘, 『전쟁정치』, 길, 2013.

13 정건화, 「사회갈등과 사회과학적 갈등분석」, 『동향과 전망』 71호, 2007, p. 31, 표2 참조.

14 물론 해방 이후 대한민국 건국 시기까지는 분단과 건국과정을 둘러싼 좌우의 이념적-정치적 갈등이 강력히 분출하기도 하였다. 해방 이후 남과 북이 상이 한 이념과 체제를 지향하는 미국과 소련의 영향권 속에 놓이게 되면서, 찬탁 과 반탁, 단독 선거 등을 계기로 하여 건국 과정을 둘러싼 극심한 이념적 대립 이 전개되었다. 그리고 이러한 이념적 대립은 결국 북의 남침으로 인한 6.25 동란을 통해 남과 북 사이의 극심한 폭력적 갈등으로 분출된다.

15 김덕영, 『환원근대』, p. 87 이하.

16 이념갈등과 관련하여 진보-보수의 의미와 한국적 논의 맥락에 대해서는 홍윤 기, 「민주적 공론장에서의 담론적 실천으로서 '진보-보수-관계'의 작동과 그 한국적 상황」, 사회와철학연구회 편, 『진보와 보수』, 이학사, 2002 참조.

17 이에 대해서는 한국 민주화 운동 세력들의 자유주의 이해에 대해서 다루고 있 는 전재호, 「자유민주주의와 민주화운동: 제1공화국에서 제5공화국까지」, 강 정인 외, 『민주주의의 한국적 수용』, 책세상, 2002 참조.

18 반공주의의 억압성에 대한 지적으로는 김동춘, 「냉전, 반공주의 질서와 한국 의 전쟁정치」, 비판사회학회 편, 『경제와 사회』 통권 제89호, 2011 참조.

19 이와 관련해서는 선우현, 「한국사회에서 '진보/보수 간 이념적 대립 구도'의 왜곡화─대북 정책을 둘러싼 '남한 내 갈등 사태'를 중심으로」, 사회와철학연 구회 편, 『진보와 보수』, 이학사, 2002 참조.

20 이에 대한 자세한 논의는 권숙도, 「구성주의적 관점에서 본 남남갈등의 이해」,

경성대학교 사회과학연구소 편,『사회과학연구』제28집 1호, 2012, p. 60 이하 참조. 물론 남남갈등이 우리 사회의 기존 갈등구조들과 밀접하게 연관되어 있는 것도 분명한 사실이다.

21 한 연구결과에 따르면, 시민들에 대한 설문조사에서는 32.6%가 경제 관련 사회갈등이 심각하다고 응답한 반면, 1990년부터 2004년까지 신문에서 기사화한 갈등은 주로 이념갈등이었다. 박길성,「한국사회의 갈등지형과 경향」, 고려대학교 한국사회연구소 편,『한국사회』제9집, 2008, p. 18 이하 참조.

22 이는 우리 사회의 지역갈등이 경제적 분배갈등과도 연관되어 있다는 사실을 의미한다. 최장집, 손호철, 황태연 등은 공히 지역갈등이 경제적 갈등과도 관련되어 있다고 지적하고 있다. 이에 대해서는 조기숙,「지역주의 논쟁: 비판이론적 시각에 대한 비판」, 한국정치학회 편,『한국정치학회보』31(2), 1997, p. 207 참조. 지역갈등의 역사적 원인을 추적하는 글로는 이영훈,「한국사회 갈등의 역사적 배경」, 시대정신 편,『시대정신』2011년 여름호 참조.

23 서울대학교 통일평화연구소 편,『2009 남북관계와 국민의식』, 서울대학교 통일평화연구소, 2009, p. 92.

24 한 조사에 따르면, 일반 시민들은 사회통합을 위해 가장 시급히 해결해야 할 사회갈등으로 계층갈등→노사갈등→지역갈등→환경갈등 순으로 응답하고 있다. 강신욱 외,『한국의 사회통합 및 복지의식에 대한 연구』, 사회통합위원회 2011-3, p. 3 참조.

25 삼성경제연구소,「한국의 사회갈등과 경제적 비용」(CEO Information, 2009. 6. 24, 제710호)에 따르면, 한국의 갈등 수준은 OECD 27개 국가 중 4위를 나타내고 있으며, 사회갈등으로 인해 1인당 GDP 기준 27%의 손실을 보고 있다고 한다.

26 국정홍보처,『광복 60주년 전국민여론조사』, 2005 참조. 이 조사에 따르면 53%의 국민이 사회통합을 우리 사회의 최우선 과제로 꼽았다.

27 한국정치학회·한국사회학회 편,『한국사회의 새로운 갈등과 국민통합』, 인간사랑, 2007.

28 강신욱 외,『한국 사회통합지표 연구(Ⅱ)』, 사회통합위원회 2011-1.

29 조대엽, 「한국사회의 전환과 사회통합의 패러다임」, 고려대학교 한국사회연구소 편, 『한국사회』 제7집 1호, 2006; 박길성, 「한국사회의 갈등지형과 경향」.

30 김동춘, 『1997년 이후 한국사회의 성찰』, 길, 2006; 도정일, 『시장전체주의와 문명의 야만』, 생각의나무, 2008.

31 김문조, 『한국사회의 양극화』, 집문당, 2008.

32 최협 외, 『한국의 소수자, 실태와 전망』, 한울, 2004; 박경태, 『소수자와 한국사회』, 후마니타스, 2008.

33 한국사회 양극화 실태에 대해서는 김문조, 『한국사회의 양극화』 참조.

34 사회적 이동성 저하와 관련해서는 강신욱, 「사회적 이동성의 현황과 과제」(보고서), 2010 참조.

35 김원식, 「소수자의 포용과 한국사회 민주주의의 심화」, 국제문제조사연구소 편, 『정책연구』 통권 150호, 2006 참조.

36 기업사회 개념에 대해서는 김동춘, 『1997년 이후 한국사회의 성찰』, pp. 13-32. 시장전체주의 개념에 대해서는 도정일, 『시장전체주의와 문명의 야만』, p. 131 이하 참조.

6장 한국사회 양극화

1 이러한 논란은 특히 양극화를 한국사회의 핵심 문제로 강조한 노무현 전 대통령의 2006년 신년사를 계기로 격화되었다. 당시 진보 진영에서는 양극화가 한국사회의 핵심적 문제라는 점에 적극적인 동의를 표한 반면 보수 진영에서는 양극화 담론을 일종의 대중영합주의로 규정하면서 반발하였다.

2 대표적으로는 김동춘, 『1997년 이후 한국사회의 성찰』.

3 김문조, 『한국사회의 양극화』 참조. Sighard Neckel은 하버마스의 '재봉건화'(Refeudalisierung) 개념을 활용하여 현대 자본주의 사회 일반의 퇴행적 경향을 지적하기도 한다. Sighard Neckel, "Refeudalisierung der Ökonomie. Zum Strukturwandel kapitalistischer Wirtschaft", ed. Institute für Sozialforschung,

WestEnd, 2011년 1호.

4 한국의 자살률은 인구 10만 명 기준 2002년 17.9명에서 2011년 31.7명으로 급
속히 증가하여 왔으며, 사망 원인 중 암, 뇌혈관 질환, 심장 질환에 이어 4위를
차지하고 있다(통계청 홈페이지, 사망원인별 사망률 추이 참조).

5 20 대 80 사회에 대한 논의는 한스 피터 마르틴 외, 『세계화의 덫』, 강수돌 옮
김, 영림카디널, 2003 참조. 상위 1%가 부를 독점하는 상황에 대한 비판에 대
해서는 지그문트 바우만, 『왜 우리는 불평등을 감수하는가』, 안규남 옮김, 동녘,
2013 참조. 격차사회에 대한 논의와 관련해서는 양준호, 「'격차사회' 일본과 빈
곤층 재생산」, 서울대학교 일본연구소 편, 『일본비평』 제4호, 2011 참조.

6 빈곤의 문제와 관련하여 개인의 책임을 넘어 사회구조적인 문제들과 정치적
책임을 강조하는 논의로는 아이리스 M. 영, 『정치적 책임에 대하여』, 허라금 외
옮김, 이후, 2013 참조.

7 존 롤즈, 『사회정의론』 참조.

8 마이클 왈저, 『정의와 다원적 평등』 참조.

9 정치적 책임에 대한 설명으로는 아이리스 M. 영, 『정치적 책임에 대하여』, 특히
4장 참조.

10 한국사회 양극화 담론의 구체적인 등장 배경과 논의 맥락에 대해서는 김왕배,
「양극화와 담론의 정치」, 성곡언론문화재단 편, 『언론과 사회』 17권 3호, 2009
참조.

11 김문조, 『한국사회의 양극화』, p. 58, 표 12 참조.

12 한국경제, 2013. 1. 2, "22년 전엔 75%가 중산층, 지금은… '이럴수가!'".

13 한겨레, 2005. 9. 19.

14 김문조, 『한국사회의 양극화』, p. 67.

15 중앙일보, 2006. 1. 2, "2006년 연중기획: 중산층을 되살리자".

16 통계청 홈페이지, 인구주택총조사, 자가점유비율 참조.

17 중앙일보, 2011. 10. 6.

18 통계청 홈페이지, 사교육비 조사결과 참조.

19 2013. 3. 19 SBS 뉴스에 따르면 소득 10분위와 1분위의 사교육비 지출 비중은

각각 전체 소득의 9.0%와 3.1%를 차지했다. 이들 계층의 소득 격차가 10.2배라는 점을 고려한다면, 실제 사교육비 지출 규모의 차이는 더욱 크게 나타날 것이다.

20 서울신문, 2012. 11. 6 참조.

21 김문조, 『한국사회의 양극화』, p. 82, 표 20 '시도별 땅값과 서울대·연세대·고려대 합격현황'(2005).

22 같은 책, p. 115.

23 선우현, 「상징 폭력으로서 "개천에서 용 난다"」, 사회와철학연구회 편, 『사회와 철학』 제21집, 2011.

24 NEAR 재단 엮음, 『양극화·고령화 속의 한국, 제2의 일본 되나』, 매일경제신문사, 2011, p. 150 이하 참조.

25 통계청 홈페이지, 비정규직 고용동향 참조.

26 김유선, 『비정규직 규모와 실태—통계청, '경제활동인구조사 부가조사'(2012. 3) 결과』, 한국노동사회연구소, 2012 참조.

27 경향신문(2012. 11. 14)에 따르면, 한국의 체감 실업률은 11.4%에 이르며, 구직을 포기한 20대가 늘어나면서 20대 비경제활동 인구도 지속적으로 증가하고 있다.

28 인정질서 개념에 대해서는 낸시 프레이저·악셀 호네트, 『분배냐, 인정이냐?』, 2장 참조.

29 김상봉, 『학벌사회』, 한길사, 2005.

30 학력별 임금격차 실태에 대해서는 조준현, 『중산층이라는 착각』, 위즈덤하우스, 2012, pp. 191-198 참조.

31 김유선, 『비정규직 규모와 실태』, p. 11, 표 4 '학력별 비정규직 규모'(2012년 3월) 참조.

32 조선일보, 2011. 12. 31.

33 예를 들어 엄기호, 『이것은 왜 청춘이 아니란 말인가』(푸른숲, 2010)는 지방대학 학생들이 체험하고 있는 사회적 상처들을 잘 보여주고 있다.

34 김상봉, 『학벌사회』, pp. 58-78.

35 허미영, 「빈곤의 여성화: 빈곤의 계기와 가족의 역할」, 한국여성학회 편, 『한국여성학』 제22권 4호, 2006 참조.

36 김유선, 『비정규직 규모와 실태』, p. 8, 표 3 '남녀별 비정규직 규모'(2012년 3월) 참조.

37 분배와 인정의 일반적 관계에 대한 낸시 프레이저의 입장에 대해서는 김원식, 「인정(Recognition)과 재분배(Redistribution)」, 사회와철학연구회 편, 『사회와철학』 제17집, 2009 참조.

38 특정 집단에 대한 복지 제공이 복지 수혜자들에게 사회적 낙인을 초래하는 경우는 무상급식 논쟁에서 등장한 공짜 밥과 눈치 보기, 미혼모를 의존적이고 비생산적인 존재로 규정하기, 이주자들에 대한 복지 제공에 대한 거부감 등과 같이 일반적으로 발견될 수 있다.

39 호네트의 인정이론이 가지는 사회이론적 문제점에 대한 주목할 만한 분석으로는 Christopher F. Zurn, "Recognition, Redistribution, and Democracy: Dilemmas of Honneth's Critical Social Theory" 참조. 그에 따르면, 인정이론은 규범이론적 단순화(parsimony)에 대한 충동으로 인해 사회이론적 왜곡을 초래하고 있다(p. 118).

7장 한국사회 시장화

1 사회문제 인식에 있어서의 이러한 변화 추이는 예를 들어 1960년대부터 1980년대까지 『창작과 비평』에 실린 다양한 글들의 소재나 주제의식을 통해서 확인될 수 있을 것이다.

2 헤겔의 소외 개념에 대한 연구로는 윤노빈, 「정신의 창조적 자기소외에 관하여—Hegel의 Jenenser Realphilophie와 Phaenomenologie des Geistes를 중심으로」, 철학연구회 편, 『철학연구』 2호, 1967. 마르크스의 소외 개념에 대한 연구로는 정문길, 「人間疎外論 研究—靑年 마르크스에 있어서의 疎外理論」, 고려대학교 법학연구원 편, 『법학행정논집』 15호, 1977 등이 있음.

3 한국 시민운동의 성장과정에 대한 간략한 정리로는 유팔무, 「비정부사회운동단체(NGO)의 역사와 사회적 역할」, 유팔무·김정훈 엮음, 『시민사회와 시민운동 2』, 한울, 2001, pp. 190-197 참조.

4 한국사회의 97년 체제가 87년 체제와 정치경제적 차원에서 질적인 급격한 변화를 내포하고 있다는 논점에 대해서는 손호철, 「'한국체제' 논쟁을 다시 생각한다: 87년 체제, 97년 체제, 08년 체제론을 중심으로」, 경남대 극동문제연구소 편, 『한국과 국제정치』 제25권 제2호, 2009 참조.

5 김동춘, 『1997년 이후 한국사회의 성찰』.

6 김덕영, 『환원근대』, 3장 참조.

7 김예슬 학생의 대학 거부 선언(2010. 3. 10)에는 대학이 자본과 대기업의 하청업체가 되어 효율성의 노예가 된 현실에 대한 비판 의식, 무한 경쟁 속에서 인간이 상품화되는 것에 대한 거부감 등이 압축적으로 표현되고 있다.

8 기업사회 개념에 대해서는 김동춘, 『1997년 이후 한국사회의 성찰』, pp. 13-32. 시장전체주의 개념에 대해서는 도정일, 『시장전체주의와 문명의 야만』, p. 131 이하 참조.

9 박범신, 『비즈니스』, 자음과모음, 2010.

10 루카치의 물화 개념에 대해서는 박정호, 「사물화와 계급 의식」, 철학연구회 편, 『철학연구』 29호, 1991. 하버마스 및 호네트의 물화 비판에 대해서는 서도식, 「사물화 비판의 두 모델」, 한국철학사상연구회 편, 『시대와 철학』 제21권 2호, 2010; 「사회적인 것의 병리로서의 사물화」, 철학연구회 편, 『철학연구』 66호, 1994; 문성훈, 「물화와 인정 망각」, 한국해석학회 편, 『해석학연구』 제20집, 2007 등이 있음.

11 김영하, 『퀴즈쇼』, 문학동네, 2010, p. 256.

12 파국을 맞고 가족과 결별하게 된 여주인공은 말한다. "남편은 이상할 정도로 생각나지 않았다. (⋯) 가끔 정우가 생각나긴 했다. 그러나 간절하게 그립거나 하진 않았다. 참 신기한 일이었다." 박범신, 『비즈니스』, p. 236.

13 박민규의 소설 『삼미 슈퍼스타즈의 마지막 팬클럽』(한겨레출판, 2003)은 프로야구라는 소재를 통해 이러한 우리 사회의 현실을 풍자적으로 조명하고 있다.

14 김태형은 우리 사회의 정치적 무관심을 탈락에 대한 공포에 짓눌린 좌절된 욕망에서 오는 심리적 무력감과 연관하여 해석하고 있다. 김태형,『불안증폭사회』, 위즈덤하우스, 2010, p. 102 이하 참조.

15 김홍중,『마음의 사회학』.

16 같은 책, p. 19.

17 같은 책, p. 30.

18 같은 책, p. 19.

19 김동춘,『1997년 이후 한국사회의 성찰』, p. 22.

20 김동춘,『1997년 이후 한국사회의 성찰』, p. 22-28.

21 김홍중,『마음의 사회학』, p. 81.

22 '공정으로서의 정의'(justice as fairness)는 존 롤즈의 정의관에서, '동등한 참여' (parity of participation)는 낸시 프레이저의 정의론에서 제시되고 있다.

23 위르겐 하버마스,『의사소통행위이론 2』, p. 601.

24 정태석,「시민사회와 사회운동의 역사에서 유럽과 한국의 유사성과 차이―유럽의 신사회운동과 한국의 시민운동을 중심으로」, 비판사회학회 편,『경제와 사회』통권 제72호, 2006, p. 129, 표 1 '유럽의 구사회운동과 신사회운동의 비교' 참조.

25 위르겐 하버마스,『의사소통행위이론 2』, p. 600 이하 참조.

26 이에 대해서는 정태석,「광우병 반대 촛불집회에서 사회구조적 변화 읽기―불안의 연대, 위험사회, 시장의 정치」, 비판사회학회 편,『경제와 사회』통권 제81호, 2009 참조.

27 Ronald F. Ingelhart, "The Silent Revolution in Europe: Intergenerational Change in Post-Industrial Societies", *The American Political Science Review* 65(4), 1971.

28 박재홍 · 강수택,「한국의 세대 변화와 탈물질주의」, 한국사회학외 편,『한국사회학』제46집 4호, 2012, p. 80. 동 논문의 분석에 따르면 이 시기와 비교할 때 2000년대 들어서는 오히려 탈물질주의자 비율이 지속적으로 감소하고 있다.

29 같은 글, p. 72 이하 참조.

30 한국 시민운동의 역사와 관련하여 예를 들어 박인규는 1987년 6월 항쟁 무렵

부터 1992년 문민정부 출범 이전까지를 시민운동의 태동기, 문민정부 출범 이후를 시민운동의 확장기, 2000년 낙천·낙선 운동에서 참여정부 시기를 시민운동의 발전기, 이명박 정부 시기를 새로운 시민사회의 발전을 모색하는 시기로 구별하기도 한다. 「특집좌담, 시민운동 25년의 회고와 전망」, 새얼문화재단 편, 『황해문화』 2013년 봄, p. 122 이하.

31 한국 환경운동의 전개 과정에 대한 시기별 구분은 정현석, 「한국적 신사회운동의 위치정립에 관한 연구—환경운동을 중심으로」, 한국정책과학회 편, 『한국정책과학회보』 7권 3호, 2003, p. 439 참조.

32 공공갈등의 개념에 대해서는 임동진, 『중앙정부의 공공갈등관리 실태분석 및 효과적인 갈등관리 방안 연구』, 한국행정연구원, KIPA 연구보고서 2010-20, pp. 20-23 참조.

33 예를 들어 지속가능발전위원회, 「지속가능발전을 위한 갈등관리의 현황과 과제」(자료집 2004-13, 2004)는 공공갈등의 쟁점을 이익갈등과 가치갈등으로 구별하였다. 또한 임동진의 경우는 여기에 복합갈등을 추가하여 공공갈등의 쟁점을 세 종류로 구별하기도 한다. 임동진, 『중앙정부의 공공갈등관리 실태분석 및 효과적인 갈등관리 방안 연구』, p. 36.

34 이에 대해서는 정정화, 「한국사회의 갈등구조와 공공갈등: 국책사업 갈등사례를 중심으로」, 서울행정학회 편, 『한국사회와 행정연구』 제22권 제3호, 2011, p. 12 참조.

35 같은 글, 같은 곳, 표 1 참조.

36 김길수, 「위험시설 입지선정 과정에서 정책갈등에 관한 연구—부안 위도·군산 방폐장 입지선정 사례를 중심으로」, 한국정치정보학회 편, 『정치정보연구』 10(1), 2007, p. 285 이하 참조.

37 촛불시위 경과에 대해서는 이진호, 『한국사회 대립과 갈등진단(상)』, 한국학술정보, 2011, p. 371 이하 참조.

38 다중 개념에 대해서는 안토니오 네그리·마이클 하트, 『제국』, 윤수종 옮김, 이학사, 2001 참조.

39 이에 주목한 연구로는 정태석, 「광우병 반대 촛불집회에서 사회구조적 변화

읽기」참조.

40 위험사회에서 발생하는 불안과 공포의 연대에 대해서는 울리히 벡, 『위험사회』, 홍성태 옮김, 새물결, 2006 참조.

41 이에 대해서는 김상겸, 「현행 주민등록증의 문제점과 전자주민증 도입에 관한 헌법적 연구」, 한국비교공법학회 편, 『공법학연구』 제12권 제2호, 2011, p. 109 참조.

42 이상의 과정에 대해서는 참여정부정책보고서 2-37, 『교육행정정보시스템 (NEIS)—갈등을 넘어 교육정보화의 새로운 총아로』, 2007 참조.

8장 실천적 과제들

1 이와 관련해서는 유종일, 「신자유주의, 세계화, 한국경제」, 최태욱 엮음, 『신자유주의 대안론』, 창비, 2009 참조. 금융위기 이후 한국의 사회변화에 대한 논의로는 김동춘, 『1997년 이후 한국사회의 성찰』, pp. 13-32 참조.

2 낸시 프레이저는 오늘날 지구화가 국민국가를 단위로 하는 사회민주주의적 합의를 가능하게 해주었던 '케인즈주의적-베스트팔렌적' 틀을 변화시켜 나가고 있다고 지적하고 있다. 낸시 프레이저, 『지구화 시대의 정의』 참조.

3 박길성, 「한국사회의 갈등지형과 경향」 참조.

4 사회적 양극화에 대한 논의는 김문조, 『한국사회의 양극화』 참조.

5 경제적 착취에서 배제로의 성격 변화에 대한 지적으로는 지그문트 바우만, 『쓰레기가 되는 삶들』 그리고 Zygmunt Bauman, *Identity*, p. 41 참조.

6 김상봉, 『학벌사회』 참조.

7 김동춘, 『1997년 이후 한국사회의 성찰』, p. 13 이하.

8 김홍중은 1990년대 이후 한국사회의 현실을 진정성의 몰락, 삶의 동물/속물화 등의 개념을 통해 읽어 내고 있다. 김홍중, 『마음의 사회학』 참조.

9 이에 대해서는 최장집, 「한국 민주주의의 취약한 사회경제적 기반」, 최장집 엮음, 『위기의 노동』, 후마니타스, 2005 참조.

10 박길성은 두 가지 연구결과를 비교하여 이를 입증하고 있다. 그에 따르면 시민들에 대한 한 설문조사에서 32.6%가 경제 관련 사회갈등이 심각하다고 응답한 반면, 1990년부터 2004년까지 신문에서 기사화한 갈등은 주로 이념갈등이었다. 박길성, 「한국사회의 갈등지형과 경향」, p. 18 이하 참조.

11 이에 대해서는 조르조 아감벤 외, 『민주주의는 죽었는가?』, 김상운 외 옮김, 난장, 2010, 4장 참조.

12 자크 랑시에르, 『민주주의는 왜 증오의 대상인가』, 허경 옮김, 인간사랑, 2011 참조. 랑시에르에 따르면, 오늘날 등장하고 있는 민주주의에 대한 증오는 주로 대중들과 그들의 품행에 대한 불만으로 표출되고 있다(p. 25). 이들은 현존하는 불평등과 부패한 국가권력의 문제에는 침묵하면서 단지 민주주의적 개인들의 무절제한 욕망만을 문제 삼으면서 이를 민주주의의 탓으로 돌리고 있다는 것이다.

13 슬라보예 지젝, 『시차적 관점』, 김서영 옮김, 마티, 2009, p. 627.

14 자크 랑시에르, 『민주주의는 왜 증오의 대상인가』, p 190.

15 동등한 참여와 자기지배의 이념을 강조한다고 해서 대의제의 의미나 필요성을 부정하는 것은 아니다. 여기서는 다만 대의제의 경우도 시민의 참여와 자기지배 가능성을 보장하는 방식으로 설계되어야만 한다는 점만을 언급해 두고자 한다.

참고문헌

강신욱, 「사회적 이동성의 현황과 과제」(보고서), 2010.

강신욱 외, 『한국 사회통합지표 연구(II)』, 사회통합위원회 2011-1.

강신욱 외, 『한국의 사회통합 및 복지의식에 대한 연구』, 사회통합위원회 2011-3.

강영안, 『주체는 죽었는가』, 문예출판사, 2001.

게오르그 루카치, 『역사와 계급의식』, 박정호·조만호 옮김, 거름, 1986.

국정홍보처, 『광복 60주년 전국민여론조사』, 2005.

권숙도, 「구성주의적 관점에서 본 남남갈등의 이해」, 경성대학교 사회과학연구소 편,
    『사회과학연구』 제28집 1호, 2012.

김길수, 「위험시설 입지선정 과정에서 정책갈등에 관한 연구—부안 위도·군산 방
    폐장 입지선정 사례를 중심으로」, 한국정치정보학회 편, 『정치정보연구』 10(1),
    2007.

김덕영, 『환원근대』, 길, 2014.

김동춘, 『1997년 이후 한국사회의 성찰』, 길, 2006

김동춘, 「냉전, 반공주의 질서와 한국의 전쟁정치」, 비판사회학회 편, 『경제와 사회』
    통권 제89호, 2011.

김동춘, 『전쟁정치』, 길, 2013.

김문조, 『한국사회의 양극화』, 집문당, 2008.

김상겸, 「현행 주민등록증의 문제점과 전자주민증 도입에 관한 헌법적 연구」, 한국비
    교공법학회 편, 『공법학연구』 제12권 제2호, 2011.

김상봉, 『학벌사회』, 한길사, 2005.

김상준, 「중층근대성」, 『한국사회학』 제41집 4호, 2007.

김상준, 『맹자의 땀, 성왕의 피』, 아카넷, 2011.

김상준, 『유교의 정치적 무의식』, 글항아리, 2014.

김성국, 「한국 시민사회의 성숙과 신사회운동의 가능성」, 임희섭·양종회 편, 『한국의
    시민사회와 신사회운동』, 나남, 1998.

김영하, 『퀴즈쇼』, 문학동네, 2010.

김왕배, 「양극화와 담론의 정치」, 성곡언론문화재단 편, 『언론과 사회』 17권 3호, 2009.

김용민, 「근대정치와 개체성」, 한국정치학회 편, 『정치학이해의 길잡이』 1권 '정치사
    상', 법문사, 2008.

김원식, 「의사소통 이성과 해석학적 상상력」, 사회와철학연구회 편, 『철학과 합리성』, 이학사, 2002.

김원식, 「근대적 '주체' 개념의 비판과 재구성: 주체의 자기 관계와 상호주관성」, 한국해석학회 편, 『해석학연구』 제9집, 2002.

김원식, 「이성 비판의 가능성과 한계: '수행적 모순' 개념을 중심으로」, 한국해석학회 편, 『해석학연구』 제12집, 2003.

김원식, 「하버마스의 행위 이론」, 한국해석학회 편, 『해석학연구』 제14집, 2004.

김원식, 「소수자의 포용과 한국사회 민주주의의 심화」, 국제문제조사연구소 편, 『정책연구』 통권 150호, 2006.

김원식, 「인권의 근거: 후쿠야마와 하버마스의 경우」, 사회와철학연구회 편, 『사회와 철학』 제13집, 2007.

김원식, 「근대성의 역설과 프랑크푸르트학파 비판이론의 전개」, 사회와철학연구회 편, 『사회와 철학』 제14집, 2007.

김원식, 「인정(Recognition)과 재분배(Redistribution)」, 사회와철학연구회 편, 『사회와 철학』 제17집, 2009.

김원식, 「생활세계 식민화론의 재구성: 배제, 물화, 무시」, 사회와철학연구회 편, 『사회와 철학』 제18집, 2009.

김원식, 「한국사회 갈등구조와 민주적 연대」, 사회와철학연구회 편, 『사회와 철학』 제19집, 2010.

김원식, 「사회비판의 두 유형과 공조 방안」, 사회와철학연구회 편, 『사회와 철학』 제21집, 2011.

김원식, 「물화(物化) 비판과 한국사회」, 사회와철학연구회 편, 『사회와 철학』 제23집, 2012.

김원식, 「정의론과 여성주의」, 사회와철학연구회 편, 『사회와 철학』 제24집, 2012.

김원식, 「한국사회 양극화와 다차원적 정의」, 사회와철학연구회 편, 『사회와 철학』 제26집, 2013.

김원식, 「배제, 물화 그리고 무시: 한국사회 갈등구조에 대한 비판이론적 분석」, 중앙철학연구소 편, 『철학탐구』 제33집, 2013.

김원식, 「근대적 자유 개념의 재구성: 다차원적 사회비판의 이념 모색을 위하여」, 사회와철학연구회 편, 『사회와 철학』 제27집, 2014.

김유선, 『비정규직 규모와 실태─통계청, '경제활동인구조사 부가조사'(2012. 3) 결과』, 한국노동사회연구소, 2012.

김태형, 『불안증폭사회』, 위즈덤하우스, 2010.

김홍중, 『마음의 사회학』, 문학동네, 2009.

낸시 프레이저, 『지구화 시대의 정의』, 김원식 옮김, 그린비, 2010.

낸시 프레이저·악셀 호네트, 『분배냐, 인정이냐?』, 김원식·문성훈 옮김, 사월의책, 2014.

도승연, 「후기 푸코의 윤리적 문제설정에 있어서의 자유와 비판의 의미」, 사회와철학 연구회 편, 『사회와 철학』 제13집, 2007.

도정일, 『시장전체주의와 문명의 야만』, 생각의나무, 2008.

로널드 드워킨, 『자유주의적 평등』, 염수균 옮김, 한길사, 2005.

리처드 세넷, 『신자유주의와 인간성의 파괴』, 조용 옮김, 문예출판사, 2002.

마이클 샌델, 『정의란 무엇인가』, 이창신 옮김, 김영사, 2010.

마이클 왈저, 『정의와 다원적 평등』, 정원섭 외 옮김, 철학과현실사, 1999.

막스 호르크하이머·테오도르 아도르노, 『계몽의 변증법』, 김유동 외 옮김, 문예출판 사, 1995.

문성학, 「칸트 도덕철학의 자율적 자유 개념의 루소적 기원」, 대한철학회 편, 『철학연 구』 제116집, 2010.

문성훈, 「노동운동의 이념적 자기반성을 위하여: 1987년 노동자 대투쟁은 인정투쟁이 다!」, 『시대와 철학』 16권 3호, 2005.

문성훈, 「하버마스에서 호네트로: 프랑크푸르트학파 사회비판모델의 인정이론적 전 환」, 『철학연구』 제73집, 2006.

문성훈, 「물화와 인정 망각」, 한국해석학회 편, 『해석학연구』 제20집, 2007.

문성훈, 『인정의 시대』, 사월의책, 2014.

문지영, 『자유』, 책세상, 2009.

박경태, 『소수자와 한국사회』, 후마니타스, 2008.

박길성, 「한국사회의 갈등지형과 경향」, 고려대학교 한국사회연구소 편, 『한국사회』 제9집, 2008.

박민규, 『삼미 슈퍼스타즈의 마지막 팬클럽』, 한겨레출판, 2003.

박범신, 『비즈니스』, 자음과모음, 2010.

박영도, 『비판의 변증법』, 새물결, 2011.

박재홍·강수택, 「한국의 세대 변화와 탈물질주의」, 한국사회학회 편, 『한국사회학』 제 46집 4호, 2012.

박정호, 「사물화와 계급 의식」, 철학연구회 편, 『철학연구』 29호, 1991.

박형신,「새로운 사회운동의 이론적 이해: 기원, 전개, 전망」, 박형신 외,『새로운 사회 운동의 이론과 현실』, 문형, 2000.

발터 레제-쉐퍼,『칼-오토 아펠과 현대철학』, 권용혁 옮김, 울산대학교출판부, 1992.

백낙청,『흔들리는 분단체제』, 창작과비평사, 1998.

백미연,「글로벌 시대 정의의 범위」,『21세기 정치학회보』제19집 2호, 2009.

빌렘 반 라이엔,『비판으로서의 철학』, 이상화 옮김, 서광사, 2000.

사이토 준이치,『자유란 무엇인가』, 이혜진 외 옮김, 한울, 2011.

사카베 메구미 외,『칸트사전』, 이신철 옮김, 도서출판 b, 2009.

삼성경제연구소,「한국의 사회갈등과 경제적 비용」(CEO Information, 2009. 6. 24, 제710호).

샹탈 무페,『정치적인 것의 귀환』, 이보경 옮김, 후마니타스, 2007.

서도식,「사회적인 것의 병리로서의 사물화」, 철학연구회 편,『철학연구』66호, 1994.

서도식,「사물화 비판의 두 모델」, 한국철학사상연구회 편,『시대와 철학』제21권 2호, 2010.

서울대학교 통일평화연구소 편,『2009 남북관계와 국민의식』, 서울대학교 통일평화연 구소, 2009.

선우현,「한국사회에서 '진보/보수 간 이념적 대립 구도'의 왜곡화─대북 정책을 둘러 싼 '남한 내 갈등 사태'를 중심으로」, 사회와철학연구회 편,『진보와 보수』, 이학사, 2002.

선우현,「상징 폭력으로서 "개천에서 용 난다"」, 사회와철학연구회 편,『사회와 철학』 제21집, 2011.

세실 라보르도 외,『공화주의와 정치이론』, 곽준혁 외 옮김, 까치, 2009.

손호철,「'한국체제' 논쟁을 다시 생각한다: 87년 체제, 97년 체제, 08년 체제론을 중심 으로」, 경남대 극동문제연구소 편,『한국과 국제정치』제25권 제2호, 2009.

슬라보예 지젝,『시차적 관점』, 김서영 옮김, 마티, 2009.

아이리스 M. 영,『정치적 책임에 대하여』, 허라금 외 옮김, 이후, 2013.

악셀 호네트,『물화』, 강병호 옮김, 나남, 2006.

악셀 호네트,『정의의 타자』, 문성훈 외 옮김, 나남, 2009.

악셀 호네트,「노동과 인정」, 강병호 옮김, 참여사회연구소 편,『시민과 사회』15호, 2009.

악셀 호네트,『인정투쟁』, 문성훈·이현재 옮김, 사월의책, 2011.

안토니오 네그리·마이클 하트,『제국』, 윤수종 옮김, 이학사, 2001.

애리 브랜트,『이성의 힘』, 김원식 옮김, 동과서, 2000.

앤서니 기든스, 『현대성과 자아정체성』, 권기돈 옮김, 새물결, 2001.

앤서니 기든스, 『현대사회의 성, 사랑, 에로티시즘』, 배은경·황정미 옮김, 새물결, 2001.

양준호, 「'격차사회' 일본과 빈곤층 재생산」, 서울대학교 일본연구소 편, 『일본비평』 제4호, 2011.

엄기호, 『이것은 왜 청춘이 아니란 말인가』, 푸른숲, 2010.

에리히 프롬, 『자유에서의 도피』, 이상두 옮김, 범우사, 1995.

연구모임 사회비판과대안, 『프랑크푸르트학파의 테제들』, 사월의책, 2012.

오토 페겔러, 『하이데거 사유의 길』, 이기상·이말숙 옮김, 문예출판사, 1993.

울리히 벡, 『위험사회』, 홍성태 옮김, 새물결, 2006.

위르겐 하버마스, 『현대성의 철학적 담론』, 이진우 옮김, 문예출판사, 1994.

위르겐 하버마스, 『새로운 불투명성』, 이진우·박미애 옮김, 문예출판사, 1995.

위르겐 하버마스, 『담론윤리의 해명』, 이진우 옮김, 문예출판사, 1997.

위르겐 하버마스, 『탈형이상학적 사유』, 이진우 옮김, 문예출판사, 2000.

위르겐 하버마스, 『사실성과 타당성』, 한상진·박영도 옮김, 나남, 2000.

위르겐 하버마스, 『의사소통행위이론 1』, 장춘익 옮김, 나남, 2006.

위르겐 하버마스, 『의사소통행위이론 2』, 장춘익 옮김, 나남, 2006.

위르겐 하버마스, 『진리와 정당화』, 윤형식 옮김, 나남, 2008.

위르겐 하버마스, 『분열된 서구』, 장은주 옮김, 나남, 2009.

위르겐 하버마스 외, 『테러 시대의 철학』, 김은주 외 옮김, 문학과지성사, 2004.

유종일, 「신자유주의, 세계화, 한국경제」, 최태욱 엮음, 『신자유주의 대안론』, 창비, 2009.

유팔무, 「비정부사회운동단체(NGO)의 역사와 사회적 역할」, 유팔무·김정훈 엮음, 『시민사회와 시민운동 2』, 한울, 2001.

윤노빈, 「정신의 창조적 자기소외에 관하여―Hegel의 Jenenser Realphilophie와 Phaenomenologie des Geistes를 중심으로」, 철학연구회 편, 『철학연구』 2호, 1967.

이사야 벌린, 『자유론』, 박동천 옮김, 아카넷, 2006.

이상환, 「사회정의와 정치적인 것의 차원」, 사회와철학연구회 편, 『사회와 철학』 제12집, 2006.

이승환, 『아시아적 가치』, 전통과현대, 1999.

이승환, 『유교담론의 지형학』, 푸른숲, 2004.

이영훈, 「한국사회 갈등의 역사적 배경」, 시대정신 편, 『시대정신』 2011년 여름호.

이진호, 『한국사회 대립과 갈등진단(상)』, 한국학술정보, 2011.

임동진, 『중앙정부의 공공갈등관리 실태분석 및 효과적인 갈등관리 방안 연구』, 한국
행정연구원, KIPA 연구보고서 2010-20.

임희섭·양종회, 『한국의 시민사회와 신사회운동』, 나남, 1998.

자크 랑시에르, 『민주주의는 왜 증오의 대상인가』, 허경 옮김, 인간사랑, 2011.

장 프랑수아 리오타르, 『포스트모던의 조건』, 이삼출 옮김, 민음사, 1992.

전재호, 「자유민주주의와 민주화운동: 제1공화국에서 제5공화국까지」, 강정인 외, 『민
주주의의 한국적 수용』, 책세상, 2002.

정건화, 「사회갈등과 사회과학적 갈등분석」, 『동향과 전망』 71호, 2007.

정문길, 「人間疎外論 硏究―靑年 마르크스에 있어서의 疎外理論」, 고려대학교 법학연
구원 편, 『법학행정논집』 15호, 1977.

정정화, 「한국사회의 갈등구조와 공공갈등: 국책사업 갈등사례를 중심으로」, 서울행
정학회 편, 『한국사회와 행정연구』 제22권 제3호, 2011.

정태석, 「시민사회와 사회운동의 역사에서 유럽과 한국의 유사성과 차이―유럽의 신
사회운동과 한국의 시민운동을 중심으로」, 비판사회학회 편, 『경제와 사회』 통권
제72호, 2006.

정태석, 「광우병 반대 촛불집회에서 사회구조적 변화 읽기―불안의 연대, 위험사회,
시장의 정치」, 비판사회학회 편, 『경제와 사회』 통권 제81호, 2009.

정현석, 「한국적 신사회운동의 위치정립에 관한 연구―환경운동을 중심으로」, 한국정
책과학회 편, 『한국정책과학회보』 7권 3호, 2003.

조기숙, 「지역주의 논쟁: 비판이론적 시각에 대한 비판」, 한국정치학회 편, 『한국정치
학회보』 31(2), 1997.

조대엽, 「한국사회의 전환과 사회통합의 패러다임」, 고려대학교 한국사회연구소 편,
『한국사회』 제7집 1호, 2006.

조르조 아감벤 외, 『민주주의는 죽었는가?』, 김상운 외 옮김, 난장, 2010.

조준현, 『중산층이라는 착각』, 위즈덤하우스, 2012.

존 롤즈, 『사회정의론』, 황경식 옮김, 서광사, 1985.

존 롤즈, 『정의론』, 황경식 옮김, 이학사, 2003.

존 롤즈, 『만민법』, 장동진 외 옮김, 아카넷, 2009.

존 시톤, 『하버마스와 현대사회』, 김원식 옮김, 동과서, 2007.

지그문트 바우만, 『쓰레기가 되는 삶들』, 정일준 옮김, 새물결, 2008.

지그문트 바우만, 『왜 우리는 불평등을 감수하는가』, 안규남 옮김, 동녘, 2013.

지속가능발전위원회, 「지속가능발전을 위한 갈등관리의 현황과 과제」(자료집 2004-13), 2004.

찰스 테일러, 『불안한 현대사회』, 송영배 옮김, 이학사, 2001.

참여정부정책보고서 2-37, 『교육행정정보시스템(NEIS)—갈등을 넘어 교육정보화의 새로운 층아로』, 2007.

최장집, 「한국 민주주의의 취약한 사회경제적 기반」, 최장집 엮음, 『위기의 노동』, 후마니타스, 2005.

최태욱, 「신자유주의 대안 구현의 정치제도적 조건」, 최태욱 엮음, 『신자유주의 대안론』, 창비, 2009.

최현덕, 「다문화주의와 여성주의 사이의 갈등에 전제되어 있는 문화개념에 관하여」, 사회와철학연구회 편, 『사회와 철학』 제20집, 2010.

최협 외, 『한국의 소수자, 실태와 전망』, 한울, 2004.

칼 마르크스, 『자본 I-1』, 김영민 옮김, 이론과실천, 1987.

칼 마르크스·프리드리히 엥겔스, 『공산당 선언』, 이진우 옮김, 책세상, 2002.

클라우스 오페, 「오늘날 정치적 '진보'란 무엇인가?」, 고지현 옮김, 연구모임 사회비판과대안 편, 『베스텐트 한국판 2013/1』, 사월의책, 2013.

필립 페팃, 『신공화주의』, 곽준혁 옮김, 나남, 2012.

하영석, 「칸트에 있어 인격성의 근거로서의 自由」, 한국철학회 편, 『철학』 제33집, 1990.

한건수, 「타자 만들기: 한국사회와 이주노동자의 재현」, 『한국의 소수자, 실태와 전망』, 한울, 2004.

한국정치학회·한국사회학회 편, 『한국사회의 새로운 갈등과 국민통합』, 인간사랑, 2007.

한나 아렌트, 『인간의 조건』, 이진우·태정호 옮김, 한길사, 1996.

한병철, 『피로사회』, 김태환 옮김, 문학과지성사, 2012.

한스 피터 마르틴 외, 『세계화의 덫』, 강수돌 옮김, 영림카디널, 2003.

허미영, 「빈곤의 여성화: 빈곤의 계기와 가족의 역할」, 한국여성학회 편, 『한국여성학』 제22권 4호, 2006.

현택수, 「피에르 부르디외의 사회이론」, 비판사회학회 편, 『경제와 사회』 제32권, 1996.

홍윤기, 「민주적 공론장에서의 담론적 실천으로서 '진보-보수-관계'의 작동과 그 한국적 상황」, 사회와철학연구회 편, 『진보와 보수』, 이학사, 2002.

NEAR 재단 엮음, 『양극화·고령화 속의 한국, 제2의 일본 되나』, 매일경제신문사, 2011.

Bauman, Zygmunt, *Identity*, Polity Press, 2004.

Bell, Daniell, *The Cultural Contradictions of Capitalist*, Basic Books, 1976.

Bohman, James, "Two Versions of Linguistic Turn: Habermas and Poststructualism", *Habermas and The Unfinished Project of Modernity*, ed. Maurizio Passerin d'Entrèves and Seyla Benhabib, Polity Press, 1996.

Butler, Judith, *Frames of War*, Verso, 2009.

Calhoun, Craig, "The Class Consciousness of Frequent Travellers: Towards a Critic of Actually Existing Cosmopolitanism", *Debating Cosmopolitics*, ed. Daniel Archibugi, Verso, 2003.

Celikates, Robin and Pollman, Arnd, "Baustellen der Vernunft. 25 Jahre Theorie des kommunikativen Handelns – Zur Gegenwart eines Paradigmenwechsels", *WestEnd*, 2006-2.

Cooke, Maeve, "Authenticity and Autonomy: Taylor, Habermas, and the Politics of Recognition", *Political Theory*, vol. 25, no. 2, 1997.

Eisenstadt, Samuel, *Paradoxes of Democracy*, Woodrow Wilson Center Press, 1999.

Feldman, Leonard C., "Redistribution, Recognition, and the State: The Irreducibly Political Dimension of Injustice", *Political Theory*, vol. 30, no. 3, 2002.

Ferrara, Alessandro, *Reflective Authenticity*, Routledge, 1998.

Forbath, W. E., "Short-Circuit: A Critique of Habermas's Understanding of Law, Politics, and Economic Life", *Habermas on Law and Democracy: Critical Exchanges*, ed. Michel Rosenfeld and Andrew Arato, University of California Press, 1998.

Forst, Rainer, "A Critical Theory of Transnational Justice", *Global Justice*, ed. Thomas W. Pogge, Blackwell, 2001.

Forst, Rainer, "First Things First: Redistribution, Recognition and Justification", *European Journal of Political Theory*, vol. 6, no. 3, 2007.

Fraser, Nancy, *Unruly Practices*, Polity Press, 1989.

Fraser, Nancy, "From Redistribution to Recognition? Dilemmas of Justice in a 'Post-Socialist' Age", *New Left Review* 212, 1995.

Fraser, Nancy, *Scales of Justice*, Polity Press, 2009.

Fraser, Nancy, Alfredo Gomez-Muller, Gabriel Rockhill, "Global Justice and the Renewal of Critical Theory, A Dialogue with Nancy Fraser", *Eurozine*, www.eurozine.com, 2009. 4. 1.

Fraser, Nancy and Honneth, Axel, *Redistribution or Recognition: A Political-Philosophical Exchange*, Verso, 2003.

Giddens, Anthony, *The Consequences of Modernity*, Stanford University Press, 1990.

Guess, Raymond and Hollis, Martin, "Freedom as an Ideal", *Proceedings of the Aristotelian Society*, Supplementary Volumes, vol. 69, 1995.

Habermas, Jürgen, *Technik und Wissenschaft als 'Ideologie'*, Suhrkamp, 1969.

Habermas, Jürgen, *Legitimationsprobleme im Spätkapitalismus*, Suhrkamp, 1973.

Habermas, Jürgen, *Theorie des kommunikativen Handelns* 1, Suhrkamp, 1981.

Habermas, Jürgen, *Zur Rekonstruktion des Historischen Materialismus*, Suhrkamp, 1982.

Habermas, Jürgen, "A Reply to My Critics", *Habermas Critical Debates*, ed. John B. Thomson and David Held, The MIT Press, 1982.

Habermas, Jürgen, *Die Neue Unübersichtlichkeit*, Suhrkamp, 1985.

Habermas, Jürgen, "Entgegnung", *Kommunikatives Handeln*, hg. Axel Honneth und Hans Joas, Suhrkamp, 1986.

Habermas, Jürgen, *Faktizität und Geltung*, Suhrkamp, 1992.

Hartman, Martin, "Widersprühe, Ambivalenyen, Paradoxien–Begriffliche Wandlungen in der neueren Gesellschaftstheorie", *Befreiung aus der Mündigkeit*, Campus, 2002.

Heins, Volker, "Globalisierung und soziales Leid. Bedingungen und Grenzen humanitärer Politik", *Befreiung aus der Mündigkeit*, Campus, 2002.

Honneth, Axel, *The Critique of Power*, trans. Kenneth Baynes, The MIT Press, 1991.

Honneth, Axel, "Recognition or Redistribution? Changing perspectives on the Moral Order of Society", *Theory, Culture & Society*, vol. 18(2-3), 2001.

Honneth, Axel, "Einleitung", Axel Honneth (hg.), *Befreiung aus der Mündigkeit*, Campus, 2002.

Honneth, Axel, "Organisierte Selbstverwirkichung. Paradoxien der Individualisierung", *Befreiung aus der Mündigkeit*, Campus, 2002.

Honneth, Axel, *Pathhologien der Vernunft*, Suhrkamp, 2007.

Honneth, Axel, *Das Recht der Freiheit*, Suhrkamp, 2011.

Hoover, Jeffrey, "Complex Diversity: Acknowledging group identities within democratic society", *Philosophy Today*, vol. 43, no. 4, 1999.

Ingelhart, Ronald F., "The Silent Revolution in Europe: Intergenerational Change in Post-Industrial Societies", *The American Political Science Review*, vol. 65, no. 4, 1971.

Marshall, T. H., "The Development of Citizenship on the End of Nineteenth Century", in T. H. Marshall, Tom Bottmore, *Citizenship and Social Class*, Pluto Press, 1992.

Marx, Karl, *Das Kapital* 1, *MEW* 23.

McCarthy, Thomas, "Book Reviews: *Redistribution or Recognition?*", *Ethics*, vol. 115, no. 2, 2005.

Moore, Barrington, *Injustice: The Social Basis of Obedience and Revolt*, M. E. Sharpe, 1978.

Nagel, Thomas, "The Problem of Global Justice", *Philosophy and Public Affairs*, vol. 33, no. 2, 2005.

Neckel, Sighard, "Refeudalisierung der Ökonomie. Zum Strukturwandel kapitalistischer Wirtschaft", hg. Institute für Sozialforschung, *WestEnd*, 2011-1.

Offe, Claus, *Strukturprobleme des kapitalistischen Staates*, Suhrkamp, 1972.

Olson, Kevin, "Participatory Parity and Democratic Justice", ed. Kevin Olson, *Adding Insult to Injury*, Verso, 2008.

Paden, Roger, "Democracy and distribution", *Social Theory and Practice*, vol. 24, no. 3, 1998.

Piccone, Paul, "General Introduction", *The Essential Frankfurt Reader*, eds. A. Arato et al, Continuum, 1982.

Pogge, Thomas W., "Priorities of Global Justice", *Global Justice*, ed. Thomas W. Pogge, Blackwell, 2001.

Schnädelbach, Herbert, "Philosophieren nach Heidegger und Adorno", *Zur Rehabilitierung des animal rationale*, Suhrkamp, 1992.

Sennett, Richard, *The Culture of the New Capitalism*, Yale University Press, 2006.

Sitton, John, *Habermas and Contemporary Society*, Palgrave Macmillan, 2003.

Taylor, Charles and Gutmann, Amy, *Multiculturalism and "The Politics of Recognition"*, Princeton University Press, 1992.

Thiebaut, Carlos, "The logic of autonomy and the logic of authenticity: a two-tiered conception of moral subjectivity", *Philosophy & Social Criticism*, vol. 23, no. 3, 1997.

Thompson, Edward P., *Customs in Common: Studies in Traditional Popular Culture*, New Press, 1993.

Thompson, Simon, *The Political Theory of Recognition*, Polity Press, 2006.

Warnke, Georgia, "Social Interpretation and Political Theory", ed. Michael Kelly, *Hermeneutics and Critical Theory in Ethics and Politics*, The MIT Press, 1990.

Young, Iris Marion, *Justice and the Politics of Difference*, Princeton University Press, 1990.

Zurn, Christopher F., "Identity or Status? Struggles over "Recognition" in Fraser, Honneth, and Taylor", *Constellations*, vol. 10, no. 4, 2003.

Zurn, Christopher F., "Recognition, Redistribution, and Democracy: Dilemmas of Honneth's Critical Social Theory", *European Journal of Philosophy*, vol. 13, no. 1, 2005.